山里の記憶 1

山里の笑顔と味と技を記録した三十五の物語。

絵と文
黒沢和義

はじめに

だいぶ前から考えていたことがありました。

山里で暮らす人々の知恵や技を紹介し、その逞しさや繊細さを伝えることは出来ないだろうかと。

今までも様々なアプローチを考えてきました。瀬音の森の活動や、森林インストラクターの活動もその一部であったかも知れません。様々な活動の中で自分らしいアプローチとは何だろうと常に考えていたように思います。


自分らしさを考えているうちに、昨年から描き始めた絵がやっと人前に出せるレベルになったことや、その顔彩《がんさい》の色合いがとてもソフトで柔らかいことも合わせ、絵に描いて表現することは出来ないかと思うに至りました。


山里の、特にお年寄りの技や心を取材して、絵と文章と何枚かの写真で残す。

ここにこんな人がいて、こんな事を考えて、こんな技を持っているんですよ、と。

そして、こんなにも元気に、こんなにも淡々と日々を生きているんですよ、と。


山里に暮らす人々の応援歌として、山里を出た人々へは故郷や父母を思い出す触媒として見て頂けるようなものに出来たらいいなあと思っています。

ごく普通の人々の暮らしと技。隣のおじいちゃんやおばあちゃんの事を描くように山里の暮らしを描きたい。そして、「私達はあなたのことをずっと記憶していますよ」とエールを送りたい。

「山里の記憶」どこまで伝えることが出来るでしょうか。

どうか絵の神様のご加護がありますように。

二〇〇七年三月四日　黒沢和義

（瀬音の森ホームページ「山里の記憶コーナー」の序文より）

本書の構成とお願い

本書は三十五の物語を絵と文で構成しています。絵と文は前半に絵を、後半に文をまとめて掲載しており、それぞれ目次にページ数を表示しています。

また、味と技の二項目に分け、それぞれの作品を取材日で一月から十二月までの順に並べました。

よって、掲載順は味の絵一月から十二月、技の絵一月から十二月、味の文一月から十二月、技の文一月から十二月という順に掲載してあります。

取材場所は、埼玉県の秩父周辺で、普通に暮らしている方を取材しています。

取材した方には、本書の掲載に許諾を頂いておりますが、あくまで一般人ですので、本書をご覧になり、訪ねるなどの行為は、くれぐれもご遠慮下さいますようお願い申し上げます。

味

目次

◆ 繭玉《まゆだま》飾り
播磨治夫さん（七七歳）、君代さん（七一歳）
二〇〇八年一月一四日取材　絵10　文82

◆ たらし焼き
新井ハツノさん（八一歳）
二〇〇八年二月一〇日取材　絵12　文86

◆ 味噌作り
坂本ミカさん（七五歳）
二〇〇八年二月一一日取材　絵14　文90

◆ 薬研で七味を作る
吉岡　清さん（七〇歳）
二〇〇八年二月二三日取材　絵16　文94

◆ 二人の蕎麦作り
櫻井五一郎さん（七八歳）、あい子さん（七七歳）
二〇〇八年二月二三日取材　絵18　文98

◆ 栃もち作り
大村兵子《たけこ》さん（七〇歳）
二〇〇七年三月四日取材　絵20　文102

◆ 川のり採り
馬場ヤス子さん（八五歳）
二〇〇七年三月四日取材　絵22　文106

◆ ずりあげうどん
小河つねさん（八二歳）
二〇〇八年三月一六日取材　絵24　文110

◆ つつっこ作り
高橋八千代さん（八四歳）
二〇〇七年六月七日取材　絵26　文114

◆はちみつ採り
神塚好雄さん（八二歳）
二〇〇七年六月一〇日取材
絵 28　文 118

◆わさび漬け
舩木君子さん（八三歳）
二〇〇七年六月一六日取材
絵 30　文 122

◆中津川芋みそ炒め
沢《さわ》登《と》千代子さん（七九歳）
二〇〇八年六月二四日取材
絵 32　文 126

◆小梅漬け
山中みのるさん（七三歳）
二〇〇八年六月二五日取材
絵 34　文 130

◆ぼた餅作り
櫻井種《たね》子さん（九一歳）
二〇〇八年六月二九日取材
絵 36　文 134

◆ハヤトウリ辛味噌漬
神住《かみずみ》セツさん（七八歳）
二〇〇八年一〇月一二日取材
絵 38　文 138

◆つきこんにゃく
中山ヱツ子さん（七九歳）
二〇〇七年一〇月二三日取材
絵 40　文 142

◆日本ミツバチの話
山口一夫さん（七五歳）
二〇〇八年一一月五日取材
絵 42　文 146

◆吊るし柿作り
田嶋ヨネ子さん（七九歳）
二〇〇七年一一月一三日取材
絵 44　文 150

技

目次

羊の毛刈り　大塚　栄さん（七四歳）二〇〇八年一月二九日取材　絵 46　文 154

わらぞうり作り　中村徳司さん（七五歳）二〇〇七年三月一〇日取材　絵 48　文 158

百年ヒノキの間伐　田中喜久蔵さん（七五歳）二〇〇七年三月一三日取材　絵 50　文 162

炭焼きの話　小河友義さん（八四歳）二〇〇八年三月一六日取材　絵 52　文 166

椎茸つくり　坂本徳治さん（七一歳）二〇〇七年五月四日取材　絵 54　文 170

石垣積み　強矢《すねや》乾一《けんいち》さん（八〇歳）二〇〇八年五月一一日取材　絵 56　文 174

昔の渓流釣り　廣瀬利之さん（八四歳）二〇〇七年五月二二日取材　絵 58　文 178

養蚕（おかいこ）　小池満喜子さん（七五歳）二〇〇七年六月七日取材　絵 60　文 182

大滝いんげん　千島啓之助さん（七六歳）二〇〇八年七月二〇日取材　絵 62　文 186

◆ ログハウス建築
杉田宗助さん（七九歳）　二〇〇八年八月九日取材　絵64　文190

◆ 武甲山に暮らす
守屋恒治《つねじ》さん（七四歳）　二〇〇七年八月一六日取材　絵66　文194

◆ 竹カゴを編む
新井正子さん（六七歳）　二〇〇八年八月二〇日取材　絵68　文198

◆ 魚篭《びく》を作る
新井武夫さん（七二歳）　二〇〇八年九月二〇日取材　絵70　文202

◆ 木鉢を作る
山中誠二さん（六七歳）　二〇〇八年九月二八日取材　絵72　文206

◆ 竹炭工芸品作り
高田　実さん（七五歳）　二〇〇八年一〇月二八日取材　絵74　文210

◆ 道具を作る
久保槌男《つちお》さん（八〇歳）　二〇〇七年一二月六日取材　絵76　文214

◆ スカリ作り
千島　貴《たかし》さん（六九歳）　二〇〇七年一二月一四日取材　絵78　文218

山里の記憶

絵

山里の笑顔と味と技を記録した三十五の物語。

繭《まゆ》玉《だま》飾り

播磨《はりま》治夫さん(77)
君代さん(71)
小鹿野町
馬上《もうえ》

小正月ぁ忙しいやねぇ
ほんとにねぇ

繭玉《まゆだま》を作る
うるち米の粉で作る白いもち玉、モロコシの粉で作るコウケンは黄色いもち玉。

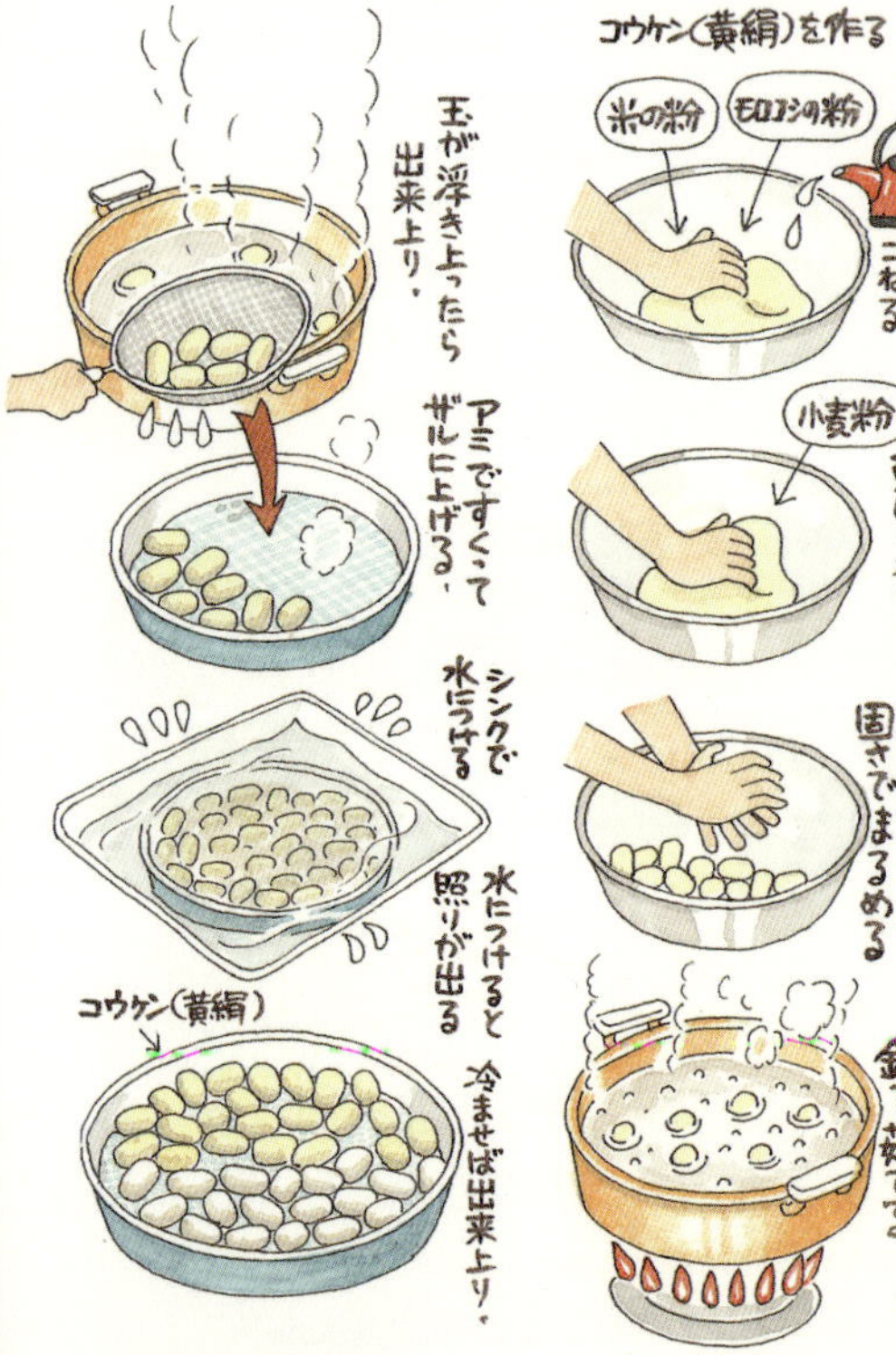
コウケン(黄絹)を作る
米の粉
モロコシの粉
湯でこねる
小麦粉
更にこねる
耳たぶくらいの固さでまるめる
鍋で茹でる
玉が浮き上ったら出来上り。
アミですくってザルに上げる。
シンクで水につける
水につけると照りが出る
コウケン(黄絹)
冷ませば出来上り。

お湯で練らないとダメなんだいね

繭玉を梅の枝に刺す

繭玉がくっつかないように重ねて乾かす。

オッカドの木で作る様々な道具と飾り。

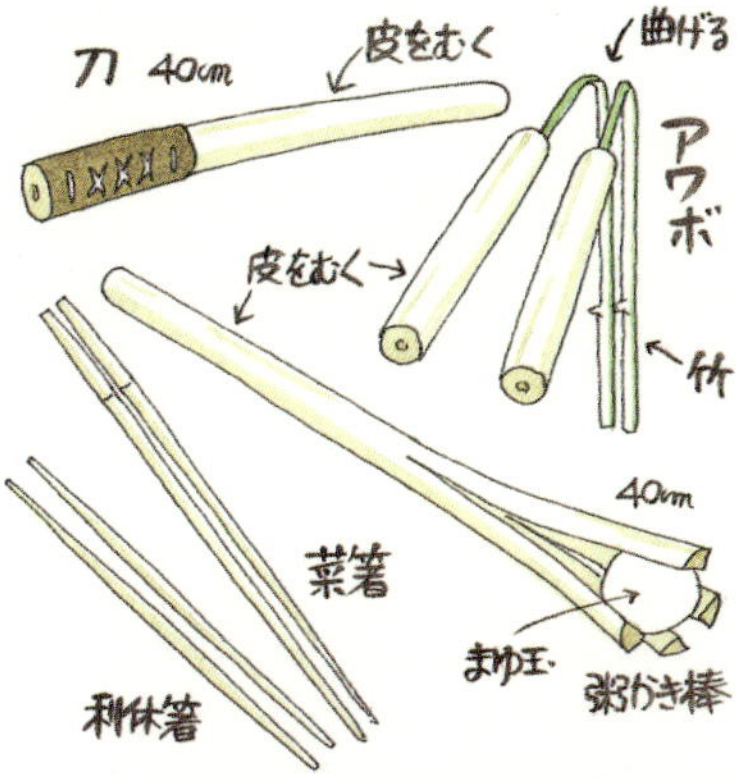

刀 40cm
皮をむく
曲げる
アワボ
皮をむく
竹
40cm
菜箸
まゆ玉
粥かき棒
利休箸

台所の荒神様 他十六ヶ所に繭玉を供える。

居間に飾られたカボギと繭玉飾り。

ケエドに繭玉とアワボを飾る。

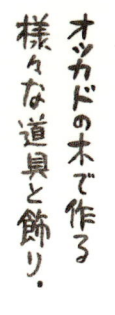

たらし焼き

新井ハツノさん（81）
小鹿野町八谷（やがい）

たらし焼きはこじゅうはんで
よく食べたったいねぇ

囲炉裏にストーブが置かれていた。

作り方

おたまですくった時たれるくらいのやわらかさに、

重ならないように

油を引いた上にたらし込む、

色が変ったらひっくり返す、

焼き上りをそのまま食べるのが美味しい、タレにつけても美味しい、

ホウロク（焙烙）
縁の浅い鋳物の鍋、
煎ったり焼いたりする、

ホウロクでたらし焼きを作る

手早く出来て
おなか一杯になる
子供達にも人気の
こじゅうはんだった。

こじゅうはん
（小昼飯）
十時や三時に
食べる、今で
言うおやつの
こと。

もっちりとした食感、
ネギと味噌の
香りが
口の中に
広がる。

ハツノさんが
しみじみと言う
おばあさんは
本当にいい人だったいねえ・・・

いつも
やさしかった
おばあさん、
十九年間
一緒に
暮らした。

味噌作り

坂本ミカさん（75）
秩父市上吉田
大棚部（オオタナブ）

自分で作るんが
いちばん
旨いやねぇ

庭にかまどを置いて一晩ふやかした大豆を茹でる。

茹でた大豆をザルに移して汁を切る。

温かいうちにミンサーで挽く。

挽いた豆をボールに入れ塩と糀を計って加える。

温かいうちに混ぜる。

豆も煮汁も人肌以下にしておく。

煮汁を加えて混ぜる。

ゆるゆるになるくらいまで混ぜる。

容器に入れてビニールを敷き、めブタと重石をする。

ゆるゆるの味噌も一日で糀が水分を吸って固くなる。

一日置いてビニールを外し、上面に振り塩をする。

紙で包んで冷暗所に貯蔵する。夏に一度天地返しをして、二年～三年置けば出来上り。

薬研で七味を作る

吉岡 清さん（70）
本庄市児玉町
平沢（たいらざわ）

小学三年の時
初めて
薬研で七味を
作ったんだいね。

材料の唐辛子はトラノオ。

このザルも
清さんの手作り。

天日で干して
カラカラになった
ものを
使う。

庭でホウロクを使って焙煎する
煙にむせないよう、マスクをする。

冷めた唐辛子のヘタを取る。

これが薬研《やげん》
鉄製の大型のもの。

本来は
薬種を
粉にする
器具。

薬研で唐辛子を粉にする。

車輪を舟底ときしらせてこすると唐辛子はあっという間に粉になる。

粉をボールに移す。

種類ごとに使い分け、混ざらないようにする。

ワラボウキ
舟から粉を掃き出す道具。
清さんの自作。

外の作業を終えて笑顔の清さん。

邦子さん

奥さんの手打ちうどんをごちそうになった。清さんの七味はすばらしい香りだった。

清さんの七味の内容。

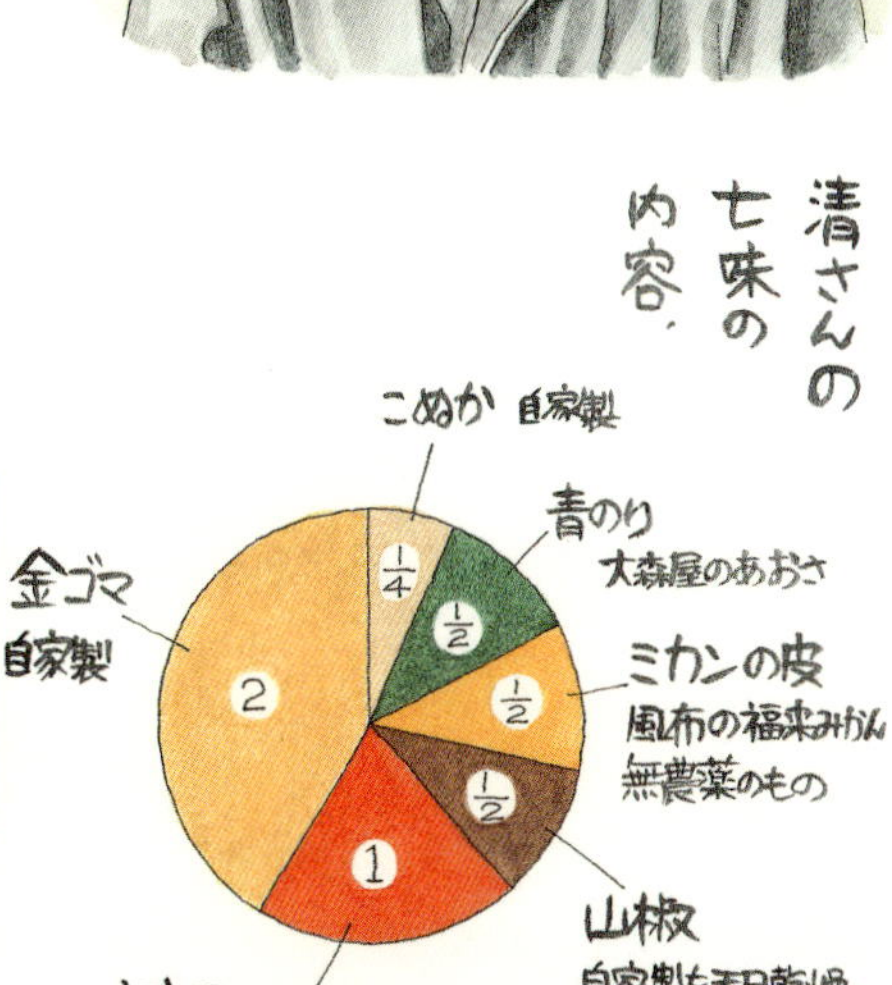
こぬか 自家製
1/4
青のり
大森屋のあおさ
1/2
ミカンの皮
風布の福来みかん
無農薬のもの
1/2
山椒
自家製を天日乾燥。
1/2
唐辛子 自家製トラノオ
1
金ゴマ
自家製
2

二人の蕎麦作り

櫻井五一郎さん（78）
あい子さん（77）
児玉町 西南（にしみなみ）

二人とも昔から蕎麦が好きでねえ
全部自分でって思ったんだいねえ

種まき三十日で花が咲く。

蕎麦の実
黒く固い殻が枕などに入れるソバガラになる。

石臼
蕎麦粉はこれで挽くのが一番。

石臼で蕎麦を挽く
速く回すと黒い殻が取れる。

秩父の蕎麦は 六割小麦粉。
小麦粉をフルイにかける。

菊ねり

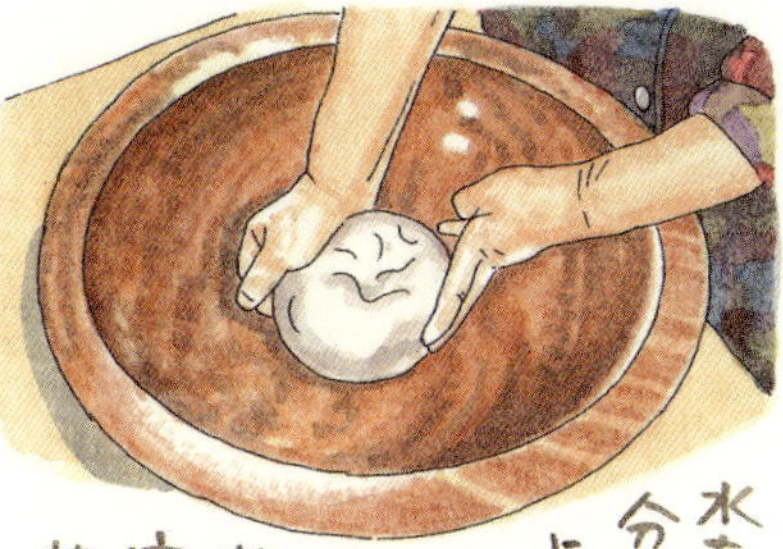

水を三回に分けて加えよく混ぜてこねる。最後は菊ねりで空気を抜く。

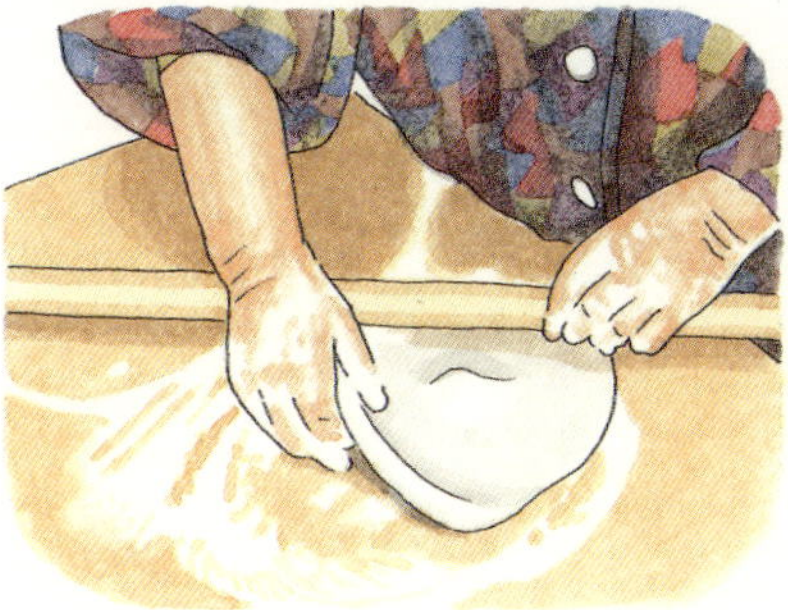

麺板で伸ばす。

麺棒を使って大きく伸ばす。

ジャバラにたたんで専用の包丁で細く切る。

できあがり。

五一郎さんが種をまき育て収穫して、あい子さんがこねて打つ。二人の蕎麦。

しゃべるのは苦手でねぇ……

黙々とあい子さんを支える五一郎さん。

栃もち作り

大村兵子《たけこ》さん
（70）
秩父市大滝
栃本

栃もちづくりは
アク抜きが
何ともだいねぇ

栃の実は固い。

これを石の上で
木づちで割って
実を取り出す。

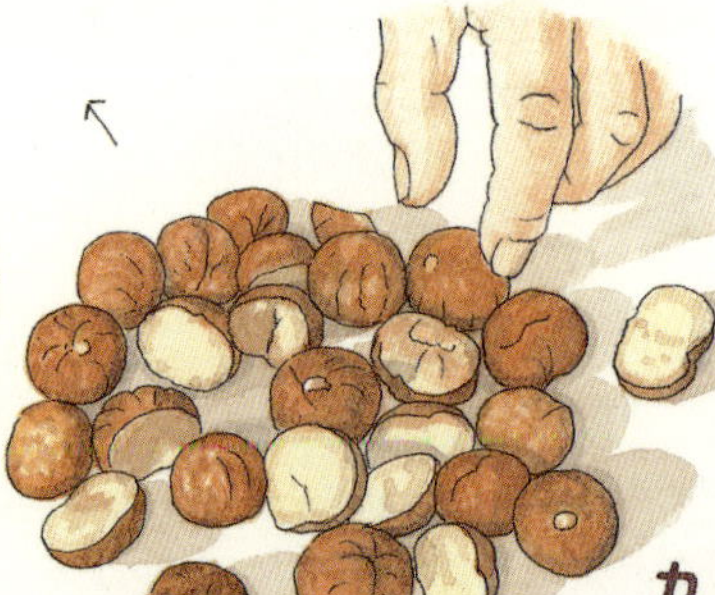

取り出した実は
二ヶ月以上も
カラカラに
干す。

乾燥した栃の実を
二晩灰汁に浸した後、

三週間毎日
水を替えて
まんべんなく
アクを抜く。

もち米二、栃一の割合で
セイロで蒸す。

栃もちをつく。

兵子《たけこ》さんがちぎってアンコを入れる。

つき上がった栃もちは明るい茶色。

博夫《ひろを》さんが片栗粉をまぶし、両手でやさしく丸めていく。

普通はのしもちが多いのだが、今日はアンコ入り。

まだ温かいできたてを食べた。おいしい！

川のり採り

馬場ヤス子さん（85）
秩父市大滝
大血川

よく
おじいさんと
採りに行ったったい
ねえ

竹ザルで川のりの水気を切る。

すくったのりは天日で乾燥。三時間位でパリパリに乾く。

わらの「のりず」に木の枠をセットする。

タライに川のりを放ちのりずですくう。

川のりを産する
大血川の渓流と
川のりとともに
育まれるヤマメ・

十三年間保存した
三郎次さんの川のり・

ヤス子さんは
十三年前のことを まるで
昨日の事のように語る・

ありし日の三郎次さん
二人の時間は ここで止まっている・

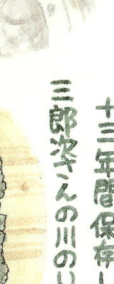

ずりあげうどん

小河つねさん（82）
秩父市大滝
栃本

ずりあげは
熱いのを
フウフウ食うんが
うまいやねえ

その昔、
山仕事に行く人が
乾麺を持って行き、
山で食べたのが
始まりだったとも
言われている。

乾麺を
鍋で
煮ながら
食べる。

みんなでワイワイ言いながら
各自が鍋から
ずりあげる。

土間に置かれた
ダルマストーブが
暖かい。

薬味のいろいろ

普通はカツブシと刻みネギと醤油で

熱々がおいしい！

カツブシ
刻みネギ
醤油
すりごま
青じそ
大根おろし
わさび
ゆず
ポン酢
七味
ごま油
マヨネーズ
生卵
なめこおろし
納豆
みょうが
すりクルミ
山形では
サバ水煮

息子が好きでねえ
よく作ったいねえ
とつねさん。

昔の囲炉裏ばた

みんなで鍋からずりあげて食べていた。

つつこ作り

高橋八千代さん（84）
小鹿野町田の頭

おじいさんが好きでねぇ
百コや二百コもこせえたっけ。

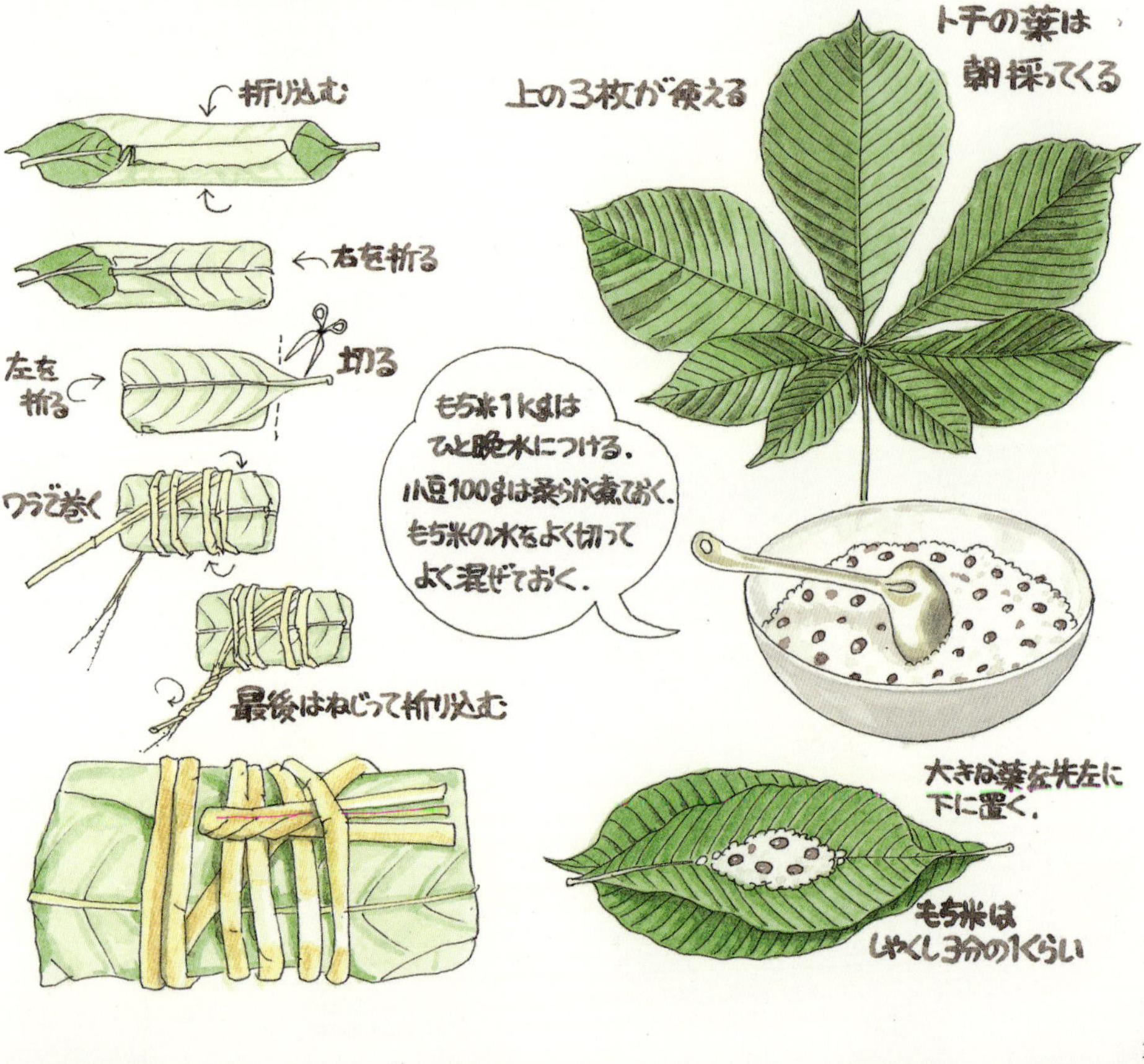

トチの葉は
朝採ってくる
上の3枚が使える
もち米1kgは
ひと晩水につける。
小豆100gは柔らかく煮ておく。
もち米の水をよく切って
よく混ぜておく。
大きな葉を先左に
下に置く。
もち米は
しゃくし3分の1くらい
折り込む
右を折る
左を
折る
切る
ワラで巻く
最後はねじって折り込む

もち米は
少なめに。

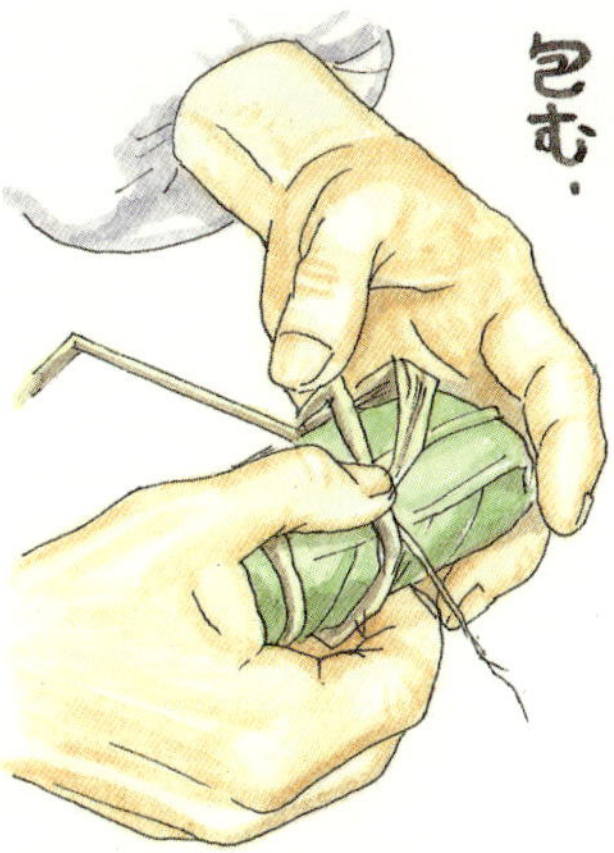
ゆったりと
包む。

みえこさんも
手伝ってくれた。
うらべにさんも

煮るほどに
煮汁が
赤く
なる。

トチの葉の香りが立つ

山里の味。

はちみつ採り

神塚好雄さん(82)
秩父市二瀬

そりゃあ　色々あるけど
蜂はかわいいもんだよ

五千ボルトの電気を切ってから入口を開ける。

燻煙器に火を入れる。

この煙で蜂をおとなしくさせる。

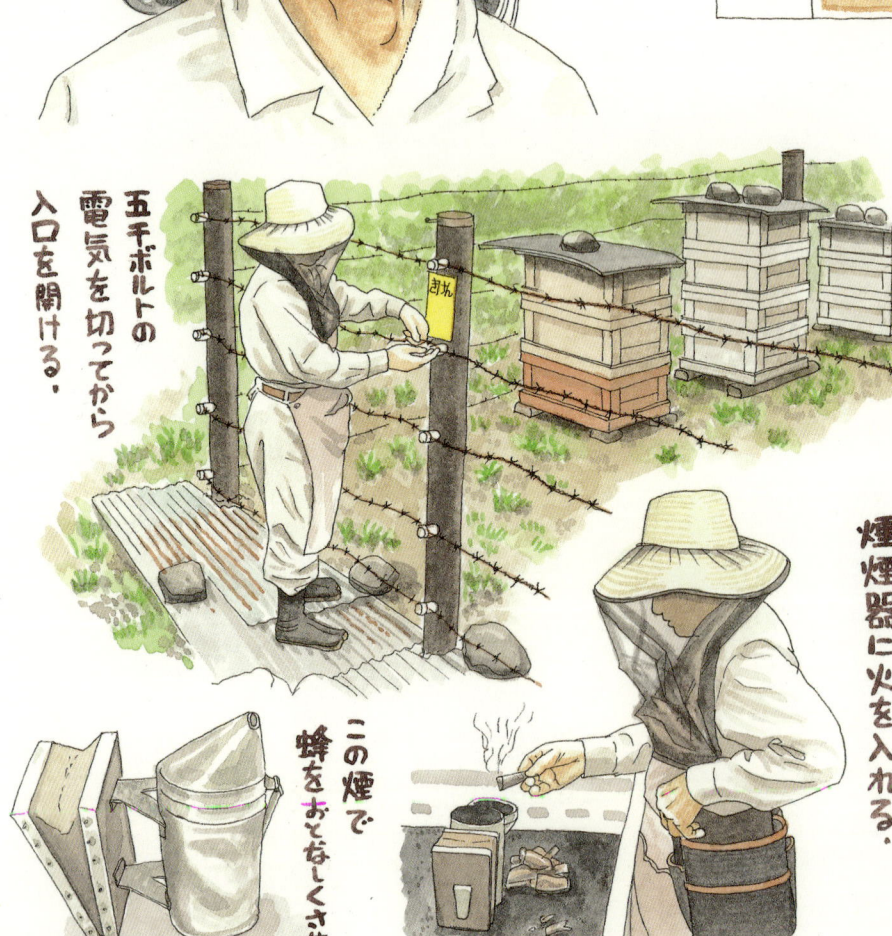

巣箱

巣板を取り出す。

秩父・蜜源の花々

トチノキ

ミズキ

シナノキ

ニセアカシア

コシアブラ

ケンポナシ

巣板にこのくらい蜂が付いていれば一枚で一升のはちみつが採れる。

わさび漬け

船木君子さん（83）
小菅村山沢

冬のわさびは辛くってね
もむとツンとして
泣き泣き
やったもんさ

ワサビは茎と
根を使う
根が多いと
辛味が増し
上等の
わさび漬け
になる。

まずはワサビを
みじんに刻む

板状の酒粕は
包丁で細かく
刻んですり鉢で
する。

お酒を加えながら
ダマが無くなるまでよく磨《す》る
これが重労働。
刻んだ
ワサビを
洗う。
磨《す》った酒粕
洗って
よ〜く
絞った
刻みワサビ。
布巾で
小分けして
よく絞る。
上の二つを
合わせて
混ぜる。
絞った
ワサビが
固まって
いるので
すばやく
ほぐして
酒粕と
混ぜる。
まんべんなく混ぜて
パックに詰めて出来上り。
これを
冷蔵庫で
四日間くらい
熟成させる

中津川芋みそ炒め

沢《さわ》登《と》千代子さん（79）
秩父市大滝
栃本

赤芋は
小さい方が
うまいん
だいね

芋を掘る道具

ガリ
草削鎌

急斜面の畑で芋を掘る。

掘った芋を
カゴに集める千代子さん。

右が紫芋で
左が中津川芋、
別名赤芋。

ねっとりした
芋の味と
甘辛い
味噌ダレが
絶妙のバランス。
これぞ大滝の味！

中津川いものみそいため。

材料

- 中津川いも
- 油
- 赤味噌
- 玉砂糖(黒)

作り方

①中津川いもを皮のままゆでる。

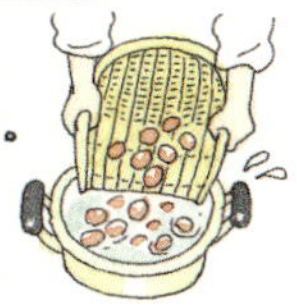

②タレを作る。

・味噌をよく油で炒める。
・色が変ったら玉砂糖を入れ、さらに炒めて味を見る。

③茹でた芋をタレに入れてかき混ぜる。

◦芋は小さい方が良い。

小梅漬け

山中みのるさん（73）
秩父市大滝栃本

小梅はカリカリっていう
歯ざわりがいいやねぇ

小梅採りに行く完全装備のみのるさん、
暑い日は大変！

枝をつかんで
小梅の実を採る、

採った小梅の実
青いのが漬け頃、

畑の赤ジソを採る、

小梅も赤ジソも
完全無農薬、

おいしい
小梅漬け
が出来ると
満足そうな
みのるさん、

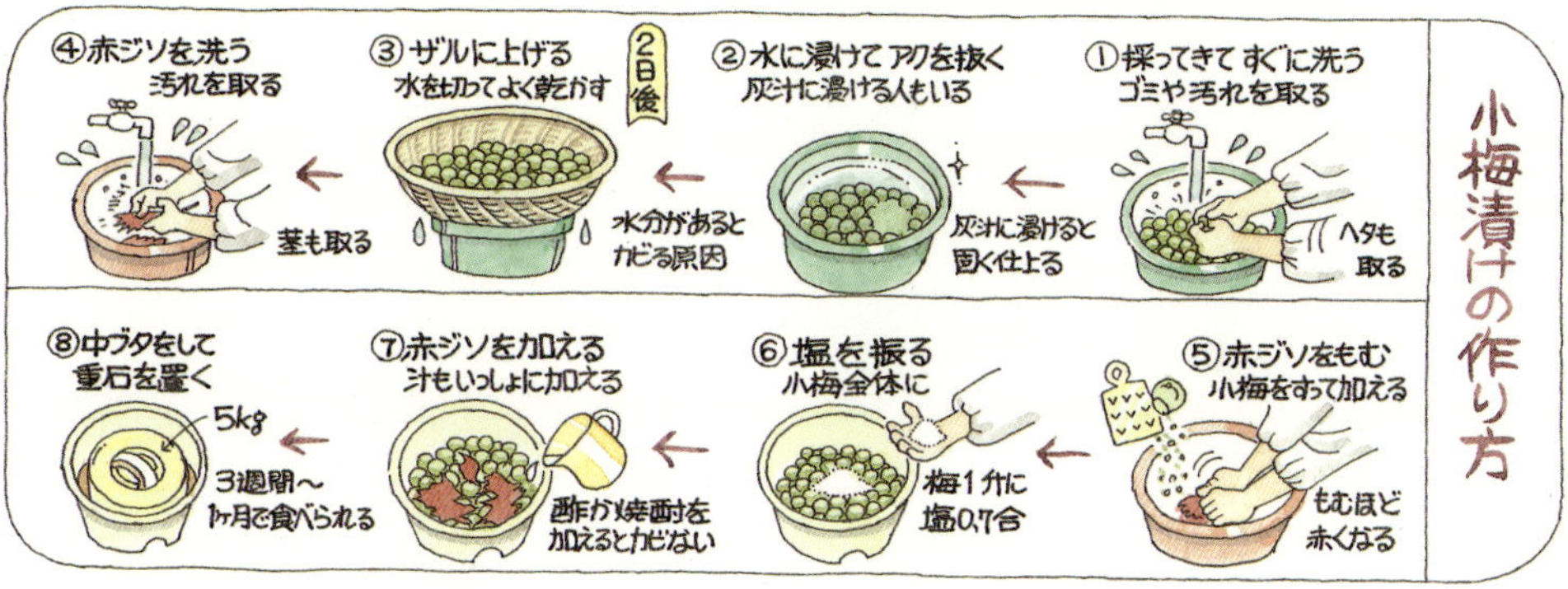

小梅漬けの作り方
①採ってきてすぐに洗う
ゴミや汚れを取る
ヘタも取る
②水に浸けてアクを抜く
灰汁に浸ける人もいる
灰汁に浸けると固く仕上る
③ザルに上げる
水を切ってよく乾かす
水分があるとカビる原因
2日後
④赤ジソを洗う
汚れを取る
茎も取る
⑤赤ジソをもむ
小梅をすって加える
もむほど赤くなる
⑥塩を振る
小梅全体に
梅1升に塩0,7合
⑦赤ジソを加える
汁もいっしょに加える
酢か焼酎を加えるとカビない
⑧中ブタをして
重石を置く
5kg
3週間～1ヶ月で食べられる

これは
一年前に
作った小梅漬け、

下は
それを
干して
作った
梅干し、

ぼた餅作り

櫻井種《たね》子さん（91）
本庄市児玉町大駄

ぼた餅は

おじいさんが好きでねぇ…

茹でた小豆をすり、皮を取り除く。

小豆1kgは倍量の水に一晩浸しておく
小豆が柔らかくなるまで煮る約1時間
← すりこぎ
← 竹ザルのアンコ漉し この中で小豆をすりつぶす
← すった小豆は皮を残し汁と共にこのバケツにたまる.

熱いうちに絞って汁を抜く。

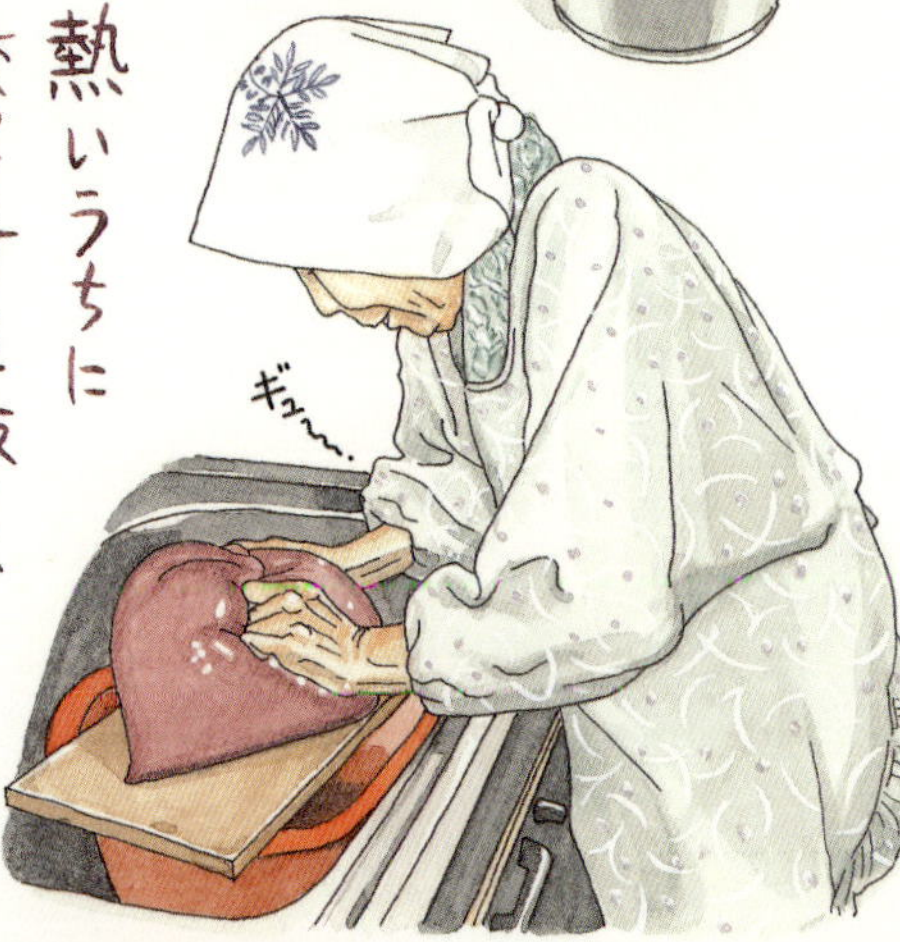

ギュ〜〜…

バケツの汁を木綿の袋に入れる 熱いので注意.
すり終ったら汁をかけ小豆の中身を流し落とす.
静かにこぼさないように注ぐ

味つけは塩が
なんともだいね、

アンコは
焦がさない
ように、

アンコの味つけ

強火で煮立たせ、
中火で煮つめる、
常にかき回す、

小豆1kgに対して
砂糖500g（カップ2.5）
ザラメ200g（カップ1）
塩小さじ2杯 を加える、

もち米
一キロは
柔らかく
炊き上げ、
冷まして
俵型に
にぎる、

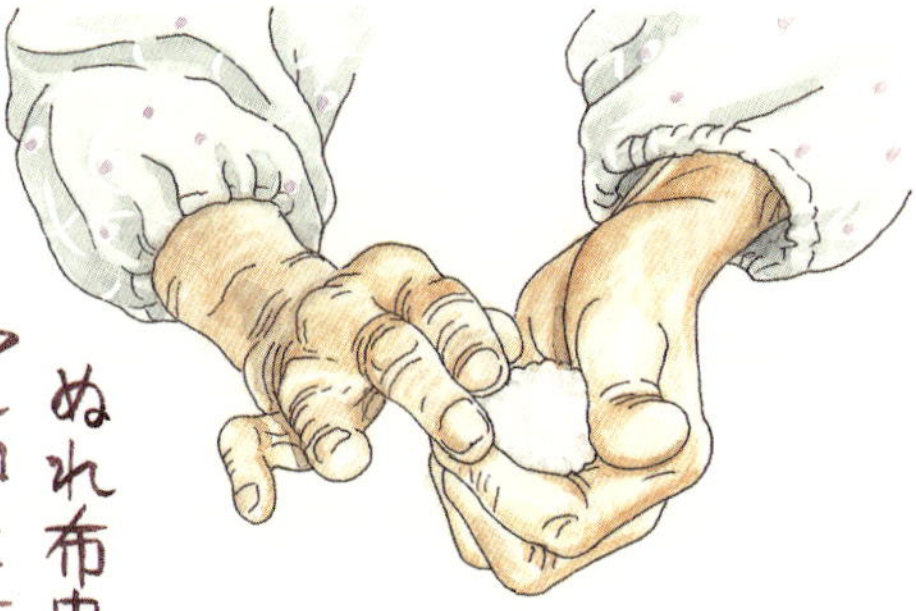

ぬれ布巾の上に
アンコを広げ
まん中にもち米を
のせて包むように、

おいしい
ぼた餅
完成、

布巾で形を
整える、

ハヤトウリ辛味噌漬

神住《かみずみ》セツさん（78）神川町 矢納

辛味噌で漬けてるかんねぇ

いい味だいねぇ

ハヤトウリ、千成りウリともいう一株から二百個も採れる、

畑の大きな棚からハヤトウリを収穫する、

ハヤトウリの辛味噌漬け、

きれいに洗う。
2つに切って種を取る。
塩3つかみを加える。
熱湯をひたひたに注ぐ。
樽
2日間置く
これでアクやヌルを取る
水を切って辛味噌で漬け込む。
ビニール袋

作り方
キムチ用
タカノツメ
唐辛子は2種類、辛さを配合で変える。
ミキサーで粗みじんに刻む
余ったものは冷凍保存
油で炒める
味付け
•砂糖
•ほんだし
•調味料
地味噌
味噌を加えて炒める。
焦げるまで炒める
大辛
中辛
辛
3種類を作る。
☆漬け物に使うときは
ウィスキーとハチミツを使ってゆるくする。
ウイスキー
ハチミツ

久男さん
自信の味
辛味噌、

辛味噌漬の出来上り、

コリコリと
爽やかな
食感と
ピリッと
した辛さ、
絶妙な
味のバランス、

ハヤトウリと辛味噌
ニラの出会いが
この味を作った、
二人の合作の味、

つきこんにゃく

中山エツ子さん（79）
秩父市浦山 金倉

こんにゃく作りは
アク合わせだいね

うちのアクは
よく効くよ。

芽取り
材料は生の芋、
芽や傷んだ部分を
ナイフで切り取る。

ナイフは切り出し。

皮むき機で皮をむく。

芋をつく
大釜で二時間茹でた芋を
臼で粉になるまでつく。

湯づき

バケツ一杯の湯をヒシャク一杯の量ずつ加えながらつき練る。

湯もみ

最後の仕上げは両手でもんで固さを決める。

アク台わせ

人肌に温めたアク五合を三回に分け、すばやく混ぜる。

型入れ

アク台わせ後はすぐ固まるので急いで型に入れる。

切り分け

冷えて固まったら十等分に切り分ける。

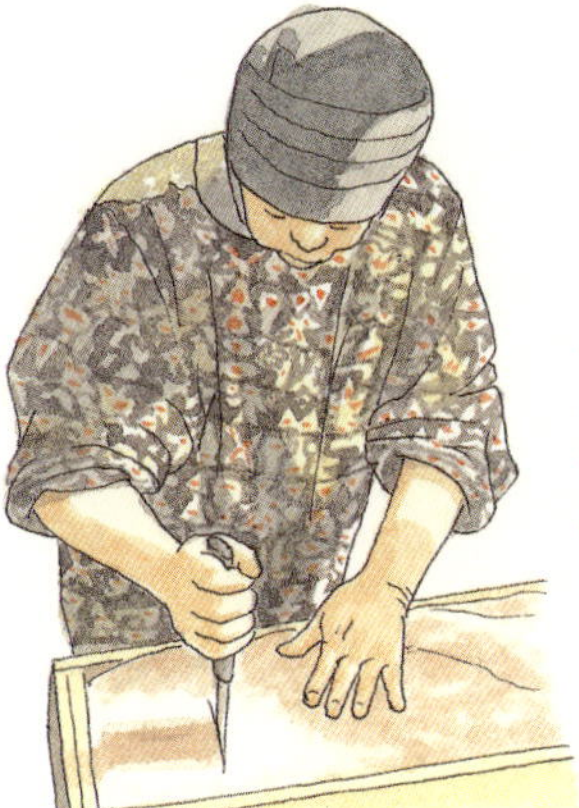

湯がき

大釜で二時間茹でてアク抜きする。

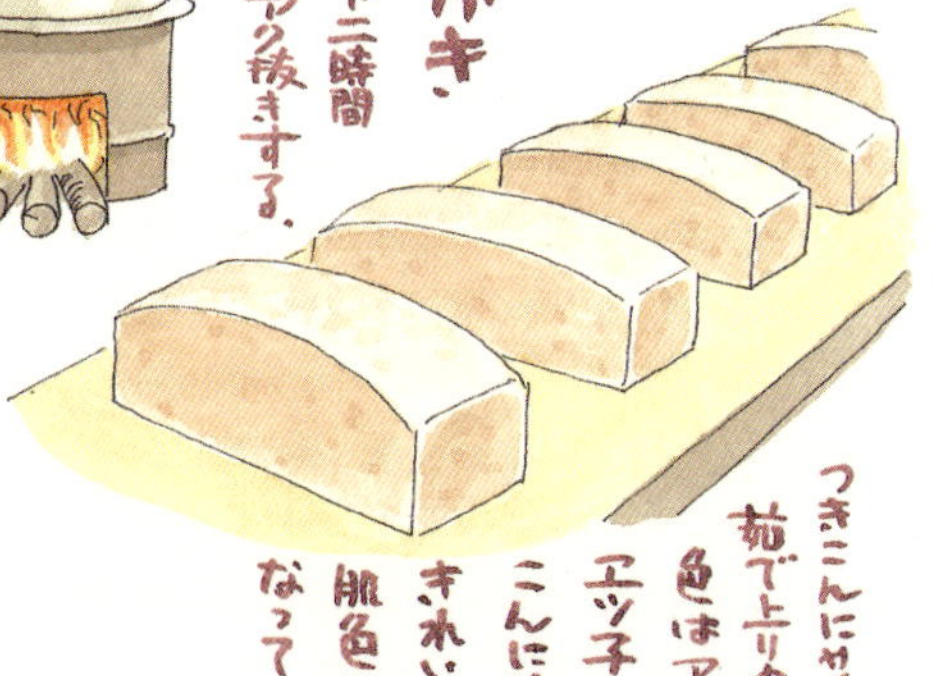

料理

コリコリした歯ごたえと味のしみ込みがおいしい！

つきこんにゃく、茹で上りの色はアクの色。エツ子さんのこんにゃくはきれいな肌色になっている。

日本ミツバチの話

山口一夫さん（75）神川町矢納

多いときゃあ一つの巣で三升から採れらいね

巣箱は屋根に置いてある。

巣の内部はこんな感じになっている。

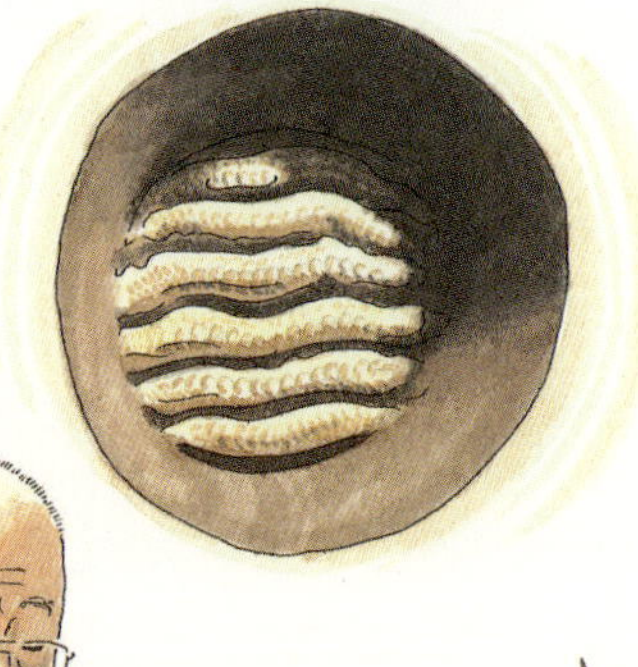

あら、今年は少ないわねぇ…と、文子さん、

大きな巣板は一キロ以上ある、

巣をつぶし粗い目の布で漉す、

何時間もかかる、

仕上げはサラシの袋で漉しおいしいハチミツに、

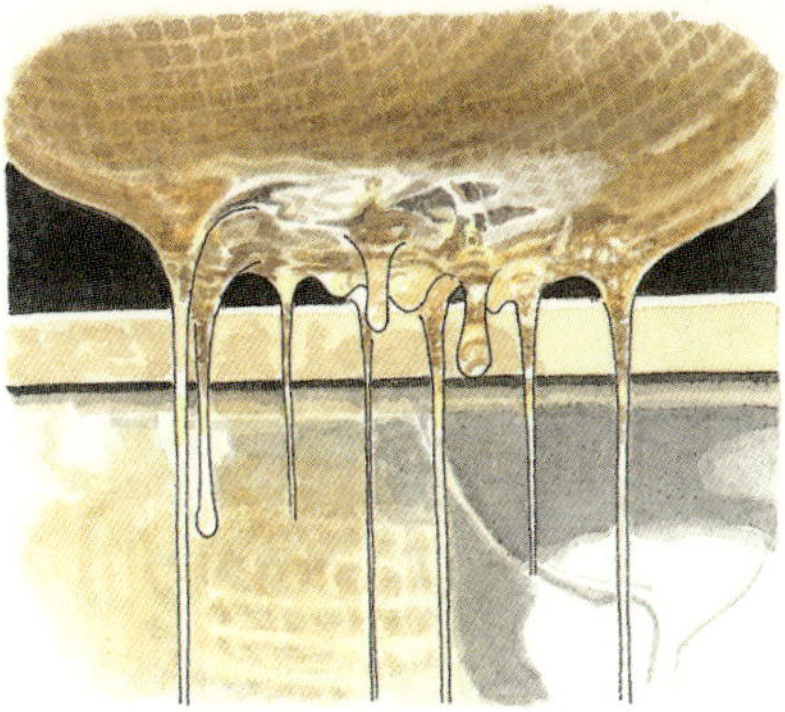

甘い香りに誘われてミツバチがいっぱい飛んでくる、

巣箱の作り方

桐の丸太の中をチェーンソーでくり抜く、

突きノミという道具で中を突いて削る、

腕がパンパンになる、

「突きノミ」八角の鉄棒の先が鋭いノミになっている、

長さ一・五メートル、重さ五キロ、

仕上げはバールで丸太の両側から少しずつ削る、

最後にバーナーで内側を焼き上に天板を付けて出来上り、

吊るし柿作り

田嶋ヨネ子さん（79）

小鹿野町
新井

木守《きまも》りって言ってねえ
いくつか残しておくんだいねえ

大きい渋柿
蜂矢《はちや》

柿の実を採る、

木守《きまも》り
取りきらず残す。

今年の柿は成り年で豊作。

柿の皮をむく

二個の柿をヒモで結ぶ。

吊るし柿の作り方

柄をTの字に切る
ヘタを取る
ヘタの回りの皮をむく
全体の皮をむく

ヒモで結ぶ
柿がぶつからないように段違いに吊る。

風通しが良く、雨の当らない場所に吊る。

十二月中旬迄干すと甘くなる

羊の毛刈り

大塚 栄さん（74）
小鹿野町
松坂

羊も
毛ぇ刈ると
いい気分に
なるんだいねぇ

うちの人も
今はこんなだけど
昔ゃあずいぶん
カッコ良かったん
だよぉ　と笑う
つや子さん

さっそうと
自転車オートバイで
走り回っていた
若い日の栄さん。

ホンダA型
自転車オートバイ

昔の毛刈り風景

子供達にとって
珍しくて楽しい
一大イベントだった。

羊の毛刈り手順

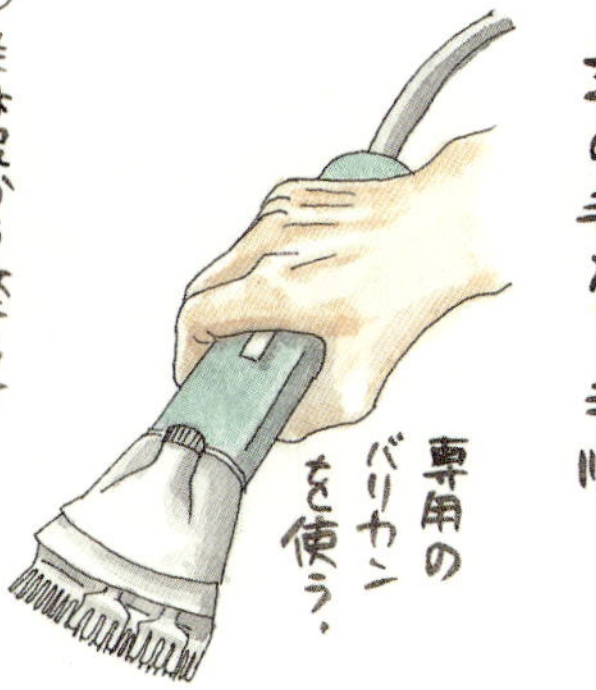

専用のバリカンを使う。

① 羊は尻から座らせ首から胸へと刈り進める。

② 胸から前肢を刈る関節を押して伸ばしながら刈っていく。

③ 足を刈って背中へ。

④ 背中を刈って終了。

上手な人がやるとスッポリ脱げたようになる。

⑤ 羊もスッキリ！

毛を刈るとまるでヤギのよう。

わらぞうり作り

中村徳司さん（75）
小鹿野町
原町

昔しゃあ
みんな自分で
作ったもんだいねぇ

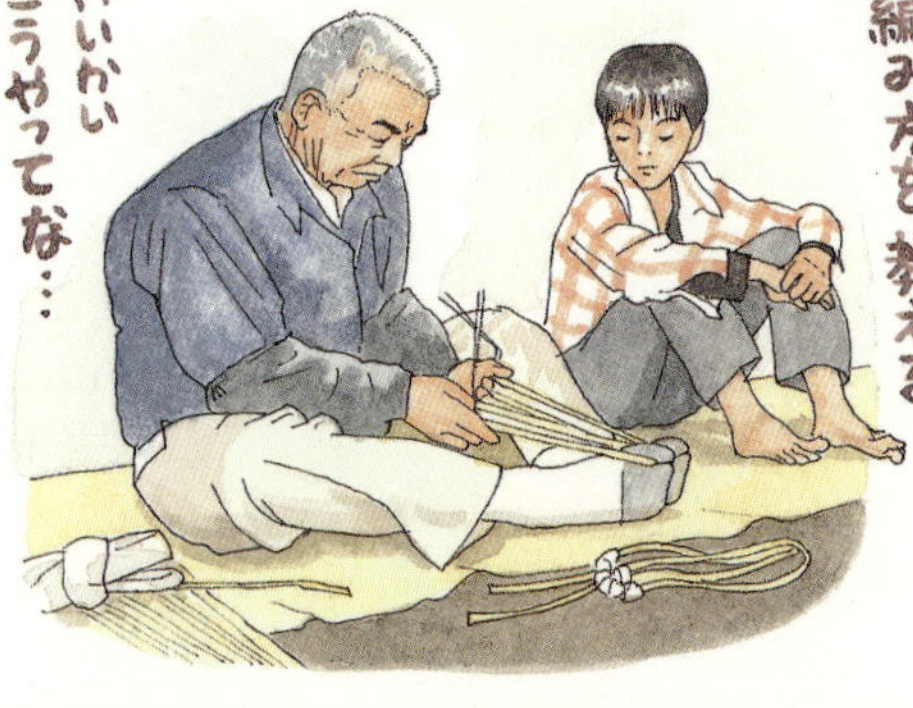

編み方を教える

いいかい
こうやってな…

イエ～イ

できたよ～と
元気な小学生

表面のバリを焼く。

緒通しを使って
はなおを
付ける。

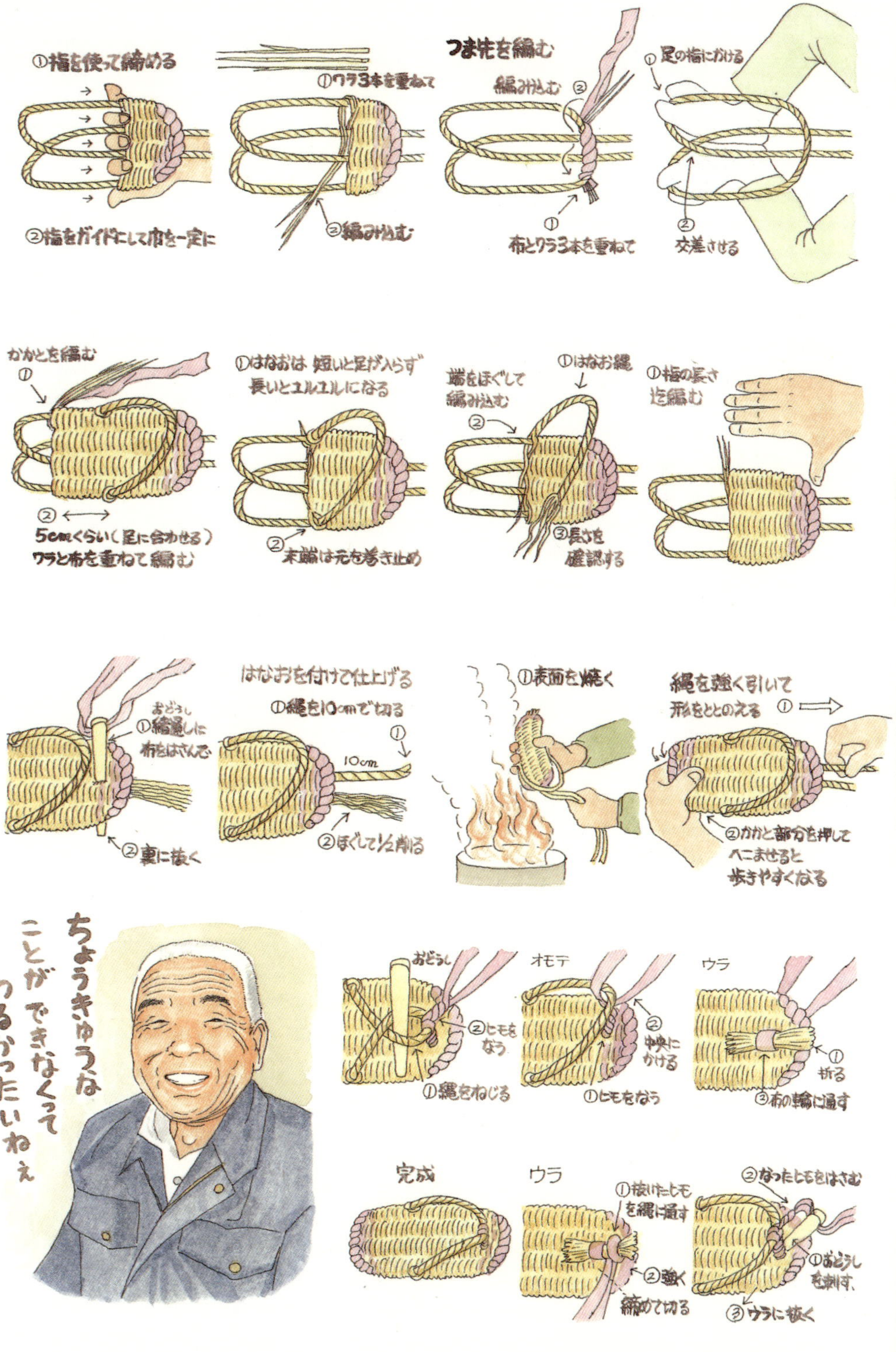
①指を使って締める
②指をガイドにして巾を一定に
①ワラ3本を重ねて
②編み込む
つま先を編む
編み込む
②
①
布とワラ3本を重ねて
①足の指にかける
②交差させる
かかとを編む
①
②
5cmくらい（足に合わせる）
ワラと布を重ねて編む
①はなおは短いと足が入らず
長いとユルユルになる
②末端は元を巻き止め
端をほぐして
編み込む
②
①はなお縄
③長さを
確認する
①指の長さ
迄編む
①縄通し《おどうし》に
布をはさんで
②裏に抜く
はなおを付けて仕上げる
①縄を10cmで切る
①
10cm
②ほぐして1/2削る
①表面を焼く
縄を強く引いて
形をととのえる
①
②かかと部分を押して
へこませると
歩きやすくなる
ちょうきゅうな
ことができなくって
わるかったいねぇ
おどうし
②ヒモを
なう
①縄をねじる
オモテ
②
中央に
かける
①ヒモをなう
ウラ
①
折る
③布の輪に通す
完成
ウラ
①抜けたヒモ
を縄に通す
②強く
締めて切る
②なったヒモをはさむ
①おどうし
を刺す、
③ウラに抜く

百年ヒノキの間伐

田中喜久藏さん（75）

飯能市吾野

こらぁ
いい材が取れるでぇ

バーの長いチェーンソー。

目通り三尺六寸のヒノキ

この太いヒノキを
軽々と切っていく。

ヒノキの香りが
あたりに漂よう。

百年ヒノキの立ち姿。

玉切りはグラップルでつかんで切る。

喜久蔵さん愛用のナタとヤ。ヤはカシの木を削って作る。

若い二人が未来を語る。

炭焼きの話

小河友義さん（84）
秩父市大滝
栃本

昔、炭焼きは
小屋ごと動くんで
でんでん虫って
言われたんだいね。

友義さんが今使っている窯《かま》

今年も
この窯で
炭を
焼いて
いる。

今焼いて
いるのは
黒灰《くろけし》だが
昔は
ほとんど
白灰《しろけし》
だった。

白灰《しろけし》と黒灰《くろけし》

黒灰《くろけし》	白灰《しろけし》
黒く柔らかい	灰をまぶすので表面が白く固い。
火はつきやすいが火持ちが悪い。	火はつきにくいが火持ちが良い。
値が安い。	高い。
窯の火を消して炭を取り出す。	火のついた炭をかき出し、灰をかけて消火する。
窯出しまで 7日〜10日	窯出しまで 3日〜5日

木を伐《き》る

三尺の大木も
このノコギリで
伐った。

普通は
四尺から五尺、
太い木は
六尺から七尺に
玉切りした。

木を割る

オノ、カケヤ、ヤで割る。

カケヤはヤシャの木で作る

シオジなど太い木は火薬で爆破した。

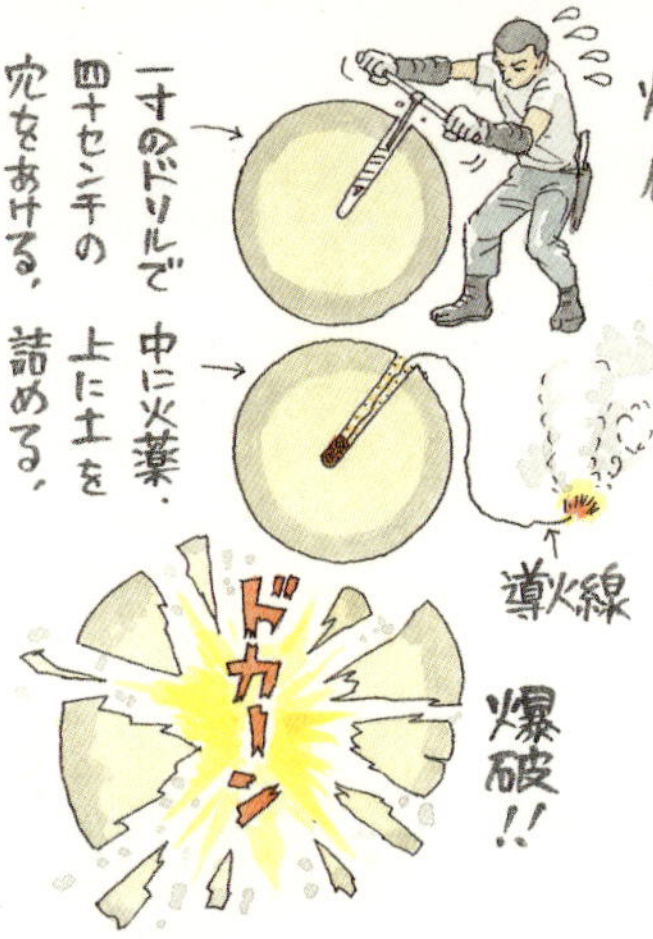

一寸のドリルで四十センチの穴をあける。
中に火薬、上に土を詰める。
導火線
ドカーン
爆破!!

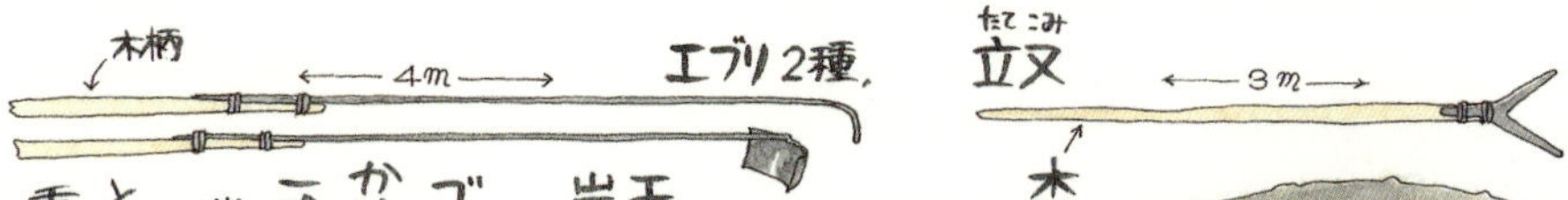

木柄
4m
エブリ2種。
立又《たてこみ》
3m
木柄

炭を焼く

熱い窯に木を立又《たてこみ》で詰める。

エブリで炭をかき出す。
熱い
熱い。
ゴバイをかけて一晩で消火する。
とにかく熱い重労働。

炭を運ぶ

炭俵に詰めて運ぶ。

白灰《しろけし》は丸
黒灰《くろけし》は角と決まっていた。

一俵、約18kg

持ち子が背板で山から運んだ。

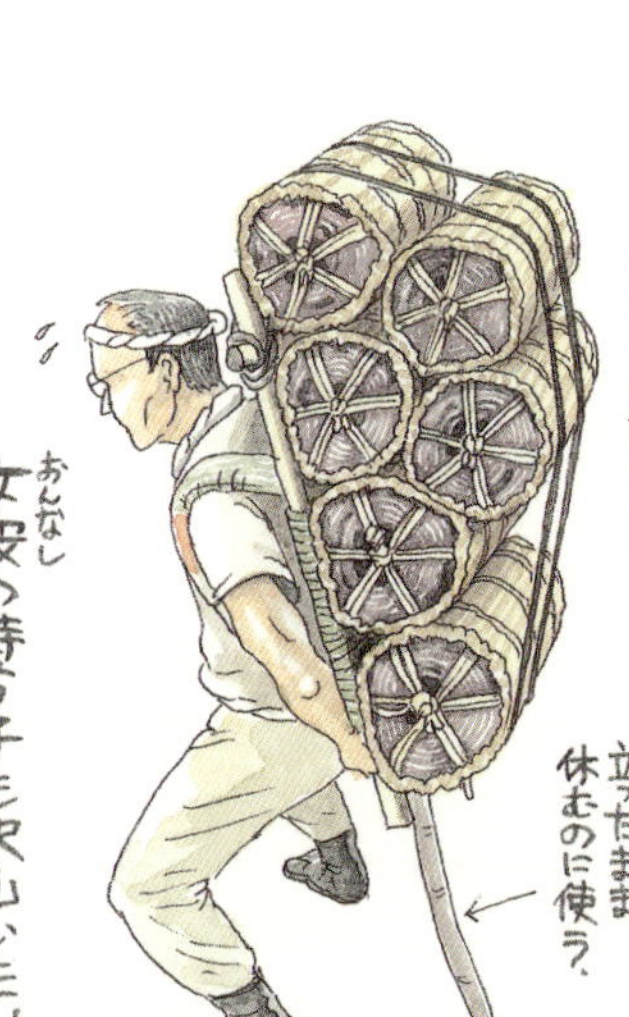

にん棒
立ったまま休むのに使う。

女衆《おんなし》の持ち子も沢山いた!

椎茸つくり

坂本徳治さん（71）
小鹿野町長留（ながる）

山はいいやぃねぇ
今ごらぁ最高だぃね

山の木を伐る

玉切りし
クロールカートで
原木を運ぶ

二ケ月間
乾燥させる

ドリルで
穴をあける

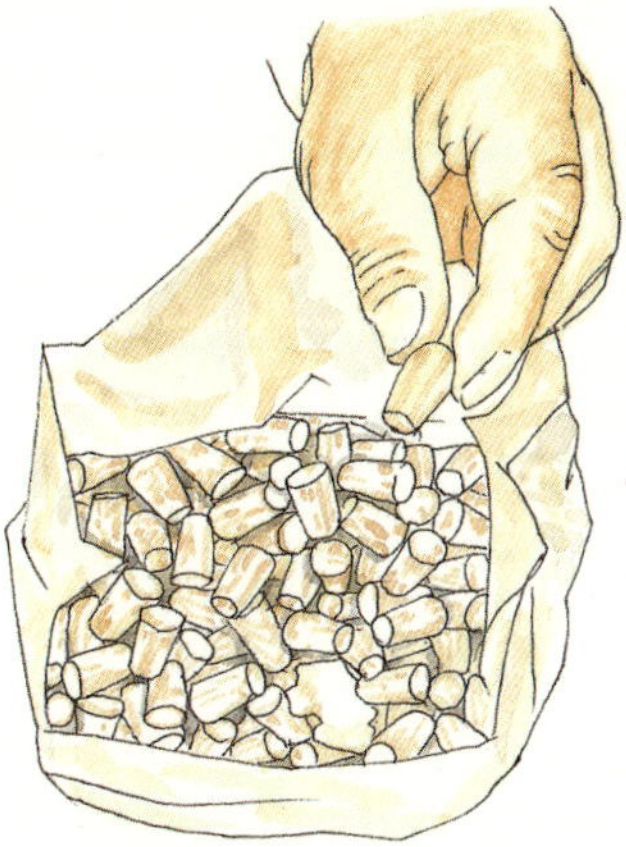

ブナで作られた 種コマ

孫の利世《としや》君も
コマ打ち

こうして出来たホダ木を
二年間 山の中に伏せ込む。

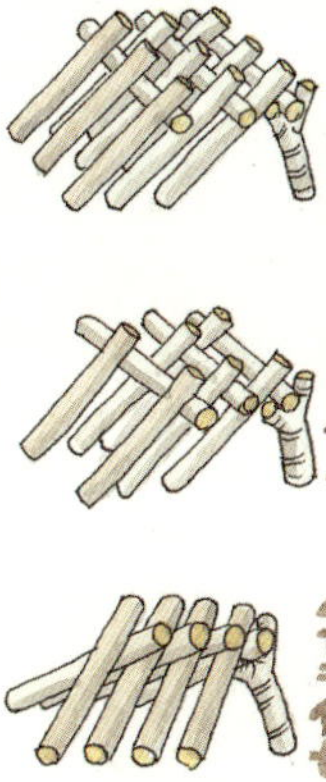

よろい伏せ

鳥居伏せ

ムカデ伏せ

正しい里山がここにある。

石垣積み（石垣とり）

強矢乾一《すねやけんいち》さん（80）
小鹿野町三山

ちゃんと積んだ石垣はきれえだし大夫だいねぇ。

石垣積みの基本は石の面《つら》を生かすこと三点で支えて石を安定させる

裏込め石が石垣を支えるので丁寧に詰め込む

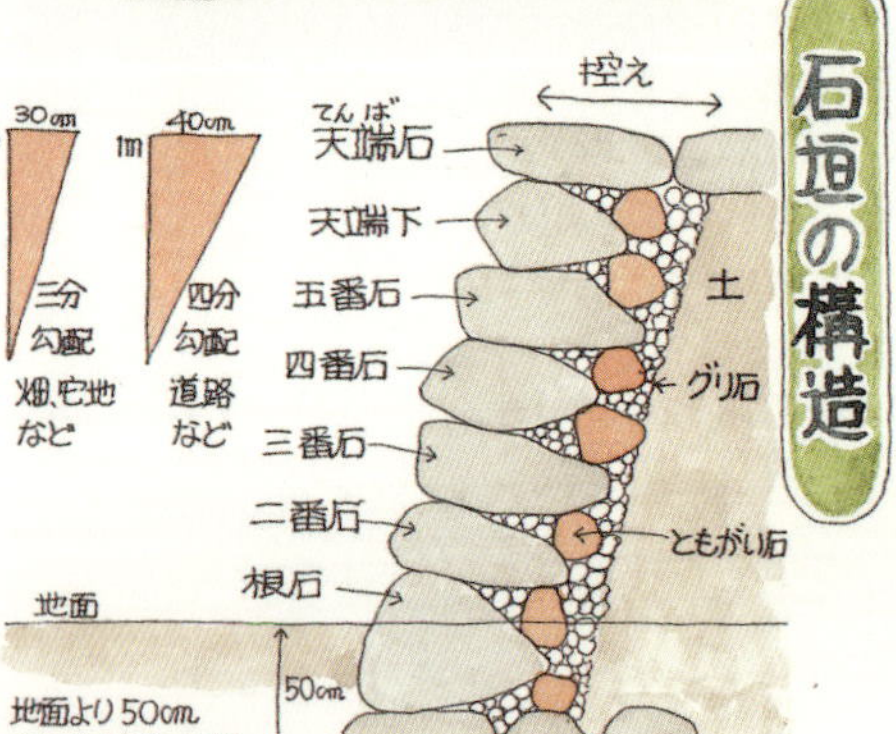
石垣の構造
控え
天端《てんば》石
天端下
五番石
四番石
三番石
二番石
根石
土
グリ石
ともがい石
地面
50cm
地面より50cm深くから根石を積む
30cm
1m
三分勾配
畑、宅地など
40cm
1m
四分勾配
道路など

昔の石運び
背負って運ぶ。
90kgで一人前
モッコで運ぶ。
荷棒(にぼう)
ネンバエ
(マフジの根で作る)
モッコは四人で担ぐ四天《よてん》
八人で担ぐ八天《やてん》もある。
力を合わせる。
重い石はコロで運ぶ
シュラ
(木のそり)
重い石はかぐらさんという道具で動かす。
金車《キンシャ》
(滑車)
かぐらさん
かぐらさんは、ロープを巻きつけて重いものを動かす手動ウインチ。
マニラロープ
セミ
(ワッシャー)

乾一さんの技が
強い石垣を作る。

石は面《つら》が三つある。
その面《つら》を見て
組むんだいねぇ…

石垣の悪い積み方
あぶり 控えが短い石を面に使う。崩れる。
逆石 小さい石の上に胴長の大石を置く。
四ツ巻 四つの石で囲む。石抜けが起こる。
八ツ巻 八ツの石で囲む。石抜けが起こる。
芋串 同じ形、大きさの石が三つ並ぶ。
重箱 同じ形の石を重ねる。不安定な石組み。

昔の渓流釣り

廣瀬利之さん（84）
秩父市大滝栃本

足が達者でねぇ

ずいぶん無茶もしたぃねぇ

塩むすび　のりむすび
トタン板で作ったつなぎ
3mの竹竿を2つに切った
雨の時はビニールふろしきをかける
脚絆《きゃはん》
地下足袋の上にワラジをつける
ワラジの予備
エサは沢虫
エサ入れは空き缶
ボロくつ下でフタにした
秩父イワナ　大物は40cmを超えた

サワグルミの皮でビクを作る

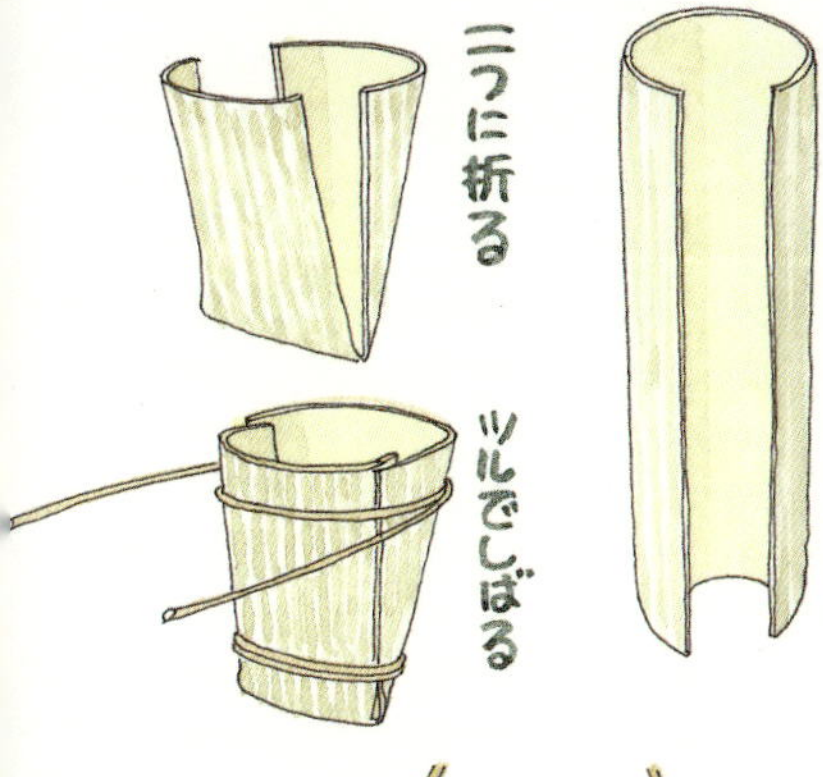
30cm×60cmの大きさに皮をはぐ
二つに折る
ツルでしばる

出来上り
使い終ったら そのまま燃やす

昭和20年代は いっぱい釣れた

釣った魚は いろりで焼く

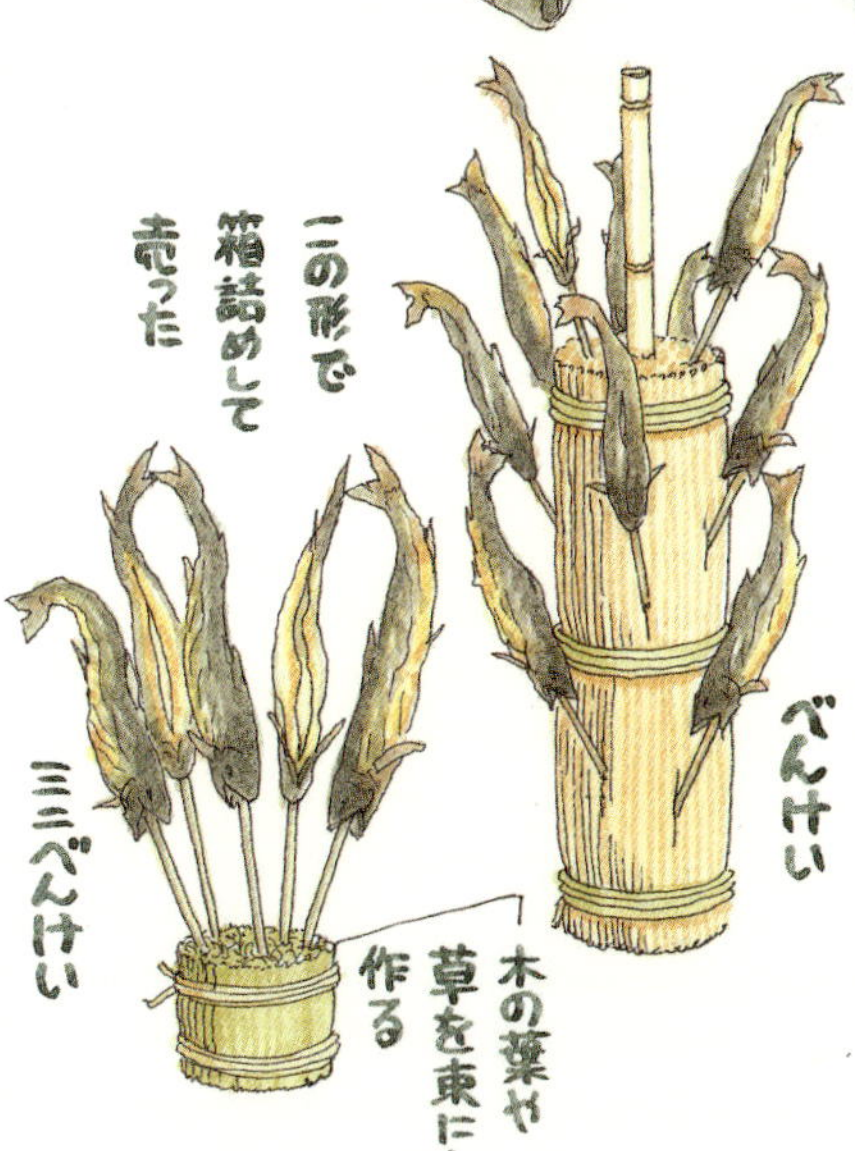
べんけい
この形で 箱詰めして 売った
木の葉や 草を束にして 作る
ミニべんけい

養蚕（おかいこ）

小池満喜子さん（75）

秩父市寺尾

昔はね

年に5回も6回も掃《は》いたんさぁ

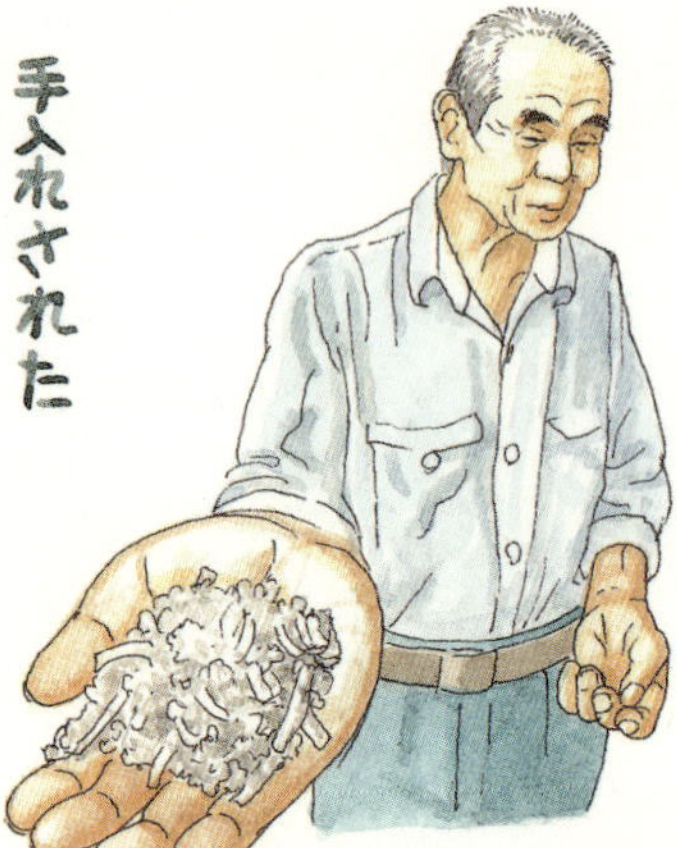

こういう飼料と一緒におかいこが来るんだいね…と武作さん。

手入れされた美しい桑畑。

桑部屋は玄関の横、外から入れる。

桑部屋から二階の蚕室へ行く階段。

二階の蚕室 サワサワと音がする。

お蚕《こ》さま

おこあげは
こうやって…

おこあげの
器具の使い方を
説明してくれる
満喜子さん、

立派な梁《はり》… 昔ながらの天井。

武作さん

オレは
写真はキライだ！

大滝いんげん

手島啓之助さん（76）
秩父市大滝
強石（こわいし）

大滝いんげんに限らず
純粋な種を
残そうとすると
本当に大変だいね

大滝いんげんは
大滝の特産で
スジがなく柔らか、
サヤは豆が大きく
なっても美味しく、
煮豆も美味しい。

滝の沢
いんげんの豆
大滝いんげんの豆、

発芽した
ポット苗、

上が滝の沢いんげん、
下が大滝いんげん、

啓之助さんに畑を
案内してもらった、
ツルを伸ばし始めた
大滝いんげんの苗、

支柱は竹で組む、
長さは二・七m以上
がっしり組まないと
葉やツルの重さで
倒れてしまう、

何で食べてもおいしいよ、
柔らかいから煮すぎないように
するんだいね…と
次子さん、

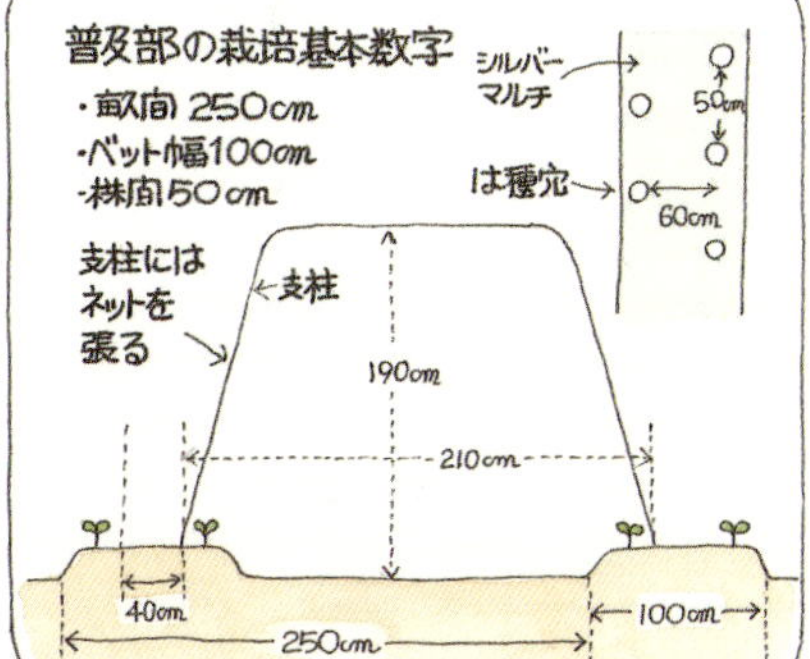

普及部の栽培基本数字
・畝間250cm
・ベット幅100cm
・株間50cm
シルバーマルチ
○は種穴
50cm
60cm
支柱にはネットを張る
支柱
190cm
210cm
40cm
250cm
100cm

ログハウス建築

杉田宗助さん（79）横瀬町　正丸

きっかけは「北の国から」さあ

テレビで見てるうちに作りたくなってね、

自分の山の杉を使って六年かけてログハウスを建てた、

屋根を張るのが大変だった。

階段でチェーンソーを構える建築中の宗助さん、

倉尾の山奥で三百年以上育った根曲り杉、

曲がり杉の根を使ってテーブルを作った、

こだわりの飾り柱になった、

室内には自分で捕った鹿のはく製が、

裏から見た宗助さんのログハウス、重厚な三階建て、

この素晴らしいログハウスを宗助さんは一人で建てた、

武甲山に暮らす

守屋恒《つね》治《じ》さん（74）
横瀬町
生川（うぶかわ）

自分で
何でもやったいねぇ
そうじゃなきゃぁ
暮らせねぇかんねぇ

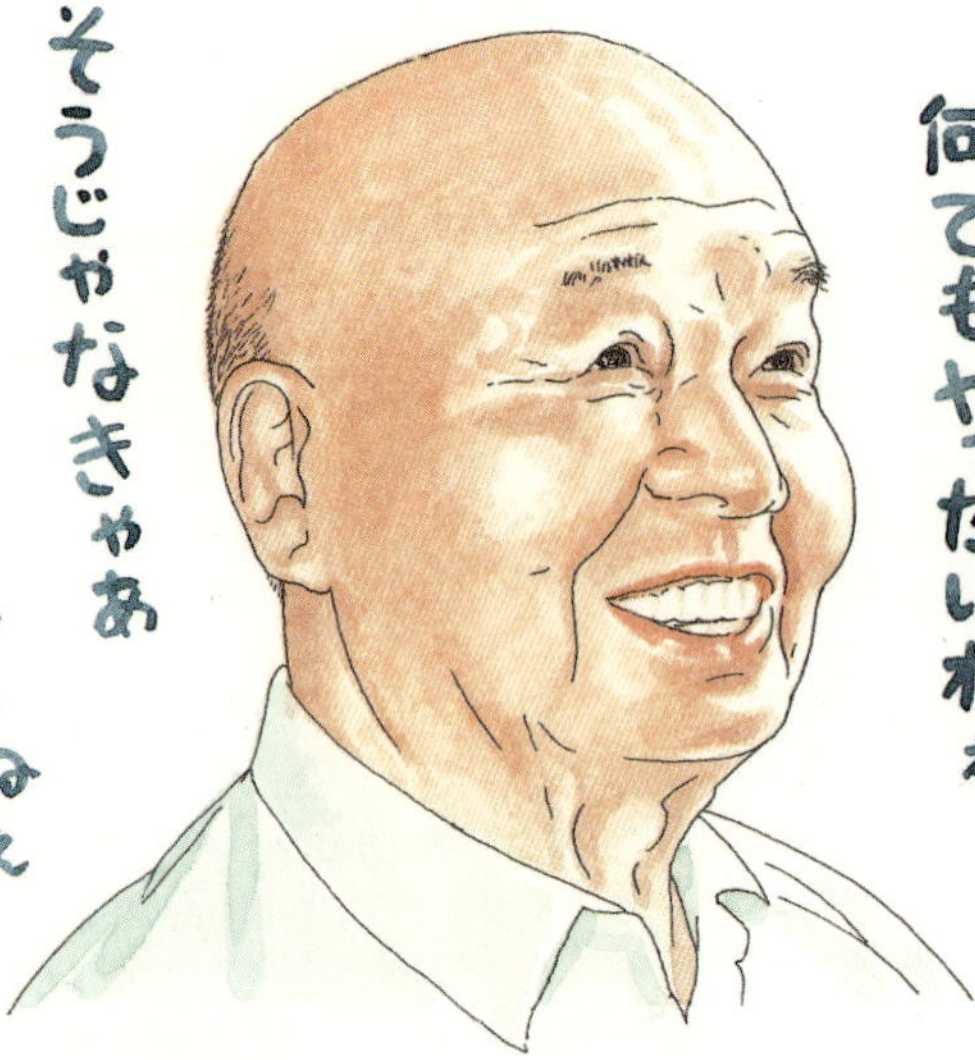

生川《うぶかわ》入口から見上げる武甲山。

表参道 登山口の鳥居、

武甲山中の守屋さん宅。

八年前ここで炭焼きを教えてもらった。

山の畑を守ってきた神様
これからどうなるのだろう。

主のいない庭にキウイが
たわわに実っていた。

二年ぶりの家で
話した後、
玄関で
送って
くれた。

竹カゴを編む

新井正子さん（67）秩父市久那

基本が大事だいねぇ
応用はどうにでもできるかんね、

使い込まれた道具の数々、丸い板も大事な道具、

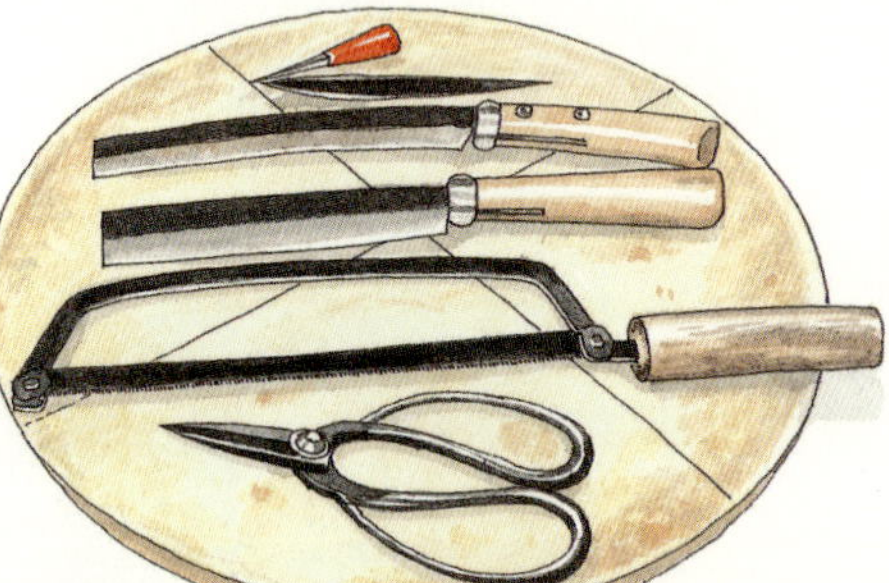

割りナタで竹を割る、ゆっくり、少しづつ、

竹を切るのは弓張りノコギリで、

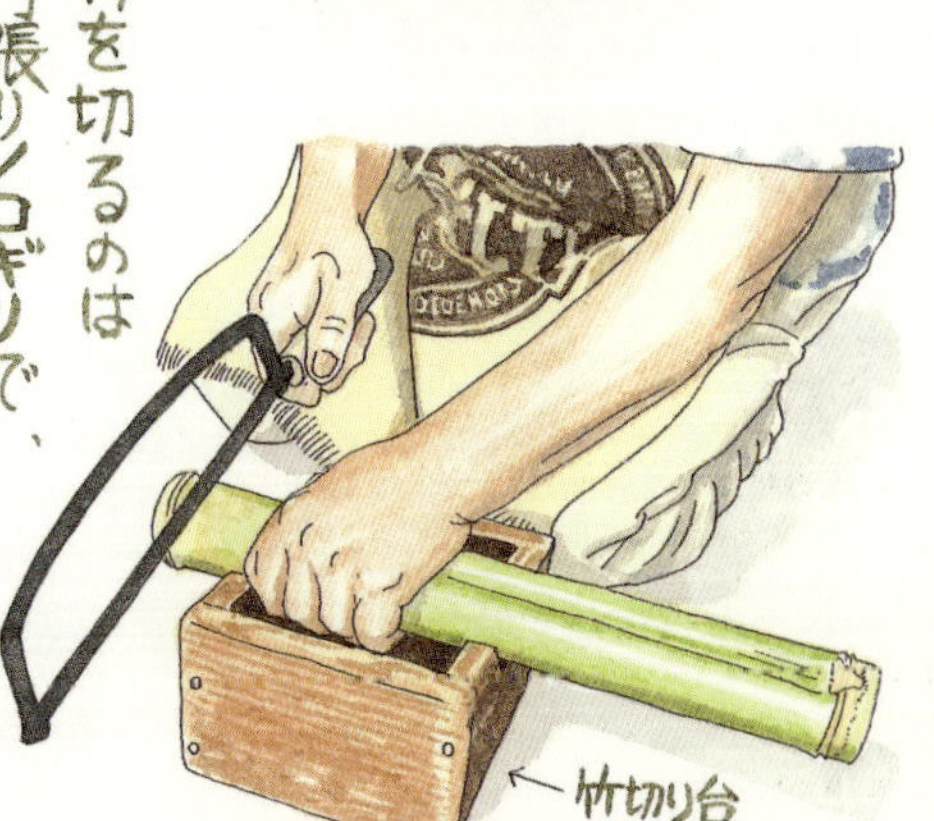

割った竹を二枚にはぐ、
半分の厚さにして、
更に割って、
更にはぐ、

左手は
刃の近く
ギリギリで
押さえて
微調整、

ヒゴの巾を削って揃える、
右手で押さえ
左手で引く、

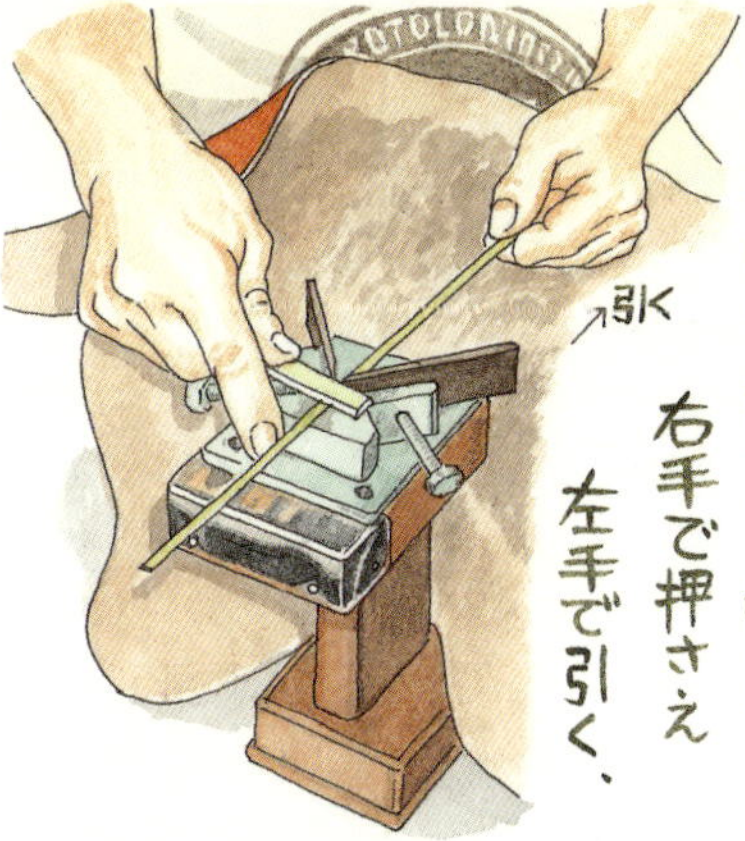

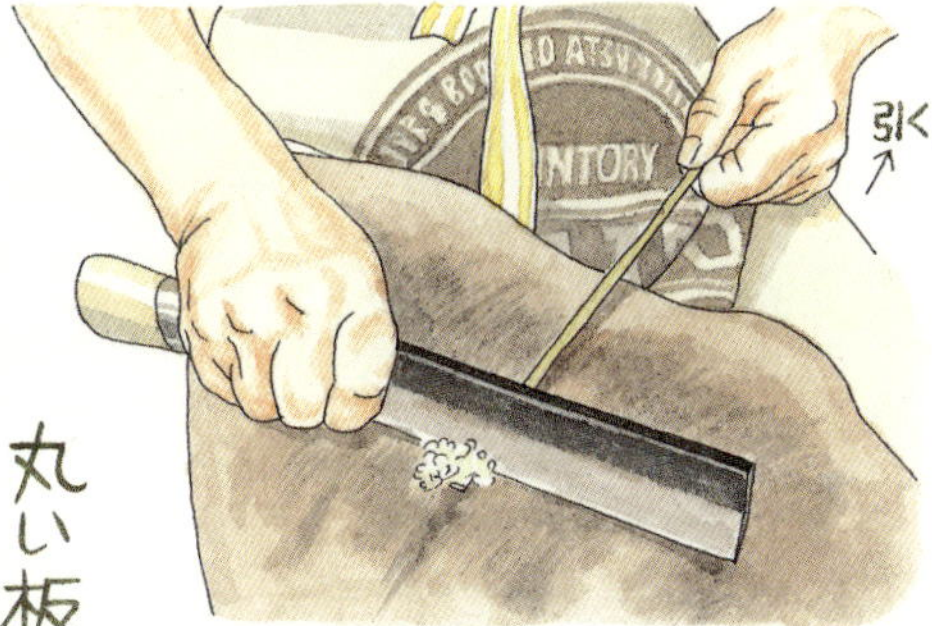

ヒゴの厚さを
刃で削って
均等にする、
少しづつ
削る、

出来たヒゴは
水に浸けておく、

丸い板の上で
正確に編み始める、

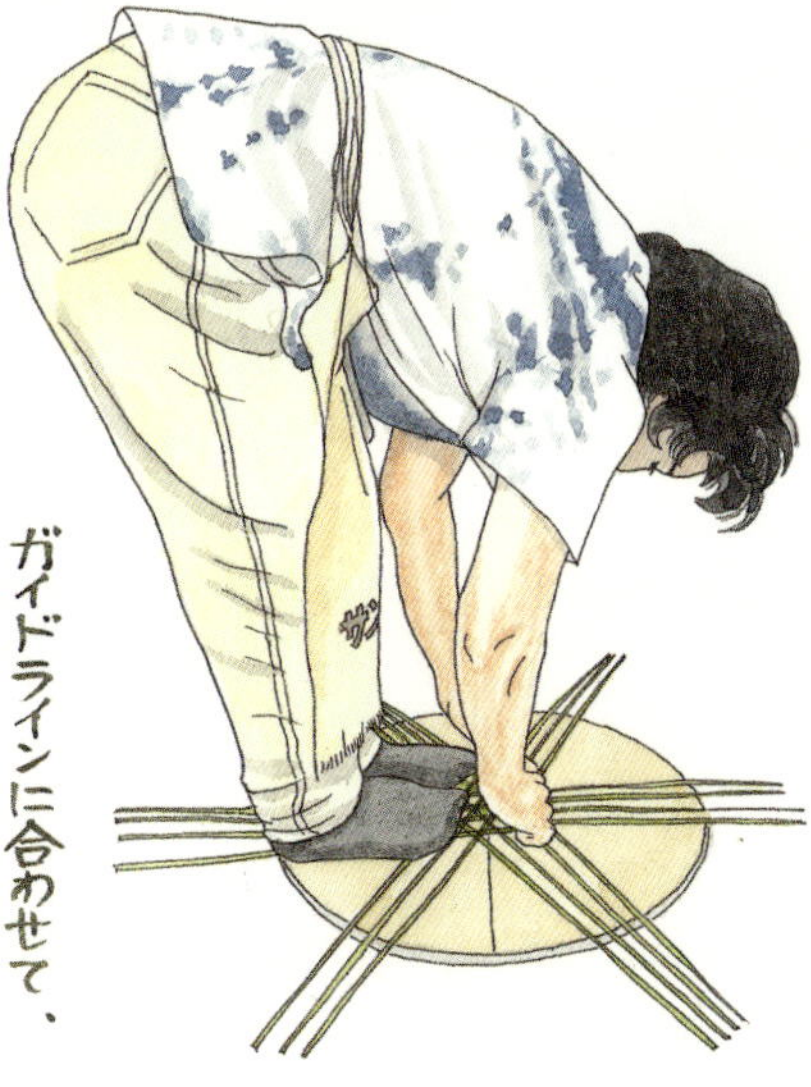

ガイドラインに合わせて、

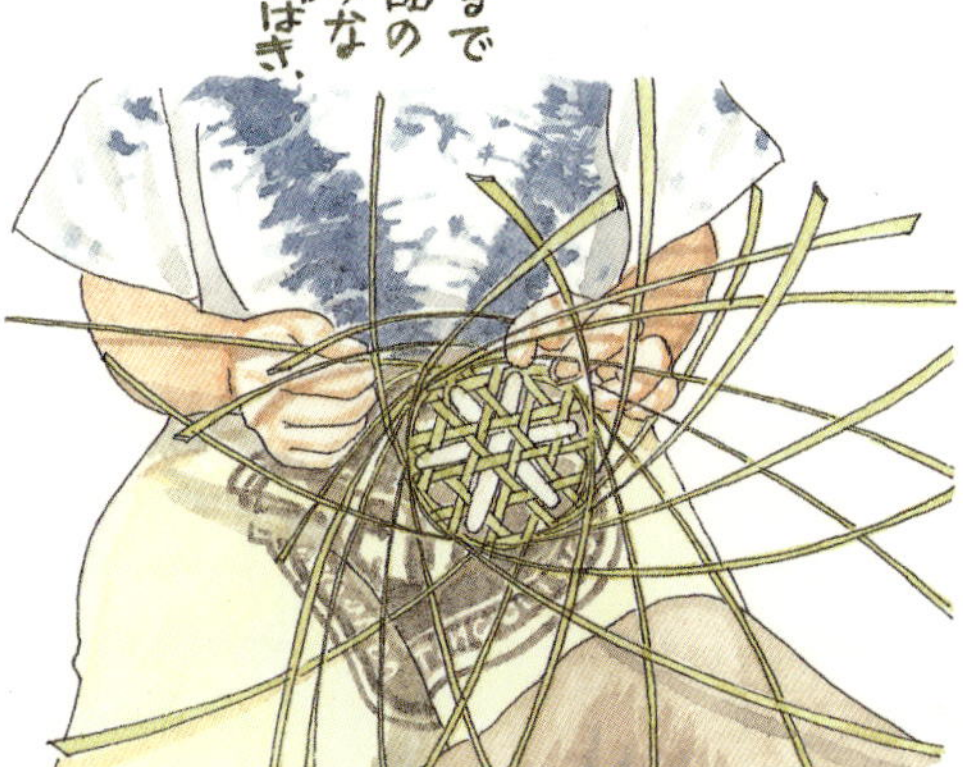

まるで
手品の
ような
手さばき、

おなかで曲げながら胴を編み、
口輪を編んで出来上り、

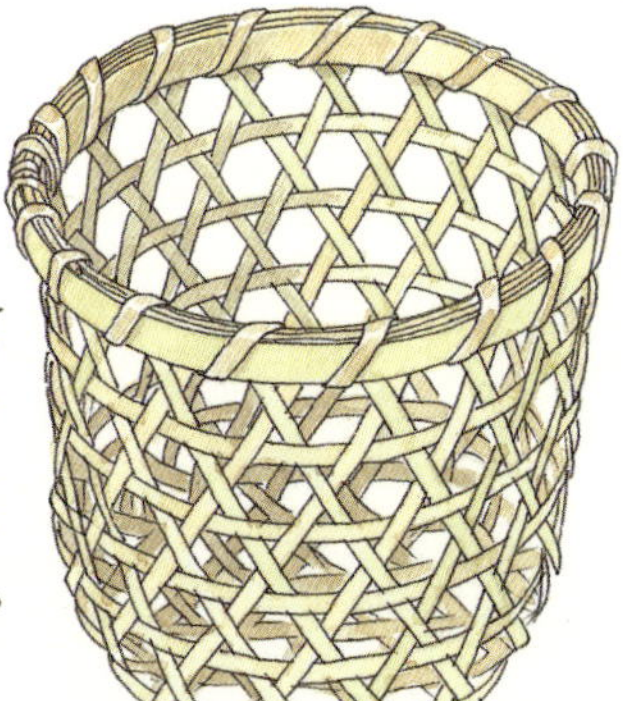

六ツ目
花カゴ

魚篭を作る

新井武夫さん（72）
秩父市久那

竹細工は
材料ができたら
半分 終ったような
もんだぃね、

竹を割り
材料を作る
ていねいな作業、

いかだ編みで底を編む、

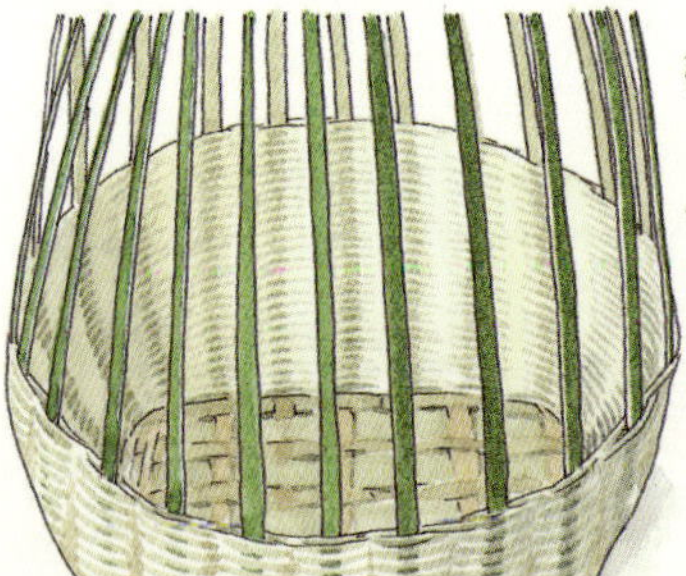

ふっくらと
編み上げていく、

ひざを使って丸く編む、

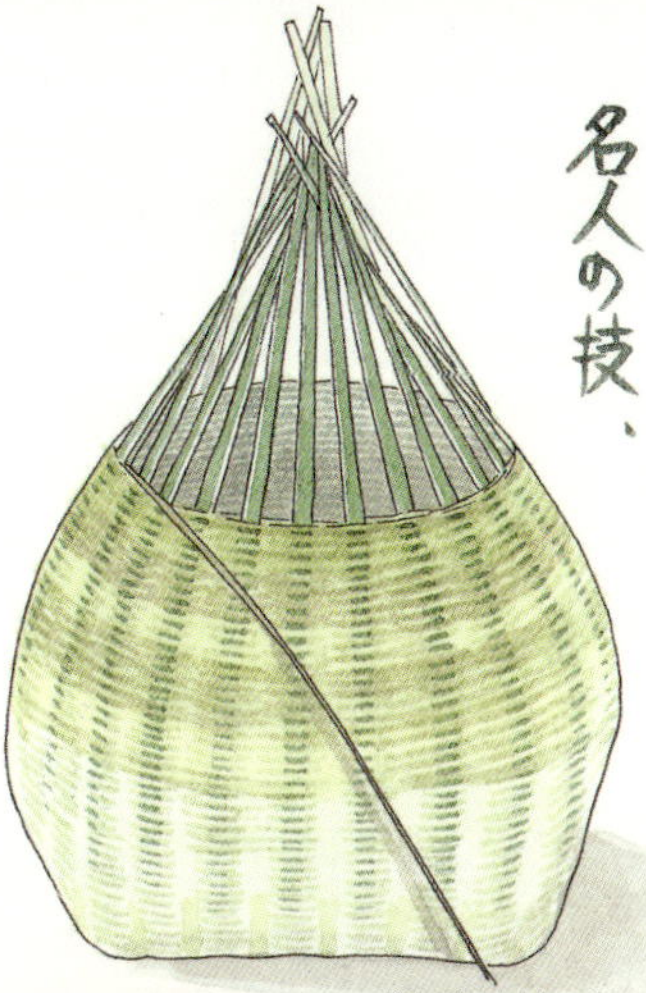

両手の感覚だけでこんな形に編む名人の技、

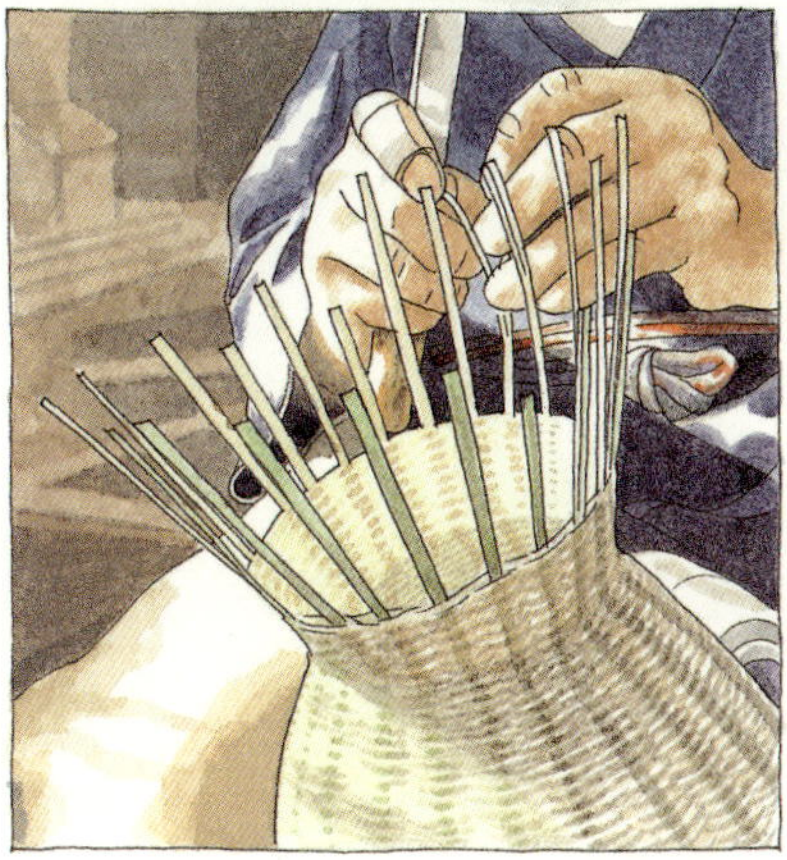

広げて編むのがむずかしい、

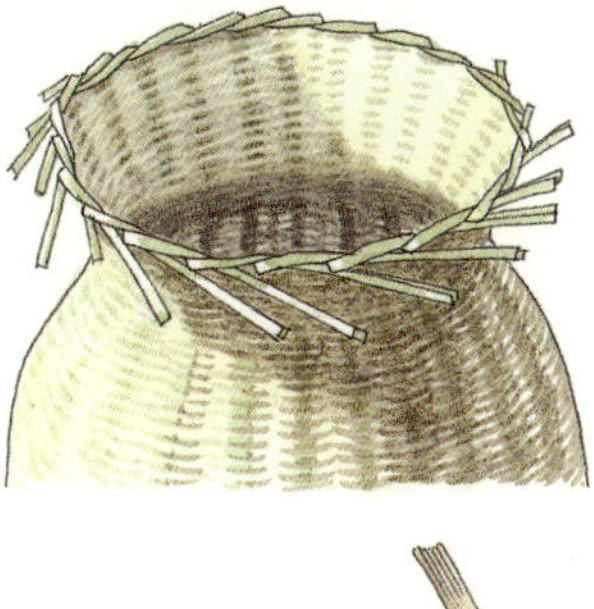

余った立竹を折って止める、

一本の竹から魚篭が出来上った、

当て縁《ぶち》を銅線で止める、

木鉢を作る

山中誠二さん(67) 秩父市中津川

木《き》鉢《ばち》作りは
手斧《ちょうな》の使い方が
何ともだいね、

材料はイチョウ、
直径48cmの木鉢を
この道具で作る、

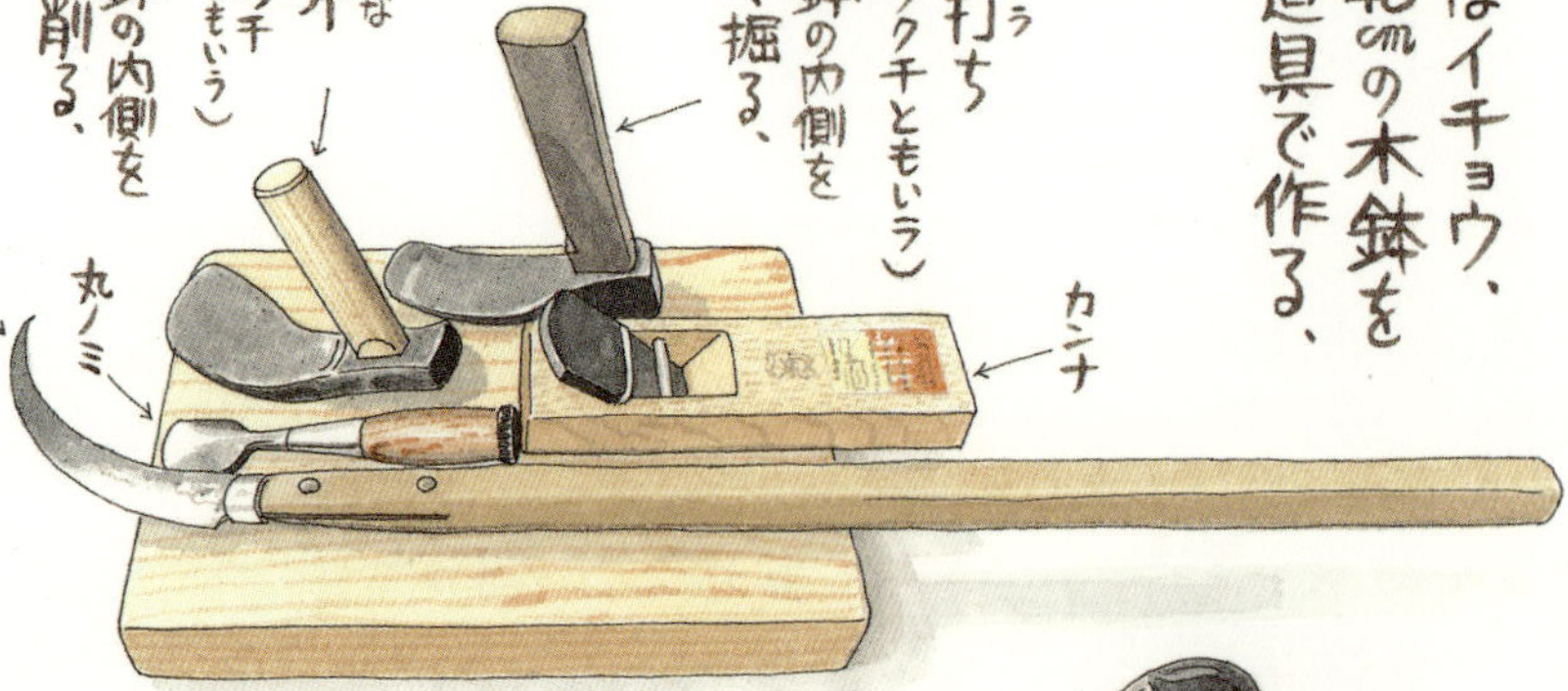
平打《ひらう》ち
(ヒラクチともいう)
木鉢の内側を
深く掘る、
手斧《ちょうな》
(ツボウチともいう)
木鉢の内側を
丸く削る、
やりがんな
(ササガンチともいう)
木鉢の内側を
削って仕上げる、
丸ノミ
カンナ

強く打ち込んで
こじる、

平打《ひらう》ちの
使い方を
実演してもらう、

手斧《ちょうな》の実演
丸く深く削る
すばらしい切れ味。

やりがんなで
内側を削る。
シュッシュッという
音と共に木屑が
クルクルっと飛び出す。
左手がテコの支点になる。

やりがんなは
自分で
やると
むずかしい。

やっと
ここまで
削った。

円を書く道具で
底のフチを
決める。

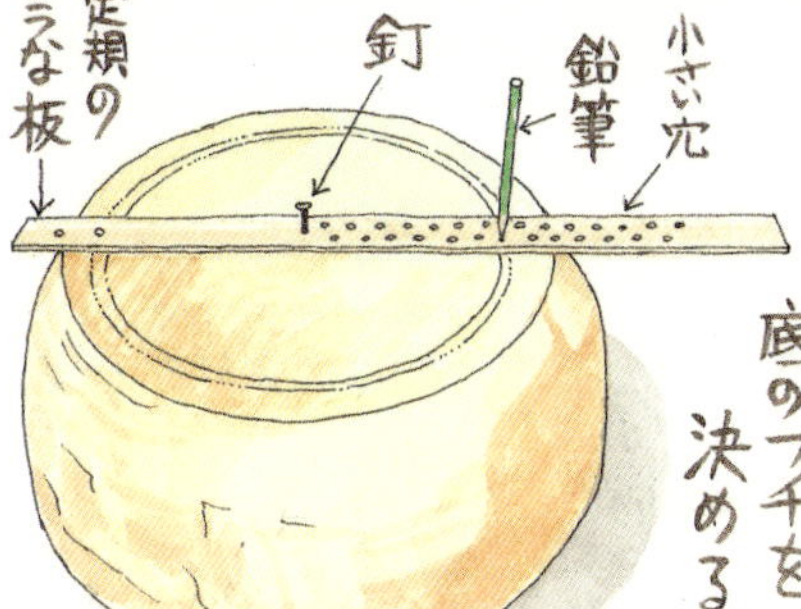

一日半で作り上げた
私の木鉢。外側は
丸ノミで飾り彫り。
我ながら上出来。

これから
一年間乾燥させる。

竹炭工芸品作り

高田 実さん（75）

小鹿野町 和田

あれこれ工夫しながら作るんが面白えんだいねぇ

竹を使って炭を焼いたり工芸品を作る、

お気に入りの作品を抱えて

竹炭の作品、

「いぶし」の作品、

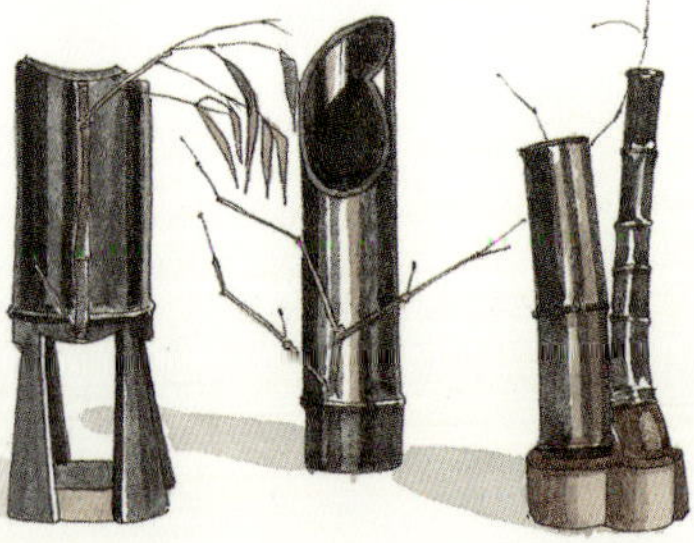

この手作りの窯で竹炭を焼く、ひと窯焼くと製品に加工するのに一週間かかる、

バーナーを取り付けて高温で焼けるよう工夫した、

竹炭を仕上げに磨くブラシ、毛がすぐにすり減ってしまう、

竹を加工する為に使うノミや小刀の数々、

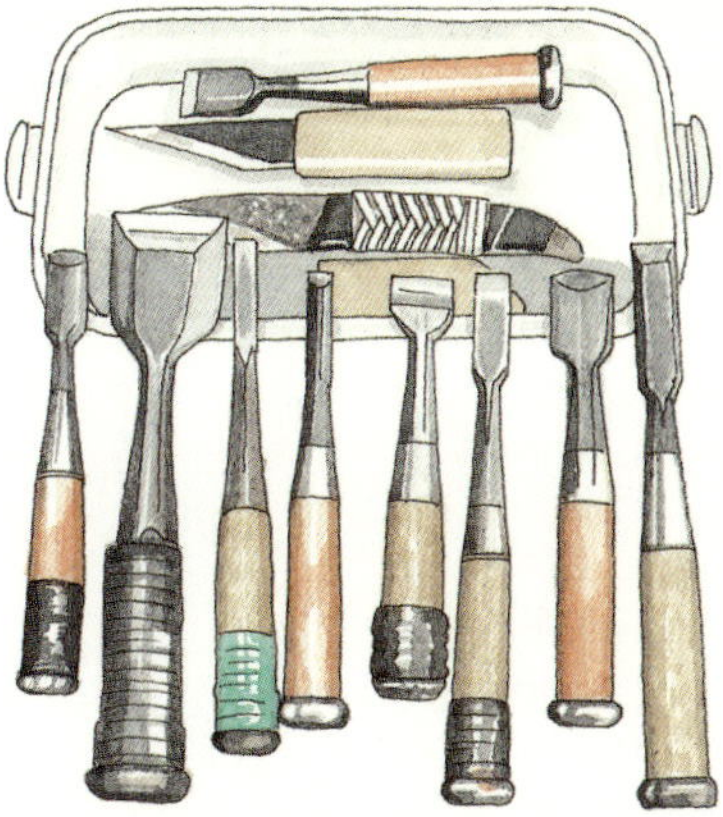

実さんが生の竹を割って、焼いて、磨いて、袋に詰めて、売っている秩父の竹炭、

黙々と袋詰めをする、

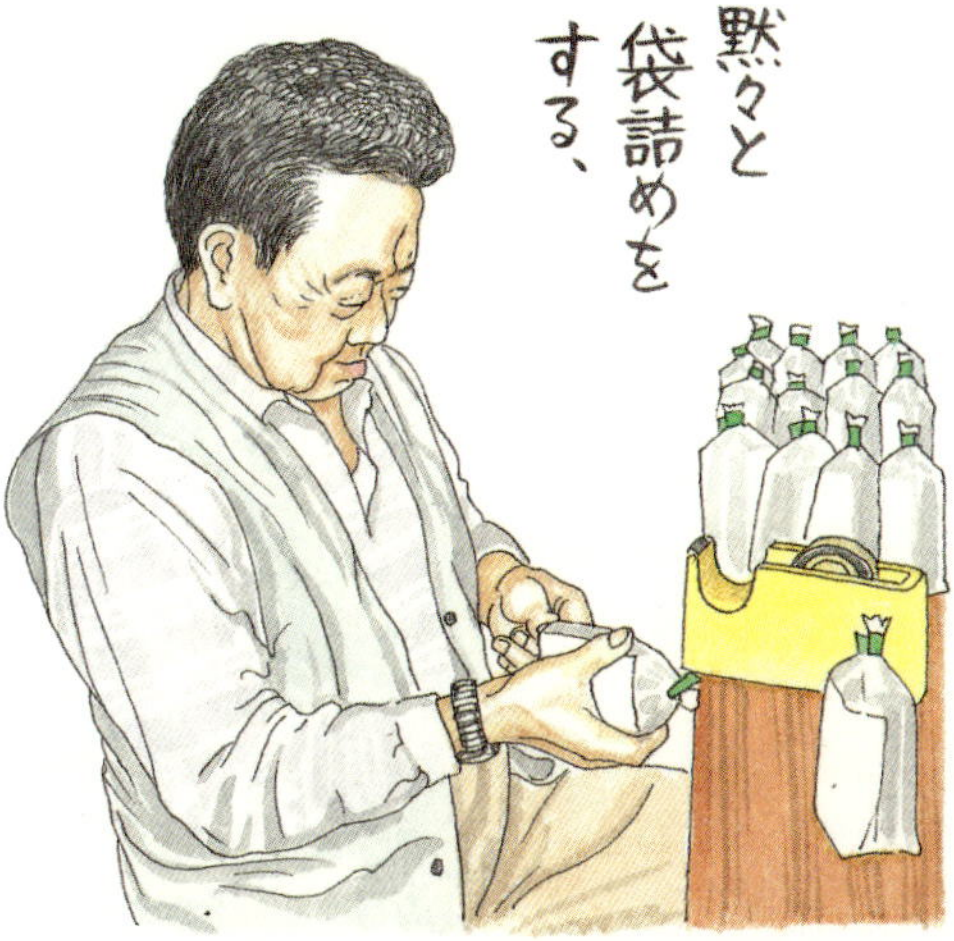

道具を作る

久保槌《つち》男《お》さん（80）

秩父市荒川
武州日野

人に合わせて作るんが鍛冶屋の仕事だいね

工場は四方を注連縄で囲まれている。

武州日野駅前の久保鍛造所は三代続く野鍛冶。二百種に余る道具を作る。

横座

主人が座り、全ての道具が作られる鍛冶の中心部。

両刃木鎌

二連三星流初代の作、この鎌がすべてのルーツ。

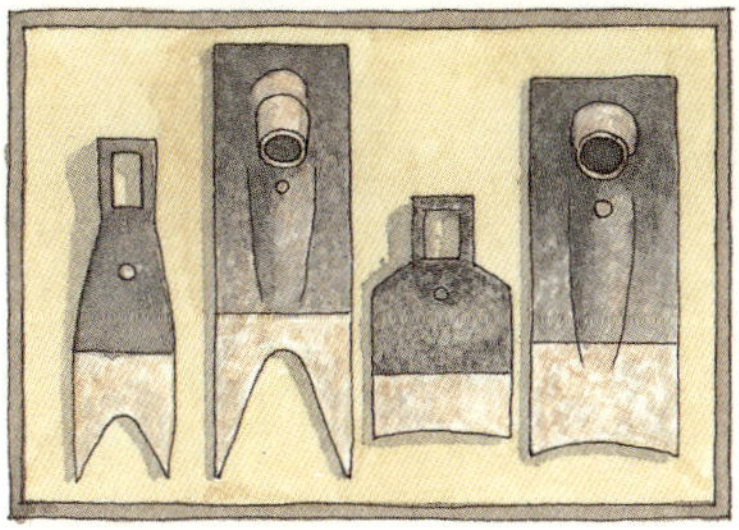

平地と山地の農具の違い

秩父の鉈
山仕事の種類に応じて様々なタイプが

出来上った鉈を両手に抱える雄男さん。

二代左文字作秩父仕込鉈が私の相棒になった。

スカリ作り

千島 貴《たかし》さん（69）

秩父市大滝 栃本

スカリ作りあ根気だいね

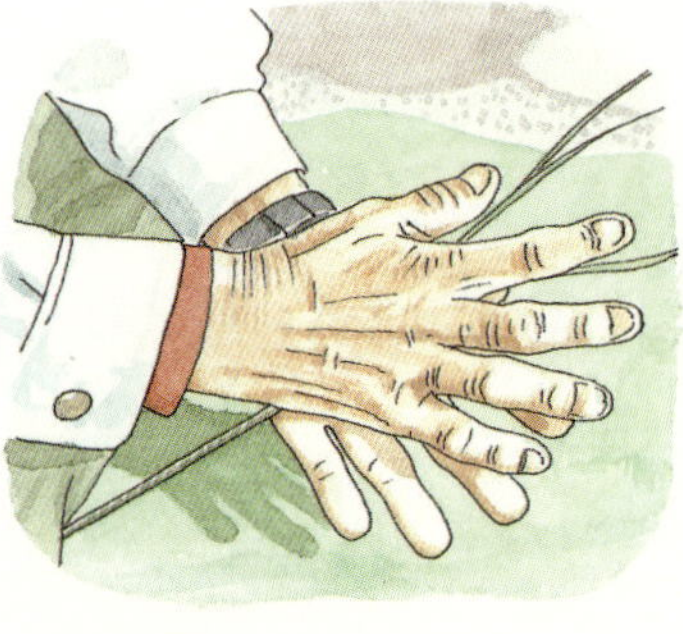

細くさいたスゲの葉を両手でよって縄をなう。

木枠と材料のカンスゲ

作り方

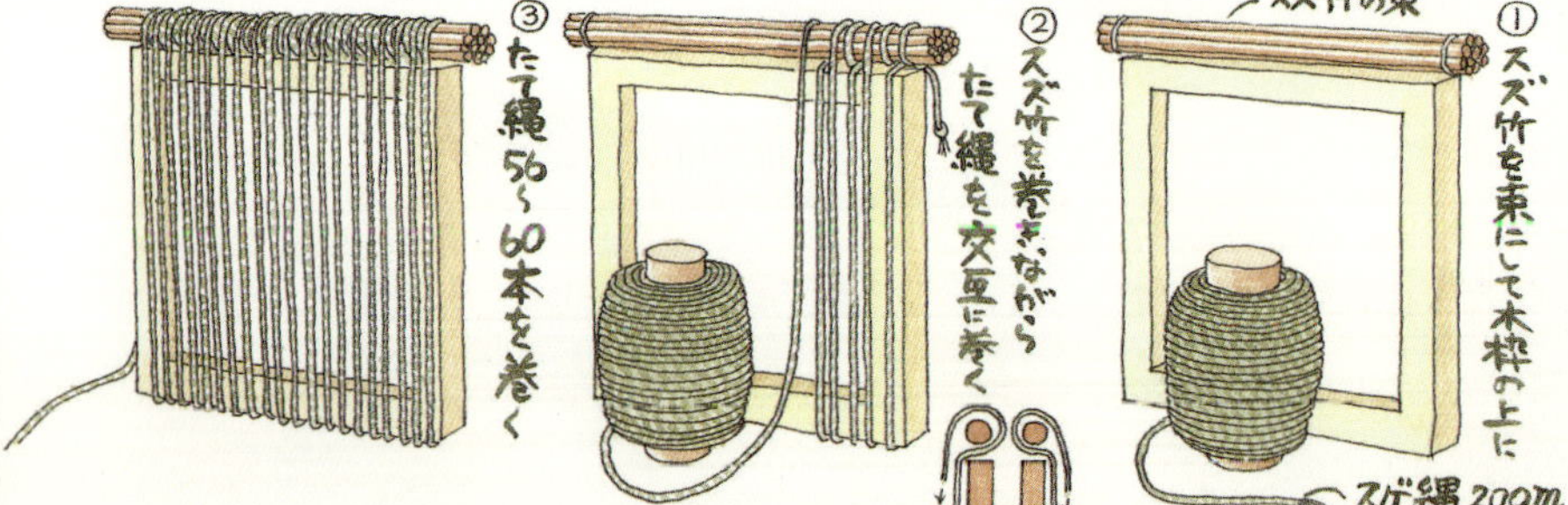

① スズ竹を束にして木枠の上に

② スズ竹を巻きながらたて縄を交互に巻く

③ たて縄56～60本を巻く

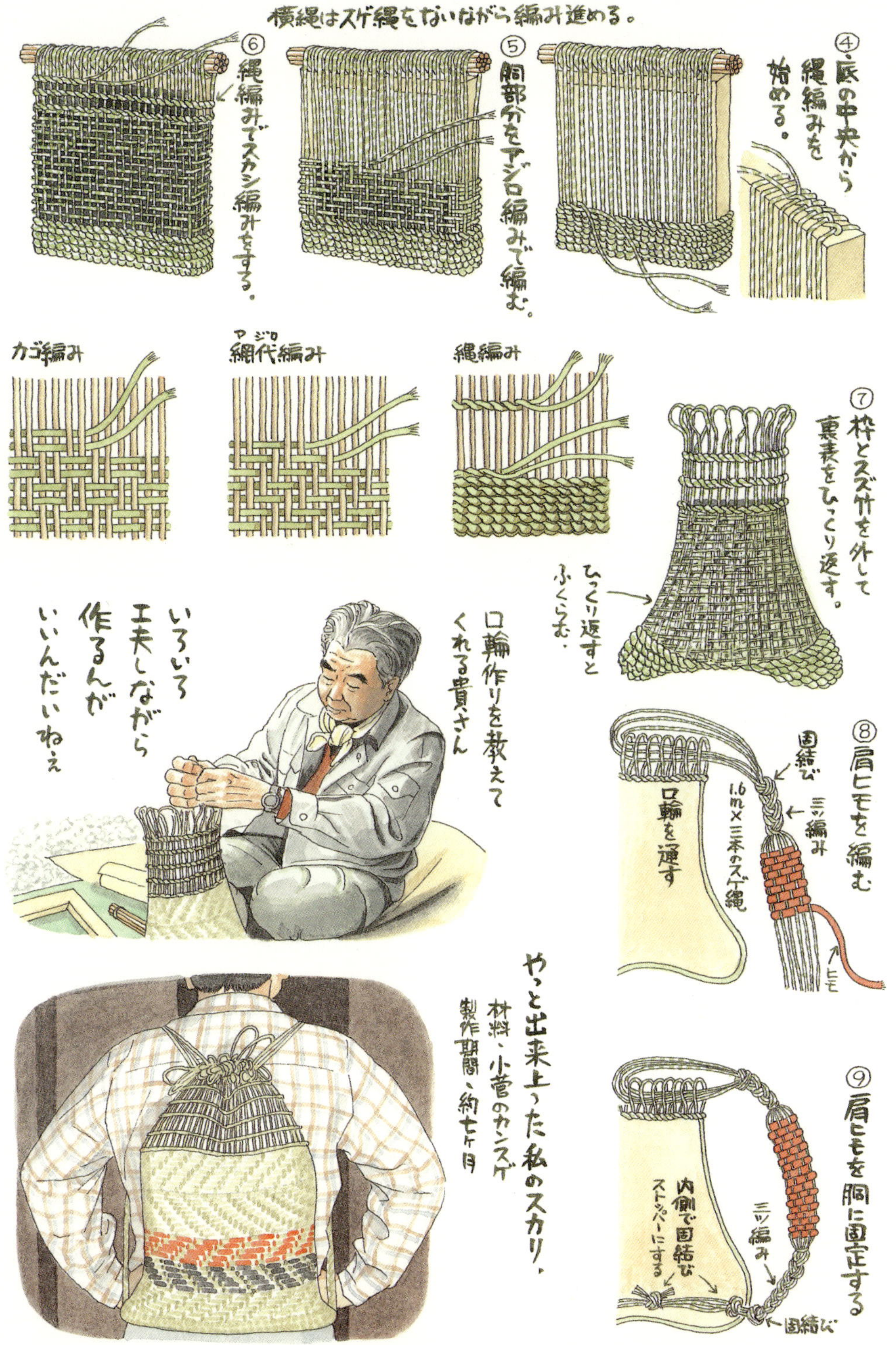
横縄はスゲ縄をないながら編み進める。
④底の中央から縄編みを始める。
⑤胴部分をアジロ編みで編む。
⑥縄編みでスカシ編みをする。
カゴ編み
網代《アジロ》編み
縄編み
⑦枠とスズ竹を外して裏表をひっくり返す。
ひっくり返すとふくらむ。
口輪作りを教えてくれる貫さん
いろいろ工夫しながら作るんがいいんだいねぇ
⑧肩ヒモを編む
固結び
三ツ編み
1.6m×三本のスゲ縄
口輪を通す
ヒモ
⑨肩ヒモを胴に固定する
内側で固結びストッパーにする
三ツ編み
固結び
やっと出来上った私のスカリ。
材料、小菅のカンスゲ
製作期間、約七ヶ月

小林茂先生のこと

小林茂先生に初めてお会いしたのは二〇〇七年二月のことだった。秩父市内のご自宅の門をおそるおそるくぐった私を、にこやかに迎えて下さった。

部屋には出版準備中の膨大な資料や写真が並び、その中でこの企画の話をしながら、昔の山仕事の写真などを夢中になって見たものだった。企画の主旨に賛同していただき、すぐに栃本の廣瀬利之さんを紹介して頂いたことも、その後の進展に大きな力添えとなった。

小林先生にはこの企画がスタートする時から全ての作品を見ていただいていた。先生は時々「民俗学的には言いたいこともあるけど、黒沢君は民俗じゃあなくて人を描きたいんだから、これでいいんだよ」と言ってくれた。

この言葉は、私にとってこのうえない贈り物だった。

その後、銀座で開催した原画展や秩父で開催した原画展にご夫婦でご来場いただき、多くの方に声をかけていただいた事も大きな力添えだった。

二〇〇九年九月二日、小林先生が逝かれた。八月二十八日に入院されて、わずか五日の事だった。あっという間の出来事で、私の中の大きな何かがなくなってしまった。

家内と二人で弔問に伺い、遺影に挨拶をさせていただいたときにうかがった奥様の「急すぎて実感がわかないの……」という言葉が胸に刺さるようだった。

奥様から「畑のアケビなんだけど、絵に描いてくれない？供えるから」と一房のアケビを渡された。まだ口の開いていないアケビだった。

家で口が開くまで保存し、やっと絵に描くことができた。お世話になった万分の一にもならないが、せめて私の絵が小林先生の前に置かれれば嬉しい。

合掌

山里の記憶 文

山里の笑顔と味と技を記録した三十五の物語。

繭玉《まゆだま》飾り

◆二〇〇八年一月一四日取材

一月十四日、小正月を明日に控えて忙しい時間を過ごしている播磨《はりま》治夫《はるお》さん（七十七歳）のお宅を訪問した。治夫さんのお宅は、小鹿野町藤倉の馬上《もうえ》地区にある旧家だ。訪問の目的は小正月の「繭玉飾り」を見せて頂くことだった。

友人と家に伺うと、治夫さんはニコニコと炬燵に招き入れてくれた。寒い日だったので炭の炬燵の暖かさが有り難かった。治夫さんと話していると、奥さんの君代さん（七十一歳）がお茶を入れてくれた。お茶を飲みながら四人で四方山話に花を咲かせた。

空がせまい山ふところ、馬上《もうえ》耕地の播磨さん宅。

繭玉飾りは養蚕の豊蚕と作物の豊作を祈る、小正月行事に欠かせない飾り物で、各家庭の決まり事に沿って作られ、飾られる。治夫さんの家では、代々一月二日にカボギ（株木）を山から切ってくる事から始まる。

カボギは伐採した雑木から多くの小枝が萌芽した株を切ってくるもので、この地方ではモミジが多い。他の地区ではナラだったり、ミズキだったりと変化する。カボギは穀物を貯蔵する穀箱の前に置くのがしきたりだ。

株を使うのは、財産を増やすという願いも込められていたという。今回は山のカボギではなく梅の枝を寄せ刺しにしたものを台木に使った。小正月飾りには繭玉と一緒にアワボ（粟穂）も飾られる。

居間に飾られた小正月の繭玉飾り。

十三日にはアワボ作りのためのオッカド（ヌルデ）の木を切ったり、アワボの竹を作ったりする。アワボとはオッカドの木を十センチくらいに切って皮を剝いて、曲げた竹に刺す飾り物で、オッカドの木が粟《あわ》の穂を模している。皮を剝かないものをヒエボ（稗穂）という。竹は穂が斜めに垂れ下がる様子を表現する角度に曲げる。

オッカドの木では別に四十センチくらいの刀や、小豆粥を煮る時の粥掻棒を作る。これは四十センチくらいのオッカドの先を四つに割り、そこに繭玉を挟んだもので、繭を作るマブシを模したもの。これで粥をかき回す動作が、煮た繭から絹糸をくり出す動作になぞらえている。また、菜箸、食べる時の利休箸（両側が細くなっているハレの箸）なども作る。これはみな一家の主人の仕事だ。

オッカドや門松用の松はどこの山でも切って良いことになっている。なぜオッカドなのかは、オッカドが与太っ木で、他に使い道がないからかもしれない、と治夫さんは言う。

十四日はいよいよ繭玉を作る。これは君代さんの仕事で、播磨家では米の粉で作る白い繭玉とモロコシ粉で作る黄色い繭玉を作る。黄色い繭玉はコウケン（黄絹）を表し、貴重な黄絹の豊蚕を願ったものだ。君代さんにコウケンの作り方を見せてもらった。

まず、ボールに米の粉とモロコシの粉を入れ、よく混ぜ、熱い湯で練る。湯で練らないと粘り気が出ない。さらに、このままでは乾くと割れてしまうのでつなぎに小麦粉を加える。小麦粉が加わるので食感が良くなる。

炬燵にあたりながら昔話をしてくれた君代さん。

昔はこれ以外に鳥の形をしたもの（ヒヨコともウグイスとも言われる）やコゲエカゴ（蚕飼籠）と呼ばれる飾り物を作ったが、今は作っていない。繭玉以外にも木でクワの形を模した物を飾ったり、小判に見立てたものを飾ったりするところもある。

台所の鍋で繭玉を茹でているところ。

小正月の行事は農家にとってとても重要なものだった。唯一の現金収入の道でもあった養蚕は、天候や蚕の病気など不安定要因が多く、その豊凶は一家の家計を直撃した。その豊蚕への祈りは切実で、家中の神様への祈りへとつながった。

また、米の出来ない山地において、粟や稗は貴重な穀物で、その豊作不作も天候に左右される不安定なものだった。豊作への祈りは欠かすことが出来なかった。治夫さんの家では十七箇所に繭玉とアワボを供える。昔は二十五箇所に供えていたという。「昔の小正月はほんとに忙しかったいねえ……」「今じゃ、ずいぶん手抜きになったんだよ」と笑う。

母屋の天道柱《てんとうばしら》に繭玉を飾る治夫さん。

君代さんのコウケン作りが続いている。繭の形に丸めたものを煮立った鍋の中に入れる。くっつかないように何度か箸でかき回し、浮き上がってきたら出来上がりだ。網ですくい、ザルに移す。すぐにシンクに張った水に浸す。こうすることで繭玉同士がくっつくことを防ぎ、なおかつ表面に照りを出す。水から上げた繭玉はくっつかないように注意し、そのまま冷ます。後は冷めた繭玉を梅の小枝に刺すだけだ。

この時、君代さんが甘味噌を付けた繭玉を食べさせてくれた。白い繭玉はうるち米独特の歯触りの良さと団子のような食感が美味しかった。モロコシ粉のコウケンを口に含んだ瞬間、懐かしさに思わず声が出た。

昔、小学生の頃毎日のように食べたモロコシまんじゅうの味そのままだったのだ。粉の由来を聞くと「近所の人が作っててねえ、それを精米所で挽いたもんなんさ」という君代さんの言葉に深くうなずいていた。

今、スーパーで売っているトウモロコシではこの味にはならない。この味はこの地方で連綿と受け継がれてきたモロコシの味だ。懐かしさに思わずおかわりしてしまった。そこから始まった治夫さんとのモロコシ談義が面白かった。

昔はモロコシを石臼で挽いて、熱湯で練ったものを団子にしたり小判型にして囲炉裏の灰の中で焼いたものだった。焼きすぎるくらいでないと食べられないので、端が焦げたものを灰をたたき落として食べたものだった。モロコシまんじゅうは温かいうちは何とか食べられるのだが、冷めて固くなったものは粉っぽくて食べられたものではなかった。これも地炉（囲炉裏）にくべて焼き焦がして食べなければならなかった。冷めて乾いてきた繭玉を梅の小枝に刺しながら、治夫さんとの昔話は大笑いしながらの楽しいものだった。

梅の小枝に繭玉を刺したものが十七個出来上がった。治夫さんが家の内外に供えるのを見せてもらった。まず、台所の荒神《こうじん》様。これは竈《かまど》の火の神様。次は神棚に三個供える。ここはお稲荷さんとお不動さんと薬師さん。そして仏壇にも別に供え、トイレに一つ、風呂場に一つ供える。

外に出て、縁側正面にある天道柱《てんとうばしら》に掲げ、前にある二つの家の玄関にそれぞれ供える。水道と井戸には水神《みずがみ》様。

裏の小屋に一つ、裏のかまどに一つ、車庫に一つ供え、ケエド（境道）の両側に供えて終了。全ての場所には治夫さんが作ったアワボが供えてあった。聞くと、全て正月の松飾りを供えた場所でもあった。

十五日には小豆粥を作って食べるのが習わしだ。小豆粥を作る時はオッカドで作った菜箸や粥掻き棒を使う。食べるときはオッカドの利休箸を使って食べる。

この馬上地区ではクダゲエ（管粥）という粥占い神事が耕地の諏訪神社で毎年行われる。

小正月の十四日に、十センチに切った篠竹を四十五本簾《すだれ》編みしたものを粥と一緒に炊きあげ、十五日朝にその篠竹を割って、内側の湿り具合で言い伝えと経験をもとに一年間の天候、三十種の作柄、雨、風、大世を占う神事だ。そういう、地区の小正月神事が県の選択無形民俗文化財になるほどの地域だからこそ、各家の小正月行事もきちんと執り行われているのかもしれない。

今日供えた繭玉は十六日に下げる。下げる役目は昔は子供達の仕事だった。昔はお供えを下げて食べるのが子供達の楽しみだった。繭玉の中にある木の芽なども気にしないで食べたものだった。アワボを下げたものを割って積み木を作って遊んだりもした。

二十五日の天神様の時には、梅の枝に二十五個の繭玉（この繭玉は小正月の繭玉を流用する）を刺して供える習わしになっている。こうして一連の小正月行事が終わるが、繭玉はいつ食べるのかという問いには、君代さんが「いつって決まってる訳じゃあないやねえ、いつでも食べたいときに食べるんさあ……」と笑いながら答えてくれた。

ところで、家々の違いがどれほどのものかを知ることになったのがその直後だった。治夫さんと君代さんにお礼を言って辞し、近くの知人を訪ねた時だった。

その家は上《かみ》の八谷《やがい》という耕地にある新井さんという人の家だった。

門の中両側にナラの杭が立っていて、そこに樫の葉と繭玉が三個供えられ、杭の上に粥が振りかけてあった。新井さんに聞くと、家の中の飾りも違っていた。新井さんの家では梅の枝を使い、大神宮に十二個、歳神（としがみ）様に十二個の繭玉を供え、ホウソウ神には樫の葉と繭玉三個を供えるという。ほんの目と鼻の先でこれほど違う小正月飾り。そこには家々の歴史そのものが眠っているかのようだ。

かみの新井さん宅では違う形の繭玉が飾られていた。

たらし焼き

◆二〇〇八年二月一〇日取材

二月十日、小鹿野町藤倉。山深い八谷《やがい》耕地、日陰には先週降った雪が真っ白く残っていた。日当たりの良い山裾の南斜面に新井ハツノさんの家があった。

今日は、昔よく食べていた「たらし焼き」を作ってもらい、当時の話を聞かせてもらうために来た。ハツノさんは八十一歳、まだ元気で普通に家の仕事をしている。

挨拶も簡単に奥の囲炉裏部屋に案内された。囲炉裏にはだるまストーブが設置されていて、すでに赤々と薪が燃えていた。ここも、昔は薪を直接燃やしていたのだが、今は囲炉裏にストーブが置かれている。

囲炉裏にはだるまストーブが据え付けられていた。

今日は、昔使っていたホウロク（焙烙：縁の浅い鋳物の鍋）を使ってもらい、「たらし焼き」を作ってもらうことになっていた。ハツノさんは「ホウロクなんて、しばらく使ってねえから、加減が分からないやねぇ……」と言いながら、すでに種が入れられたボールをお勝手から持ってきた。

ボールの中身は小麦粉と刻みネギと味噌を柔らかく練ったものが入っている。これをホウロクで焼いたものが「たらし焼き」だ。小麦はハツノさんが自分の畑で作ったものを精粉した。ネギも自分の畑で作ったもの。味噌は近くに住む妹さんが作った手作り味噌。シソの葉を刻んで入れる人もいるが、今回は入れてない。

ストーブの火が一段落して落ち着いたところで、ホウロクを乗せる。ホウロクは鋳物製なので、ガスコンロの火で焼くと穴が空くことがあり、直火でしか使えない。昔は囲炉裏の自在鈎に吊って、豆を煎ったり、胡麻を煎ったり、「たらし焼き」を作ったりした。鉄が厚いので余熱で焼いたり煎ったりすることのできる便利な鍋だった。直火の囲炉裏が消えるのと同時に使われなくなった調理器具の一つだ。

「たらし焼き」は「こじゅうはん」によく食べられた。

ホウロクの上に油を引いて、たらし焼きの種を入れる。

「こじゅうはん」とは、「小昼飯」、つまり、おやつのこと。山の畑仕事は重労働で、朝早くから働くと昼食だけでは体が持たなかった。十時半と三時にこじゅうはんを食べるのが一般的だった。簡単に食べられて、冷めても美味しいもの。家で食べるときは簡単に作れておなか一杯になるものが求められた。「たらし焼き」はそんな要素を満たすおやつで、子供達も大好きなおやつだった。

「たらし焼き」と呼ばれるのは、小麦粉をゆるく溶いて、ホウロクに「たらし込む（流し込む）」ところから、こう呼ばれるようになった。軽く油を引いた上に溶いた種を、お玉ですくって丸くなるようにたらし込む。小麦粉が焼けるいい匂いが漂ってくる。五つほど白く丸い固まりを作って、上をフタで覆う。

　しばらくしてフタを開けると、白かった種が半透明になっている。菜っ切り包丁をへらのように使って裏返すと、うっすらと焦げ目がついてじつに美味しそうな「たらし焼き」になってくる。味噌の焦げた香りが何とも食欲をそそる。

　焼き上がった「たらし焼き」をお皿に移し、さっそく一枚食べさせてもらった。弾力ある身をちぎって口に入れた瞬間、味噌の香りが広がった。噛むとしこしこした歯ごたえ、そしてネギの味と広がる香り。「あれ？　こんな旨いもんだったたっけ？」

　昔、子供の頃食べた「たらし焼き」の味と違うような気がした。地粉の味なのか、味噌の味なのか、焼き加減なのか、とにかくこれは「旨い！」

　炬燵にあたって「たらし焼き」を食べながら、ハツノさんにいろいろな昔話を聞いた。ハツノさんは二十六歳の時に武記《たけき》さんのところへ嫁に来た。実家からリヤカーに嫁入り道具を積んで運んだ。大事な鏡台は、割れないように布団の間に包むように運んだという。一月三日に嫁入りし、まだ落ち着くどころではなかったその月の十九日に、おばさんが嫁に出るという慌ただしさだった。月に二度もご祝儀をするという忙しい嫁生活の始まりだった。それからは本当に忙しく働いた。多いときで十人が一つ屋根の下で暮らしていた。畑仕事は食料の確保でもあり、手抜きは出来なかった。本当に忙しい毎日だった。

　そんな忙しさの中で、四人の子供を育て上げることが出来たのは姑

炬燵や玄関先でハツノさんにいろいろな話を聞いた。

さんの存在が大きかった。子供らが一番手がかかるときに、おばあさんが世話をしてくれたおかげだった、とハツノさんは振りかえる。
「子供らを見ながら、お勝手の事は全部おばあさんがやってくれたんで、あたしは山仕事が出来たんさあ」と言う。この時代、嫁、姑の仲が良かったのは珍しいことかもしれない。お舅さんが特に厳しい人だったので、ひときわおばあさんのやさしさが嬉しかった。ハツノさんが四十五歳の時、おばあさんは六十九歳で亡くなった。脳溢血だった。やさしかったおばあさんとは十九年間、生活を共にしたことになる。
「いいおっかさんで、頭のいい人だった。本当にがまん強い人だったいねえ……」

優しかったおばあさんのことを、話してくれた。

家中全部の仕事をやって、お蚕をやって、山仕事、畑仕事といつも忙しくて時間がなかった。家は土間で玄関と裏口がつながっていた。忙しい時は土間で地下足袋を脱がずにお勝手が出来るようになっていた。当時の家は皆同じ作りだったように記憶している。

畑から戻ると手を洗っただけで、そのままうどん作りをしたり、風呂を沸かしたり、かまどで湯を沸かしたりすることが出来た。井戸は外だったし、洗い物をしたり水くみをするのにも土間で表と裏がつながっているのは便利だった。薪を囲炉裏端に運ぶにも便利だった。ハツノさんはそんな土間を走り回って働いていた。

日当たりの良い庭は、武記さんの盆栽がいっぱい。

「たらし焼き」の材料にもなる小麦は山の畑で作っていた。二キロもある山道を武記さんは背負子《しょいこ》で担いで来た。畑で作っているのは小麦よりも大麦の方が多かった。

大麦は精米所で押し麦に加工して、お米と一緒に炊いて主食にした。だいたい二割くらいをお米にして炊くのが普通だった。押し麦とお米を一緒に炊くと、お米が沈んで炊きあがる。そのため、炊きあがったご飯は上下をよく混ぜなければならなかった。子供達も心得ていて、かき混ぜる役をやりたがった。自分の茶碗にお米を多く入れるという技を使えるからだった。真っ白いお米だけのご飯は、盆正月とお祭りくらいしか食べることができなかった。

　昔の現金収入は養蚕に頼っていた。ハツノさんの家でも、人間よりもお蚕様の方が家の大部分を占めていた。桑畑から桑の葉を運ぶのが重労働だった。しかし、養蚕は生糸相場の下落で仕事にならなくなり、その後はコンニャク芋の栽培が現金収入の道になった。コンニャクは三年育てたものをスライスして天日で干したものを荒粉《あらこ》にした。荒粉を南京袋に詰めて農協に出荷していた。しかし、このコンニャクも相場が上下し、その度に一喜一憂する状態には変わりなかった。

　ある時、コンニャクの荒粉一袋が五千円と値を下げた。武記さんはスッパリとコンニャク作りをやめた。持っていた種芋も全部スッパリと手放した。思い切ったことだったが、その後の相場の推移を見れば良い判断だったと言われた。その頃は砂防ダム建設や道路工事の仕事があったので、それで収入の道を作っていた。

　その後は椎茸栽培を始めた。遠くのナラ山を山買いして、椎茸を作った。原木を運ぶのが大変な仕事だったが、現金収入の道はそれしかなかった。山仕事で現金収入を得るのは本当に大変だった。二人とも健康で達者だったからこそ出来たことだと思う。

　この八谷耕地は昔、三十三軒の家があった。今は二十三軒になってしまい、そのうち五軒が連れ合いに先立たれたおばあさんが住んでいるだけの女所帯になっている。

　若い人は都会に出て行ってしまい、山の畑をやる人もいなくなってしまった。しかし、隣近所が助け合い、昔ながらの暮らしを今も続けている。今、ハツノさんは腕に自慢の技術を生かして、梅干し作り、しゃくし菜漬け、タクアン漬け、らっきょう漬け、七味唐辛子作りなどに余念がない。直売所で販売もしているが「えら作って、みんなに配っちまうんだいねぇ……」と屈託なく笑っている。

　いただいた七味唐辛子も、らっきょう漬けも本当に美味しかった。飾り気のない人柄がそのまま味になっているようで、人気があるのもわかる気がした。

この地方の人がよく作るイワマツの盆栽がズラリ。

味噌作り

◆二〇〇八年二月一一日取材

二月十一日、味噌作りの取材に行った。取材先は、前に美味しい手作り味噌を頂いた坂本ミカさん（七十五歳）の家だ。ミカさんは五十年前から自宅で味噌を手作りしている。

寒仕込みの味噌は二月の寒い時期に作るので、その時期を待って取材に応じてもらった。ミカさんの家は秩父市上吉田の大棚部《おおたなぶ》にあり、山を背負うように建っていた。日陰には、先週降った雪がまだ白く残っていた。

上吉田の大棚部、ミカさんの家は山裾にあった。

寒仕込みとは雑菌の繁殖しにくい寒い時期に仕込みをすること。お酒も味噌も寒仕込みが美味しいと言われる。

糀屋さんの話によると、昔は仕込みに川の水を使っていた。その川の水に雑菌や不純物が最も少ないのがこの「寒」の時期だったので、仕込みをその時期にやったのだという。

手が切れるような冷たい水を使って仕込む味噌。何だか、そう聞くだけで美味しい味噌になりそうな気がしてくるから不思議だ。

庭にかまどを二台設置して、大きな鍋がかけてある。茹だった豆が一杯に入った鍋と、これから茹でる豆が入った鍋が並んでいた。ミカさんがテキパキと動き回りながら「こっちの豆が『青ばた』さあ、うんと旨いんだよ」とこれから火にかける鍋を指さす。

庭にかまどが並び、大量の大豆が茹だっている。

まるで行くのを待っていたかのように、作業がいきなり進んでいく。茹で上がった豆を網ですくい、ザルに上げて汁を切る。汁を切りながら人肌まで冷ます。

茹でる豆は良く洗って、前日から豆の四倍量の水に漬けてふやかしておく。ミカさんによると二晩ふやかした方が早く柔らかく茹で上がるそうだ。

こうしてふやかした豆は二～三時間茹でると指で潰せるくらいに柔らかくなる。この時のアメ（ゆで汁）は後で使うので残しておく。

　材料の豆は自分の畑で作っている五月蒔きの早生豆だ。輸入品の大豆を使ったことがあるが、まずい味噌しか出来なかった。この頃は「青ばた豆」というひたし豆やズンダにする豆を使って味噌を作るようになった。これは大層美味しい味噌が出来る。

「うちで作った豆がいいやいねえ。煮るには時間がかかるけど、味がいいんだよね」

　柔らかく茹で上がった豆は三十度以下になるまで冷まし、温かいうちにミンサーと呼ばれるミートチョッパーで挽肉を作るように挽く。これに米糀と塩を混ぜ合わせる。

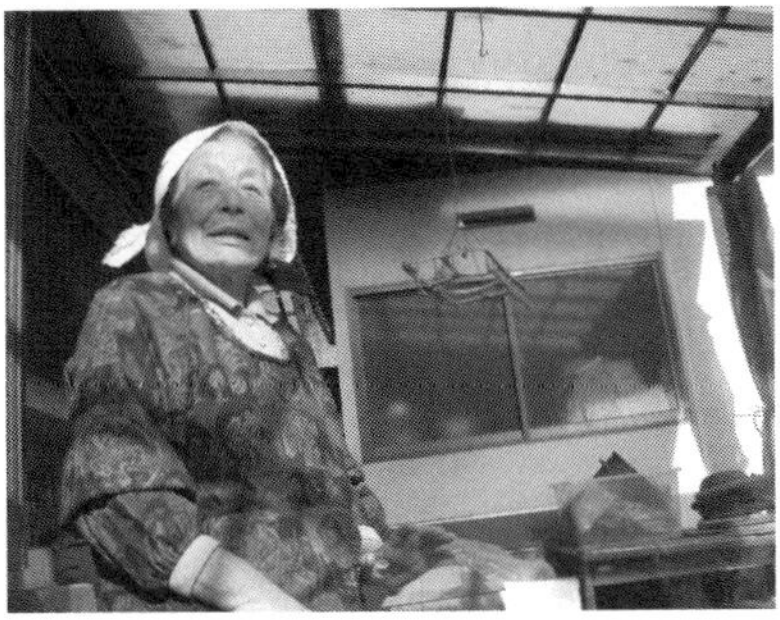
庭でキビキビと作業を続けるミカさん。

　ミカさんは今回、早生豆二升五合に米糀三升と塩一升を合わせる。昔は一般的に『大豆一升に糀一升と塩一升』と言われたが、これでは塩が強く塩辛いだけになってしまう。

　糀には米糀と麦糀がある。麦糀のほうが値が高い。早く熟成し、一年で食べられるようになり、色も赤い色になる。米糀は食べられるようになるまで一～二年かかるが、甘い味噌が出来る。昔は麦糀を使っていたが、最近はもっぱら米糀で作っている。


大量の大豆がザルに上げられた。さあ、味噌作りだ。

　大きなボールに挽いた豆と糀、塩を入れて混ぜ合わせる。両手で揉み込むように力を込めて混ぜる。この時、人肌に冷ましたアメ（ゆで汁）を少しずつ加え、ゆるくなるまで混ぜる。豆やアメを人肌以下に冷ますのは糀のため。高温のまま混ぜると糀が死んでしまうから、冷ましてから混ぜ合わせる。
　本や他の人の作り方を見ると、固くこねると書いてあるのだが、ミカさんは違う。ゆるゆるになるまでアメで溶き混ぜる。ミカさんによると、糀がよく乾燥しているのでこのくらいゆるゆるにしないと水分を吸い取って、味噌がカチカチになってしまうのだそうだ。これだけゆるゆるでも、二時間もすると固くなるとミカさんは言う。
　固くこねる人は柔らかい糀を使っている。味噌は「手前味噌」と言われるほど、それぞれの家毎に作り方が違う。材料の比率も、糀の種類も、もちろん味も違う。誰でも自分の味噌が一番だと言う。

混ぜ合わせた材料を味噌樽に流し込む。味噌玉にして投げ込むのと違って簡単だ。流し込んだ材料を平らにならし、上にビニールシートを貼る。あまりにセオリーと違うので心配になった私に、ミカさんが一日置いた味噌を見せてくれた。「これが同じもの?」というくらい表面が固くなっていた。

「一日置くとこのくらい固くなるんだいねえ。糀が水を吸うんでね、面白いやねえ」一日置いた味噌のビニールを剝がし、上面にふた握りの塩を撒く。カビ防止の振り塩だ。フチの周辺が腐りやすいのでフチの方に厚く撒き、再度ビニールシートを密閉するように貼り付ける。その上に内蓋をし、上に一キロくらいの石を乗せる。この石は河原で拾ってきた平らな石をビニール袋で包んだもの。

全体を紙蓋で覆い、味噌蔵に保管する。ミカさんの家では物置の裏に専用の台が作ってあり、そこに味噌樽がズラリと並べられている。日が射さず、温度変化が少ないところを選ぶのがコツだ。夏になるとフチに近いところが黒くなるが、そこは削り取って捨て、天地返しをする。そのまま二年置けば、熟成された美味しい手作り味噌になる。三年置けば極上の味噌になる。

塩を少なくし過ぎて米糀を使えば甘い味噌になる。但し、塩を少なくし過ぎて失敗すると酸っぱくて食べられたものではない。昔、味噌が切れそうな時は、新しい味噌を日当たりの良い暖かい所に置き、時々攪拌して発酵を促した。こうすれば、一応味噌として食べられたが、決して美味しい味噌ではなかった。糀臭くて、みそ汁にすると糀がユラユラ浮いてきて、まるで「ウジでも湧いているようだったいねぇ……」と思い出したように笑う。

やはり味噌は一年以上置かないと美味しい味噌にはならないようだ。

一通りの作業が終わったので、炬燵に入って四方山話をしていた。ミカさんに味噌を作り始めるきっかけについて聞いてみた。ミカさんが四十年前から味噌作りを始めたのには深刻な事情があった。ご主人が盲腸の手術をした二年後から徐々に添加物を受け付けない体質になってしまったのだ。そのご主人の為に無添加の味噌作りが必要だった。

ミカさんのご主人は土木事務所に勤めていた。ミカさんの実家の蚕室を事務所に借りて、道路工事の仕事をしていた作業員の中にご主人がいた。ミカさんを見そめ、仲立ちをしてくれる人がいて、二人は一緒になった。

作業が終わり、笑みがこぼれる。

土木事務所の仕事は体力を使う。毎日お弁当を持たせるのがミカさんの仕事だった。手術後、体質が変わったご主人は、少しでも添加物の入った食べ物は食べられない。佃煮も加工食品も受け付けない体になっていた。食べられるものがなくなってしまった。

思案のあげく、ミカさんは無添加の味噌を自分で作り、その味噌でみそ漬けを作り、毎日のお弁当に変化をつけた。みそ漬け用の味噌はちょっと塩を多くして別に作った。畑で採れた様々な野菜を味噌に漬け込んだ。新鮮な野菜は一日〜二日で美味しいみそ漬けになった。芋の煮っころがしやキンピラなど、野菜のおかずがお弁当に花を添えた。今で言う「添加物（化学物質）アレルギー」だったのだろう。添加物を摂取したら命の危険があるような状態だったのだと思う。少しでも美味しい味噌を作って、美味しいみそ漬けを作りたい。ミカさんのそんな思いが、味噌を真剣に作る原動力になった。ミカさんの作る味噌が美味しいのはそんな理由があった。

ミカさんの献身的な支えを受け、無事に定年まで勤め上げたご主人だった。家を新築し、さあこれからが第二の人生だと言っていた矢先に突然病に倒れた。癌だった。若いときから医者嫌いな人だった。一年半の闘病の末、最後は眠るように逝った。まだまだ若い六十三歳だった。ミカさんは思い出すようにポツリと言った。

「本当に疲れて……眠るようだったいねぇ……」

今もミカさんは毎年たくさんの味噌を作っている。いろいろ工夫しながら、喜んでくれる人の顔を思い浮かべながら、せっせと味噌を作っている。

ご主人の為に作った味噌は今、子供や孫や知り合いの健康を祈って作られている。三人の子供や孫達が健康に育つように願いながら、ミカさんは美味しい味噌を作っている。

炬燵に入り、いろいろ話を聞かせてもらった。

薬研で七味を作る

◆二〇〇八年二月二三日取材

薬研を使って七味唐辛子を作っている吉岡清さん（七十歳）の家に伺ったのは、二月二十三日の朝だった。薬研という道具を見たことがなかったので、薬研の使い方や七味唐辛子作りについて聞くためだった。

清さんの家は山ふところ深くにあるが、日当たりの良い庭を持つ大きな家だった。前回伺った時には、この庭で奥さんの邦子さんが、蜜ろうでロウソク作りをしていた。何でも手作りしてしまうご夫婦だと聞いていた。

七味唐辛子の材料は唐辛子や胡麻、紫蘇、陳皮（みかんの皮）などほとんどの材料が体を温める漢方薬で、これを摂取することで風邪などを防ぐ働きがあるという。

南側に畑を持つ、日当たりの良い家だった。

江戸時代、からしや徳右衛門が薬研堀で売り出したのが始まりで、薬研と七味唐辛子の関係は自然なものだった。江戸の時代から七味唐辛子の三大メーカーと言われているのが江戸の浅草寺門前「やげん堀」、長野の善光寺門前「八幡屋礒五郎」、京都の清水寺門前「七味屋」だ。それぞれの材料は次のようになっている。

やげん堀……生赤唐辛子、煎った赤唐辛子、粉山椒、黒胡麻、芥子の実、麻の実、陳皮

八幡屋礒五郎……赤唐辛子、生姜、陳皮、山椒、黒胡麻、青紫蘇、麻の実

七味屋……赤唐辛子、山椒、白胡麻、黒胡麻、青紫蘇、青海苔、麻の実

庭には竈《かまど》が置かれていて、豆ガラとホウロクが準備されていた。挨拶もそこそこに、清さんは唐辛子について色々説明してくれた。タカノツメが一般的だが、清さんは使わない。タカノツメは辛いだけで香りが良くないという。清さんはトラノオという品種と、もう一種類の唐辛子を混ぜて使っている。トラノオは皮が薄く、味がまろやかな品種で十五センチくらいの大きさになる。唐辛

日当たりの良い庭の片隅に福寿草が咲いていた。

子は何種類も栽培すると、すぐに交配してしまうので、遠く離れた畑に栽培しなければならない。

　何種類も栽培するのは大変なのだ。

「このごろはネズミが唐辛子を食べるようになって困ったもんだいねぇ……」と邦子さんが言う。干しておいた唐辛子がいつの間にか少なくなっているのだそうだ。辛いだけでなく美味しいからこそ、ネズミも食べるのだろう。

　豆ガラに火がつけられ、竈《かまど》にホウロクがかけられた。ホウロクにトラノオを入れ、焙煎する。このトラノオは十月に収穫して、軒下にぶら下げて十二月中旬まで天日で乾燥させたもの。清さんが巧みにホウロクを火から外したりしながら焦げすぎないように焙煎する。

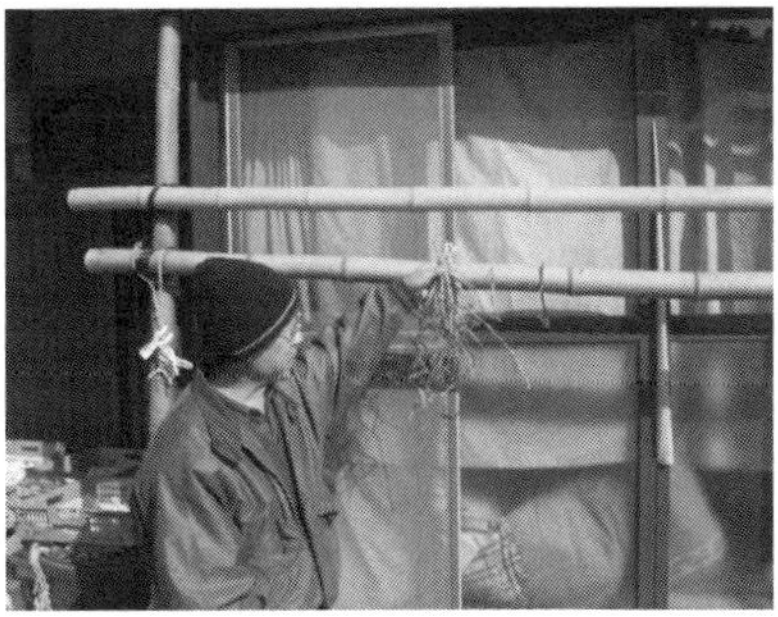

「こうやって干すんだいね」と干し方を教えてくれた。

　干した唐辛子でも焙煎すると少し柔らかくなるが、火から外して冷めるとパリパリになる。トラノオを焙煎し始めたら、庭に繋がれていたワンちゃんが苦しそうに鳴きだした。風下で唐辛子を焙煎する刺激臭が直撃したらしい。邦子さんがあわてて別の場所に移す。

「外でやってもこれだから、家ん中でやって粉が飛んだりすると、クシュンクシュンって大変な事になるんだいねえ……」と清さん。焙煎や調合するときはマスクが欠かせない。

　次は干してカラカラに乾燥した山椒を焙煎する。この山椒は山に生えていたのを畑に移植した天然もの。山椒は山に生えていると実成りが少ない。畑に移植すると実の成りが良くなる。ちょっと実が赤くなる頃が収穫時期で、種の外側の皮を使う。中の黒い種は捨てる。収穫時期は小鳥が実を食べ始める頃で、「鳥が教えてくれるんさあ……」と邦子さんが笑いながら言う。これも十月に収穫してから天日に当てて自然乾燥させて使う。

　清さんがホウロクを片手で振りながら鮮やかな手つきで焙煎していると、周囲には山椒の香りがすごい勢いで漂い始めた。コーヒーもそうだが、焙煎すると香りが際だつ。

　そして、いよいよ薬研が出てきた。石の薬研を想像していたのだ

山椒をホウロクで焙煎。山椒の香りに包まれる。

が、出てきたのは鉄製の大きなものだった。冷めたトラノオのヘタをちぎって捨て、実を種ごと薬研の舟部分に入れる。両膝で台を押さえ、鉄の車輪を乗せ、車軸を両手でつかんで前後に転がす。

テレビや映画の時代劇で、医者が薬研を使って薬を粉にする場面があるが、まさにそのままだ。清さんが体重をかけて車輪を前後に動かすとトラノオは見る見る粉になっていく。

出来上がった粉は小さなほうきのようなものでボールへと掃き入れる。このほうきも清さんが稲の穂を使って自作したものだ。

唐辛子のあとは山椒を薬研でする。きれいに薬研を拭いてから山椒を入れる。種類ごとにきちんと分け、けして混ざらないように粉にする。山椒を薬研で粉にする作業をやらせてもらった。両手で車軸を持って転がすと面白いように山椒が粉になっていく。どういう作用が働くのか分からないが、じつに見事に粉になっていく。昔からこの形なのだから、古い時代に完成した形なのだろう。理にかなった形は美しいと言われるが、薬研もその一つだと思う。この薬研は骨董屋さんから清さんが買ってきたものだ。少し小さい薬研もあるそうだが、この大きさが使いやすいという。

清さんが小学三年生の頃、裏の家に薬研があった。借りてきたその薬研で七味唐辛子を作っていたという。小学三年生が薬研のどこに惹かれたのか分からないが、ともかく、清さんは小学生の頃から自分の手で薬研を使い、七味唐辛子を作っていた。

「辛いもんを食い過ぎたから、頭が薄くなったんだって、よく言われたもんさあ」と笑う。

薬研でトウガラシをする。あっという間に粉になる。

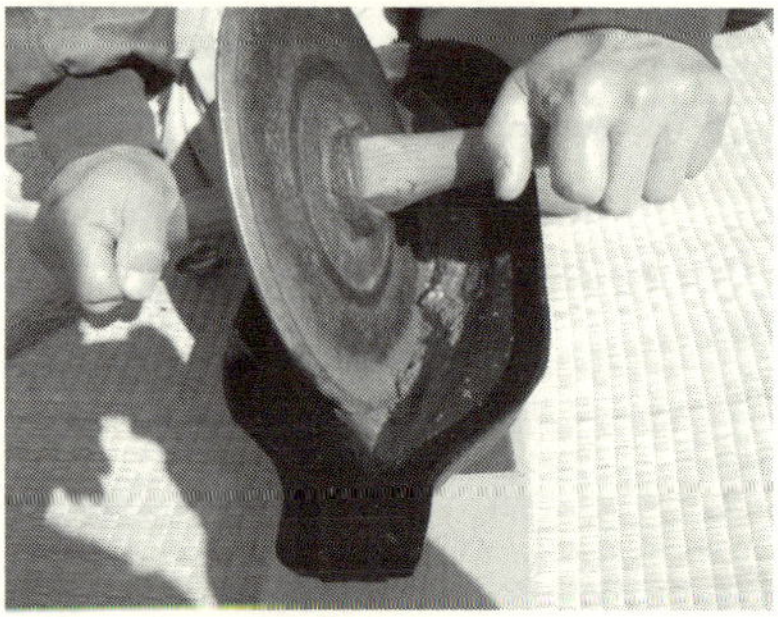

清さんのおじいさんは竹筒を使って唐辛子を粉にしていたそうだ。棒で突いて粉にするのは大変だったらしい。薬研はそんな手間をあっという間に解消してくれる魔法の道具だったのかも知れない。

調合する材料について聞いてみた。唐辛子一に対して、山椒二分の一、ミカンの皮二分の一、金胡麻二、青のり二分の一、こぬか四分の一で清さんの七味唐辛子が出来上がる。

正確に言うと六味唐辛子になるが、便宜上七味と表記する。ミカンの皮は陳皮とも言い、漢方薬の一種にもなっている。清さんは風布（ふっぷ、ふうぷ、ふうっぷとも読むミカンの北限産地。アイヌ語の『霧が布のようにたなびく場所』が語源と言われている）の福来《ふくれ》ミカンの無農薬栽培ものを使う。消毒してないものを選んで買って皮を取り、天日で干して乾燥させ、焙煎して薬研でする。胡麻は自分の畑で栽培した金胡麻を使い、やはり焙煎して薬研でする。焙煎の加減や、薬研のすり加減で香りが変わる。道の駅で売っているような胡麻では香りが立たず、気の抜けたものになってしまう。薬研ですった胡麻の香りはじつに素晴らしい香りだ。胡麻に油分が残っているからこそ、これだけの香りが立つ。薬研を使うと、すり鉢でするよりもはるかに香りが立つという。

青のりは大森屋の「あおさ」を使う。煎って薬研でするとこれが一番香りが良い。こぬかは自分の家で精米した後の糠を使い、煎って薬研でする。香りと栄養分をプラスするのと、増量剤の役目も果たしてくれる。

調合はボールにスプーンでそれぞれの分量を量って入れて混ぜるだけ。慎重にやらないと粉を吸い込んで大変なことになる。調合作業をする時は部屋が唐辛子の香りで充満するそうだ。吸い込まないようにマスクをして調合する。自分で栽培した材料で作る七味唐辛子。小袋で百袋も作るのが精一杯だという。味と香りは最高だけれど、とても売るほどは出来ない。材料が揃わないのだ。知り合いに配るだけで終わってしまう。楽しみにしてくれる人も多いので、作る張り合いがある。

「自分で作った材料で作るんがいいやねえ、青のりだけは別だけど」と笑う。

清さんは定年になってから狩猟の免許を取った。鉄砲は暴発の危険があるので使わず、もっぱら罠での猟をする。畑を荒らすイノシシを罠で獲って解体し、薫製にしたこともある。庭の片隅には手作りの薫製小屋がある。

養蜂も始めた。一群から始めた養蜂は、今では四群にまで分蜂して蜂蜜や蜜ろうを与えてくれる。今でも、知り合いに養蜂の技術や知識を学んでいる。

おかめ笹でカゴやザルを編んで作る。民芸品店で売れるほどの完成度のザルがたくさんある。蕎麦やうどんを盛るのも全て手作りのザルだ。友人が来ると、うどんを食べた後で「このザルが欲しいんだけど……」と言って持ち帰る人が多くて困ると笑っていた。定年になってからが輝いている人生。

今でも、お茶の作り方とか、新しい野菜の栽培方法とか色々な勉強に余念がない。何でも自分で作ってみようの精神が輝いている。いつまでも若いのはそのためかもしれない。

清さんが作った見事な出来映えのザル。

二人の蕎麦作り

◆二〇〇八年二月二三日取材

今、秩父は蕎麦の町と言われている。市内にも郊外にも有名な蕎麦屋が沢山あり、蕎麦を食べる為に訪れる観光客も多い。すっかり蕎麦の町として有名になってしまった秩父だが、昔からそうだったかと考えると疑問が湧いてくる。

私が子供時分には毎日うどんを打って食べていたが、蕎麦はほとんど食べていなかった。たまにそばがきを食べたり、そばすいとんを食べたりしたが、蕎麦を打って食べた記憶はない。

山の畑でも小麦は作ったが、蕎麦は作っていなかった。まあ、作っていたとしても少なかった。養蚕の裏作で小麦栽培が盛んで、うどんが多かった。養蚕が衰退するにつれて桑畑が蕎麦畑に変わり、蕎麦の産地になって来たのだと思う。

町の蕎麦屋さんが打つ蕎麦ではなく、秩父の一般的な家庭で打つ蕎麦は蕎麦粉四割、小麦粉六割で蕎麦を打つ。「そんなバカな！」と思う人も多いだろうが、本当なのだ。昔から秩父の蕎麦とはそういうものだった。蕎麦粉を多く入れるのは「贅沢」なことだった。

今回取材させてもらったのは、蕎麦好きが高じて、蕎麦を栽培することから始まって、石臼で粉に挽き、果ては蕎麦打ちの為の家まで作ってしまったという、児玉町の櫻井五一郎さん（七十八歳）だった。

五一郎さんの家に伺うと、驚いたことに直火が燃せる囲炉裏があり、真ん中に炭が赤々と燃えていた。五徳の上に置かれた鍋には、けんちん汁が湯気を上げており、炭火の横にはホタテやエビが串に刺されて焼かれていた。伺ったのが昼時だったこともあり歓待を受け、炊き込みご飯やお餅など、美味しい料理をご馳走になった。

お勝手から奥さんのあい子さん（七十七歳）がお茶を持ってきてくれた。あい子さんは「あいにく足が動かなくなっちまってねえ……その分口が良く動くんだけど、あはは」と囲炉裏の横に座って話し始めた。五一郎さんに話を振っても、いつの間にかあい子さんが話の中心で、五一郎さんはそれを横目で見ている。いつもこんな感じなのだそうだ。

囲炉裏には炭が燃えていて、鍋が掛けられていた。

そんなお二人が蕎麦を作り始めたのは十年ほど前からだった。定年を機にあい子さんの地元であるこの児玉町に移り住んだ。二人とも蕎麦が好きだったこともあり、沢戸という場所に畑を借りて蕎麦を作り始めた。

五一郎さんは秋蕎麦だけを作る。種を買ってきて八月二十日ごろに種を蒔く。なるべく薄く蒔くのが良い蕎麦を育てるコツだ。厚く撒くとヒョロヒョロの蕎麦に育ってしまうし、間引くのも大変なためだ。畝間を広く取るのが良いのだが、山の畑は傾斜があるので畝間を広く取れない。倒れないような丈夫な蕎麦に育てるのが何ともの栽培方法だ。

昔、信州大学が開発した品種を蒔いたことがある。八月十八日に蒔けと書いてあったからその通りにしたのだが、丈が育ちすぎて倒れてしまい。地面についた場所から根が出てきたりして散々だったことがある。蕎麦は地元の荒川産のものに限る。茎の下部が太く、赤くなるタイプのものがいい。背丈はそれほどでもないが、実成りが良い。他の家の畑と少し時期をずらして蒔くことも多い。育ち具合などの様子を見ながら対策を立てられる。

五センチくらいに育った蕎麦の芽を間引いて食べるのは美味しいものだった。荒川の蕎麦は実が付いたものを手で持った感触が特にいいとあい子さんは言う。

蕎麦の肥料は難しい。普通に肥料をやると葉が茂るばかりで実成りが悪くなる。元々荒れ地に育つ蕎麦は、養分過多になると葉が茂ってしまう。良い実を付けるにはリン酸が必要なのだが、リン酸のみを施肥するのは難しく、つい化成肥料に頼ってしまい、葉を茂らせることになってしまう。焼き畑農業で蕎麦が良い実を付けるのは、肥料成分が蕎麦に合っているからなのだろう。

収穫は手でこき取る。普通は刈り取ってハザに掛けて天日乾燥するのだが、五一郎さんは畑で手こきして実だけ家に持ち帰り、ムシロの上で天日乾燥させる。

昔、ハザに掛けておいた蕎麦をサルに全部喰われた人の話を聞いたことがあるので、獣害予防の策なのかもしれない。聞くと、サルやイノシシの被害を受けたことはないという。せいぜいヒヨドリが喰いに来るくらいだそうだ。山に実を置かなければ被害は無い。

乾燥した蕎麦の実を唐箕（トウミ：穀粒を選別する装置）にかけてゴミと実を分別する。葉っぱなどは乾燥したものを揉むとそれだけでパラパラと落ちていく。

石が混じることが多いので、蕎麦の実を水に漬けて洗う。この作業を「よなげる」という。大量にやろうとすると葉っぱの間に石が残ることがあるので、少しずつ素早くよなげる。石を除いた蕎麦の実は四日ほど天日で乾燥させる。干す時は特注して作ったステンレスの網を使

蕎麦の実を干すために特注したステンレスの網箱。

う。こうして乾燥した蕎麦の実は虫に喰われないように保管し、食べるときに必要な分だけ出して製粉する。

製粉は石臼で挽く。以前は石臼がなかったので製粉機を使って製粉していた。家には精米機もあるそうだ。ここでおもむろに五一郎さんが「じゃあ、行きましょうか」と立ち上がった。あわてて後に続くと、玄関を出た五一郎さんは家の裏手に回って行った。そこには別棟の平屋があり、入ってみると広い蕎麦打ち部屋だった。

左手に麺板と石臼があり、その先にはコンクリート製の二連かまどが置かれている。壁の棚には麺棒や水嚢（すいのう・片手の竹ザル）が掛けられ、まるで蕎麦屋の厨房のようになっている。右手は座敷になっていて、漆塗りのこね鉢などが飾ってある。本格的な蕎麦打ち部屋だ。まるでお店のようでもあり、普通の家の部屋とはとても思えない。

あい子さんが入って来て、蕎麦打ちの実演が始まった。

まずは蕎麦の実を石臼で挽く。蕎麦の鬼殻だけを取る粗挽きだ。石臼の穴に実をたっぷり入れて早く回す。こうすると鬼殻が割れて蕎麦の実と分かれて出てくる。細かい粉にするには、少しずつ穴に入れてゆっくり挽く。蕎麦打ち出来る粉にするには何度も石臼で挽かなければならない。今回はすでに挽いてあった蕎麦粉を使って実演してもらった。

蕎麦打ち専用の別棟が裏に作られていた。

栃のこね鉢に五十目のフルイで蕎麦粉二百グラムをふるう。次に小麦粉三百グラムをふるう。小麦粉を多めに入れるのが秩父蕎麦の特徴だ。二百五十ミリリットルの水を三回に分けて加えてこねる。まずは猫の手のように指先でまんべんなく混ぜる。ここで手を抜くと最後がまとまらなくなる。素早く均等に混ぜる。あい子さんは近所の蕎麦勉強会に入っていて蕎麦作りを勉強している。いずみ流の蕎麦作りだと言っていた。

固まってきたら菊練りに入る。空気を抜くように丸くこねる。本当はここで寝かせて踏むと腰が出るとのこと。

朱塗りの立派なこねばちが飾られていた。

それはうどんの作り方と同じじゃないかと思ったが、小麦粉が六割入っているのだからうどんと言えなくもないので納得。そしてヒノキの麺板に乗せて、麺棒で伸ばす。最初はゆっくりと、徐々に素早く麺棒を使って丸く伸ばす。縁の厚さを調べながら均等に伸ばす。蕎麦打ちは時間との勝負でもある。一定時間を過ぎると固くなってヒビが入りやすくなるし、何より香りが飛んでしまう。

伸ばし終わって打ち粉を打った蕎麦を、麺棒を抜きながら蛇腹にたたむ。あとは蕎麦包丁で切るだけ。あい子さんの足元が不安定ということで、私が切る役目を仰せつかった。板を使わず、普通に指をガイドにして細く切る。切った蕎麦は打ち粉でまぶし、お互いにくっつかないようにする。ついでに少し揉んで縮れ麺にしてみた。

蕎麦を茹でて食べて行かないかと言われたのだが、お昼に大量のご馳走を頂いたばかりだったので、せっかくのお誘いだったが辞退させていただいた。出来上がった蕎麦は、今夜来るという娘さんへのごちそうにしてもらった。

五一郎さんが種を蒔いて育て、収穫して製粉し、あい子さんが蕎麦を打つ。二人で作る二人三脚の蕎麦。蕎麦が好きで、自分たちで全部やってしまう行動力と技。

こういう人達がいるからこそ蕎麦文化が根付いていくのだと思う。五一郎さんとあい子さんの蕎麦作りがいつまでも続くことを祈って取材を終えた。

切った蕎麦を少し揉んで縮れ麺にした。

終わって外に出たら猛烈な吹雪になっていた。

栃もち作り

◆二〇〇七年三月四日取材

やけに暖かい三月四日の日曜日だった。秩父市大滝栃本の大村さんの家に着いた時はまるで初夏のような日が射し、杉花粉で遠くの山が霞んでいた。

友人の和也さんとご当主の博夫《ひろを》さんが出迎えてくれ、母屋の横に造られた四畳半くらいのストーブ小屋に案内してくれた。薪ストーブの上には羽釜と蒸籠《せいろ》がかけられ、盛んに湯気を上げている。事前に連絡しておいた為か、どうやら先に栃もち用の餅米と栃の実を蒸してもらっているようだ。

大滝の栃本はどこもかしこも斜面で構成されている。

挨拶を交わし、小屋へと誘われる。そこには今日の主役の兵子《たけこ》さんが忙しそうに動き回っていた。蒸籠の具合を見ながら、臼と杵を引っ張り出して洗っている。博夫さんがゆったりと座り、ストーブに薪をくべているのと対照的だ。兵子さんも博夫さんも同じ七十歳だと聞いた。二人ともじつに若いし、動きも機敏だ。

一般的に栃本の人達は平地の人達と比べて足腰が強い。急斜面で構成された土地で生活するためには、必然的に足腰が強くなければならない。当然と言えば当然の話だが、環境に順応した結果なのだろう。

薪ストーブにセイロを乗せて、栃の実と餅米を蒸す。

忙しく動き回る兵子さんに、栃もち作りについて話を聞く。兵子さんは丁寧に質問に答えてくれた。けっして自分から話すのではなく、尋ねられた事に答えるという具合で、私としては聞きやすかったのだが、肝心の部分は何度か重ねて聞かないと要点がつかめない事もあって、取材の難しさを実感した。

それは、私が基本的知識を持たずに聞いている為で、兵子さんにしてみれば、私がどこまで知っていて、自分はどこまで話せばいいのかなんて考えることは意識してなかったと思う。また、作業しながらの取材ということで、私も考えをきちんと順序立てる余裕がなかったからだった。

兵子さんの語る栃もち作り

「栃もちは、アク抜きが何ともだいねぇ……」

秩父では「何とも重要だ」の「重要だ」を省略して「何ともだ」と言う。栃もち作りでアク抜きが重要なことは知っていた。では、その手順とは。

カラカラに乾いた栃の実は虫も付かず何年でも持つという。七年ものの栃の実を見せてもらった。小さいかけらをかじってみた。その瞬間、口の中に広がったのは強烈な苦さだった。例えて言えばセンブリを咬んだ時のような強烈な苦さで、あわてて咬んだ実を吐き出し、水道でうがいを繰り返しても全然消えない苦さだった。こんな強烈な苦さをどう消すのか。

まずカラカラの栃の実をポリ容器に入れ、熱湯を栃の実より多めに入れる。そのまま三~四日間置いて、その後毎日、三週間くらい水を取り替える。

水出しが出来たら鍋に入れ、ストーブにかける。弱火で時間をかけて温め、沸騰したらストーブから下ろし、静かに灰を入れ、火箸でかきまぜながら栃の実をねる。新聞紙をかけて三晩くらい置いてから水で洗って仕上げる。

この灰は雑木だけを燃した灰で何度も焼いた灰でなければならない。その灰は細かい目のフルイでゴミを完全に取り去ったものでなければならない。灰を焼くというのは、一旦出来た灰を何度もその上で焚き火を重ねるということで、灰の量は少なくなるが重みが出てくる状態の灰を言う。普通の家庭ではまず作ることは出来ない。

この灰は貴重品で、近所から所望され、大事にとって置いた灰がなくなってしまうこともあるという。日頃から心がけて薪ストーブで火を焚き、灰を作って置くのだ。だから薪ストーブでビニールを燃やすなどはありえない。

「水じゃあなくってお湯を使って早くやる人もいるけど、人それぞれだいねぇ……」

要するに手抜きをすると手抜きした味にしか出来上がらないということだ。三週間毎日水を替えると聞いて、これは究極のスローフードなのだと痛感した。そして、そこまでしなければアクが抜けない栃の実を食べる執念に、昔の人の大変な暮らしを思った。

蒸籠の栃の実がいい感じで蒸し上がった。蒸し上がった栃の実は驚くほど鮮やかなオレンジ色だった。栃もちの色とは全く違うので、兵子さんに聞くと、搗き上がって時間がたつに従って渋い薄茶色になる。餅米二に対して栃の実一の割合が、最も栃もちらしい味になるという。

蒸し上がった蒸籠の餅米と栃の実が臼に入れられた。高温の蒸気が狭い空間に充満する。和也さんが杵でこねに入る。慣れている動作がじつにスムーズだ。

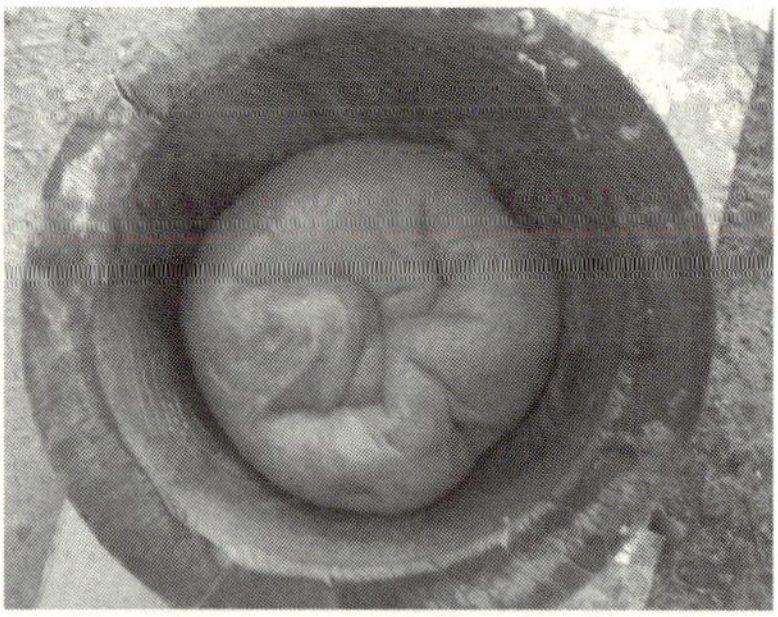

つき終わった栃もち。鮮やかなオレンジ色。

そして餅つき。これは普通の餅つきと変わらない。オレンジの栃の実がつぶされ、餅米と混ざるに従って茶色に変わっていく。

搗いている途中でちょっと味見をさせてもらった。最初の搗かれる前の実はまだ苦かった。搗かれて茶色になった餅はほんのり苦かった。このほんのりした苦さが栃もちの味だ。アクを抜きすぎると、この味がなくなってしまうのだそうだ。

兵子さんのいう「アク抜きが何ともだいねぇ……」という言葉のアク抜きとは絶妙の加減でアクを残すことも含めている。何と奥深い言葉なのだろうか。

搗き上がりのアツアツを頬張らせてもらう。

そのモチモチした食感と爽やかなほろ苦さに「旨い！」と思わず叫んでしまった。

搗き上がった栃もちは臼ごとストーブ小屋に運ばれ、兵子さんの手でちぎられ、こし餡をくるりと包み、丸くされる。

のし板の上に白く振った片栗粉の上に置かれた餅は、無骨な博夫さんの両手でやさしく片栗粉をまぶされ、平丸に形を整えられ並べられていく。

出来上がりをさっそく食べさせてもらった。

歯切れの良い皮はもっちりとしてほろ苦く、こし餡はやさしい歯触りでスッキリと甘く、口中に絶妙のハーモニーを響かせてくれる。

作り立ての栃もちの何と旨いこと。まだ温かい丸餅をつまんでいる指までもが味わっているかのよう。これはくせになる味だ。昔の人が大変な思いをして、工夫を重ねて食べられるようになった栃もち。この味は救荒食の域をはるかに超えている。

栃もちを食べ、お茶を飲みながらいろいろな話を聞かせてもらった。家の裏に立派な栃の木があり、五升もの栃の実が採れるそうだ。しかし、このごろは野生の鹿が栃の実を食べるようになった為に、山で採れる量が急減している。

忙しく動き、全部終わってやっと笑顔が出た兵子さん。

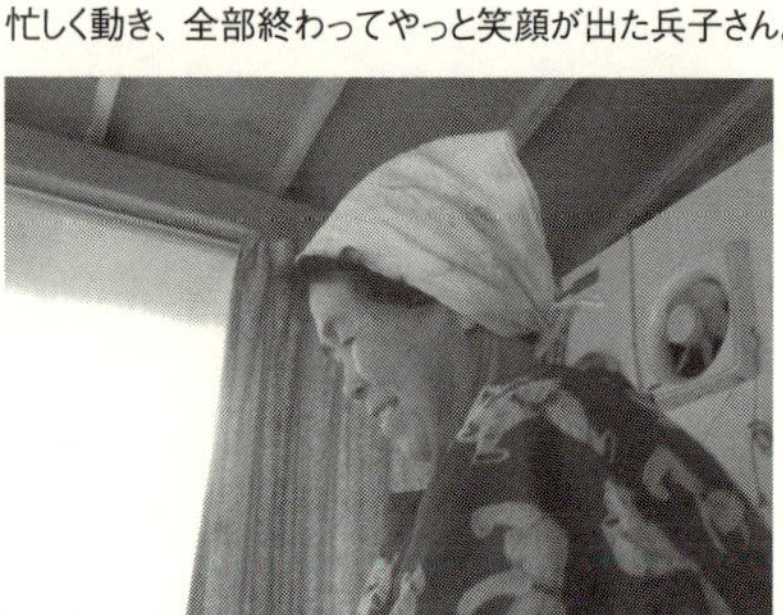

自宅裏の大きな栃の木。栃の実が五升も採れる。

「何たって、奴らは夜の間に喰っちまうもんだから、朝早く行ったって残っちゃあいないんだよなぁ、困ったもんだよぉ……」と博夫さんが言う。

猪と猿はまだ食べている形跡は無いようだ。鹿も食糧不足で何でも食べなければ生きていけないのだろう。それにしてもあの苦い実を生で食べるのだから、鹿も相当な覚悟で食べているに違いない。

秋に生の栃の実を拾ってきて行う処理について聞いた。大きな実から飛び出した栗のような堅果を丸い石の上に置き、木槌で叩き割る。力加減が微妙で難しい。その実を新聞紙やムシロの上に並べ、二ヶ月間くらいカラカラになるまで干す。正月くらいまで干すらしい。

完全に干し上がった栃の実は虫も湧かず、何年でも持つ。保存はお茶箱などが良いらしいが、この頃はブリキの菓子缶などで保存することが多い。そして、ラベルに採取年度を書いておく。

栃本では正月には多くの家で栃もちを搗くが、昔ながらの手順で、臼で搗く家は四～五軒になってしまった。電動の餅つき器を使う人や、買ってきて済ます人も多くなった。

「ちゃんと杵で搗いた餅が旨いんだいねぇ……」

これも時代の変化なのだろうが、栃もちには代々その家に伝わる製法やコツがあるのに、それが無くなってしまうのが残念だと、博夫さんがつぶやくように言った。

博夫さんがのしもちを作っているところ。

無骨な手でやさしく栃もちを丸めてくれた博夫さん。

川のり採り

◆二〇〇七年三月四日取材

秩父で川のりが採れるという話を聞いたのはいつ頃だったろうか。八年前に武甲山の山麓で炭焼きの勉強をしていた時だったかもしれない。

炭焼きを教えてくれた人が「この川でも昔は川のりが採れたんだい。石屋が、えら青石を取っちまうもんだから川も浅くなっちゃったし、川のりも採れなくなっちゃったんだいなあ……」と言っていたのを思い出す。

川のりといえば、よく売っているのは四万十川などで採れたアオサなどを商品化したものがほとんどだ。しかし、秩父の川のりは、それとは種類が違う。

奥山の限られた場所で、ひっそりと採られ、市場には出回らないものだという。

栃本で栃もち作りの取材をしながら、たまたま川のりの話題になったとき、その場に居合わせたおじさんが「それは大血川《おおちがわ》のことだいね。源流水の工場の奥の馬場さんて人がやってたって話だよ。でも、旦那はだいぶ前に亡くなったと思うけどねえ……」

と教えてくれた。丁寧に地図を持ち出して家の場所まで教えてくれたので、さっそく行ってみることにした。

馬場ヤス子さん（八十五歳）が今一人で暮らしている家は、大血川沿いの林道を見下ろす斜面に建っていた。家の前の斜面には畑が広がり、他の家と同じように猪除けの柵に囲まれていた。玄関のガラス戸を開けてヤス子さんに挨拶し、川のり採りについて話を聞かせて頂きたい旨を告げると、快く迎え入れてくれた。

栃本のおじさんの話の通り、ご主人は十年前に他界されていた。お仏壇にお線香を上げ、位牌に来訪の挨拶をさせていただいた。

ヤス子さんはお茶を入れながら

「十年遅かったいねぇ、おじいさんが生きてたころ川のりを採ってたんだけど……」

と申し訳なさそうに言ってくれた。

お茶を飲みながら色々な話を聞かせてもらった。ヤス子さんにとって突然の来訪者はおじいさんとの昔話をする格好の相手だったようで、じつに様々な昔話をしてくれた。

十三年間使っていない海苔簀《のりず》がきちんと干してある。

そして肝心の川のり採りについても詳しく聞かせてくれた。ヤス子さんの話す川のり採りの内容は次のようなものだった。

時期は八月のお盆の頃、前後約一ヶ月間が川のり採りのシーズンだった。三〜四センチくらいに成長した川のりを採るのだが、大きな岩盤にしか付かず、また岩によっても付く岩と付かない岩があるので、採れる量は本当に少ない。台風が来ると流されてしまうので採れなくなる。

川のりは採ることで増えるようになる。ここしばらく採っていなかったので減ってしまったようだ。最近、四十五歳になる息子さんが久しぶりに採りに行ってみたら、本当に少ししか採れなかったとのこと。大血川の川のりもなくなってしまう日が近いのかもしれない。環境の変化にも敏感な植物だと聞いているので、もしかしたらヤス子さんの話はとても貴重な話なのかもしれない。

これが海苔簀《のりず》。ワラなので目が細かい。

採った川のりは味噌こし（目の細かい竹ザル）で水を切って竹籠で運び、大きなタライに水を張った中に泳がせてゴミや砂を取り除く。特に砂はわずかでも混入すると、食味を台無しにするので丁寧に取り除く。

洗った川のりを、大きなまな板の上で包丁で細かく刻み、更にゴミ採りを徹底する。細かく刻んだ川のりを泳がせたタライに、スダレ（海苔簾《のりず》）を木枠で挟んだもので、和紙を漉く要領で川のりを均等にすくう。すくった状態で、木枠を取り外し、スダレを立てて付着した川のりを乾かす。

洗って網ですくった川のりを、まな板で細かく刻む。

スダレは竹ではなく藁の芯を編んだ目の細かい専用のもので、小さく刻んだ川のりをしっかりすくい取るように出来ている。

こうして出来た川のり付きのスダレは、日当たりの良い場所で天日に当てて乾かす。

時々上下を替えて干すのは水分の落下を促し、均等に乾かすために大事な作業だ。

そして、天気が良ければ三時間くらいで乾燥した川のりが出来上がる。完全に乾燥するとパリパリっと乾いた音をさせて自然にスダレから剝がれる。鮮やかな緑色で香りの良い川のりは、湿けないようにお茶箱や菓子箱に入れて保存される。

食べ方を聞いた。

川のりはリッと遠火で炙って醤油をつけて食べるのが一番だそうだ。みそ汁や煮物は溶けてしまうので向かない。かろうじてお吸い物なら大丈夫かなとのこと。出荷するほどは採れないので、もっぱら自分が食べる為と親戚や近所に配る為に採っていた。

「たまにいっぺぇ採れる時があってなぁ、そぉゆぅ時は二十枚も三十枚も作って、おじいさんも嬉しそうだったいねぇ。作りたての海苔はふんとに旨かったよぉ……」

ヤス子さんは懐かしそうに目を細めて言う。

十三年前のことをつい昨日のように話してくれた。

道具を見せてもらった。

十三年前から使わなくなった道具達がきちんと整理されていた。

味噌こし、竹ザル、竹籠、海苔簾《のりず》、木枠、まな板、包丁……ヤス子さんはおじいさんが今でもそこにいるように、道具を並べて話してくれた。

そしておもむろに冷蔵庫から川のりの実物を出してきてくれた。

「おじいさんが作った海苔だよん。十三年前のもんだから色が変わっちゃってるけど、食えるんかさあ……おじいさんが作ったもんだから捨てらんなくってねぇ……」

十三年前の川のりが食べられるかどうかは知らないが、これは食べなければいけないと思った。

ヤス子さんが焼いてくれた川のりを口に入れる。香りは多分消えているのだろうが、川のりの風味はハッキリ分かった。醤油を少し浸けて食べてみた。美味しかった。

「このタライで川のりを洗ったんだいねぇ……」

ご主人の三郎次さんが他界して十年。亡くなる三年前に脳梗塞で倒れてから川のり採りはしていなかったそうだ。だから十三年前の川のり。三郎次さんが採った最後の川のりだ。おじいさんの思い出の品を、見ず知らずの

人間に出してもらった感激と、ヤス子さんのおじいさんへの思いが交錯して、ちょっと言葉に詰まってしまった。

　おじいさんの写真を捜しながらヤス子さんがつぶやくように言う。

「まったく、どこへ行っても人の写真を撮ってやる人だったから、自分の写真がありゃしねんだいねぇ。ふんとにいい人だったよぉ……」

「おじいさんは絵も上手だったし、字も上手だったんだいね……」

「この写真、いつもヘルメットをかぶってて、子供らからヘルメットおじさんって呼ばれてたんさぁ……」

「昔、東京から有名な人が来たときに、河原でバーベキューするってんで、おじいさんが案内したんさね。これがそん時の写真だいねぇ……」

「昔は一緒に川のり採りをしたもんだったが、おじいさんが死んで、足も悪くなっちまったんで行かなくなっちまったいねぇ。登りの方が楽なはずなんだけど、足が痛くて前の道も登れなくなっちゃってねぇ……」

　やっと捜し出したおじいさんの写真の片隅にヤス子さんも写っていた。二人が並んでいるように絵に描いてやろうと思った。

　ヤス子さんの話の中のおじいさんは、よほど素敵な人のようだ。大血川の林道沿いの斜面に建つ家で、ヤス子さんはおじいさんの思い出とともに生きている。写真に語りかけながら一緒に過ごした時間を生きている。

　何だかちょっと三郎次さんがうらやましく思えた。

昔、川のりを採って、こうして干していた。

※川のりは、海抜三百メートルから八百メートルの範囲の山地渓流、夏季の水温が十九度以下、秩父系の中生代～古生代に属する古い地層（チャート）の地域で、石灰岩を伴い、ペーハーが七以上の弱アルカリ性水域に生育すると言われている。

ありし日の三郎次さん。

ずりあげうどん

◆二〇〇八年三月一六日取材

炭焼きの取材で伺った栃本の小河さんの家で、取材が長引き、昼時になってしまった。この時に、つねさん（八十二歳）が「ずりあげを作るから食べていきない」と声をかけてくれたので、ごちそうになることにした。

ずりあげうどんとは秩父の郷土食で、うどんを茹でながら鍋から取り、それに醬油や薬味をかけて食べるもの。手早くできてお腹一杯になる、今話題の小昼飯《こぢゅうはん》の一つとしても昔から愛されていた食事だ。

炭焼きの取材は急遽「ずりあげうどん」の取材に変更されることになった。煮ている鍋からずりあげるので「ずりあげうどん」。分かりやすいそのままのネーミングだ。同じように、引きずるから「ひきずりうどん」とも言う。じつに分かりやすい。山形などではさらに「ひっぱりうどん」「だらくうどん」などとも呼ばれている。

民宿「ふるさと」は、まるで斜面の一部のよう。

基本的に鍋を囲んで大勢でワイワイ言いながら食べる簡単料理というところだろうか。確かに、一人前だけ作って一人で食べてもそれほど美味しいとも思えない。みんなとワイワイ話しながら食べるのが良いところであり、美味しさなのだと思う。

形態的には釜揚げうどんに似ているが、釜揚げうどんは釜から一度上げて食べるのに対して、このずりあげうどんは、うどんを鍋から直接取るところに特色がある。

玄関前には広く風通しの良いテラスがあった。

薬味の基本は刻みネギとカツオブシ。道の駅食堂で出しているずりあげうどんの薬味は生卵、カツオブシ、刻みネギ、七味、すりごま、ごま油に醬油を加える豪華版だ。秩父では各家庭でずりあげうどんの薬味や食べ方が微妙に変わる。好きなものを加えて食べれば良いというフレキシブルさも良い。他に薬味として使われているのは、マヨネーズ、大根おろし、みょうが、青じそ、ゆず、納豆、なめこおろし、わさび等々……ここまで来るとかなり多彩になる。さらに山形ではサバの水煮なども

加わる。

うどんは乾麺にとどめを刺す。生麺や手打ちうどんでずりあげはしない。生麺や手打ちうどんは、きちんと汁を作って汁で食べる。ずりあげは乾麺を茹でながら、茹で汁に浸かったものをずりあげるのが良い。その昔、山仕事をしている人が山でうどんを食べるために乾麺を持って行ったのが始まりだとも言われている。

何年か前に入川源流の柳小屋まで釣りに行った事があった。その時、同行した友人が朝の食事に、納豆で食べるずりあげうどんを作ってくれた。焚き火の前でふうふう言いながら食べたうどんの旨かったこと。あの場所で、あの食べ方。あれがずりあげうどんの原点なのかもしれない。

台所からうどんの入った鍋が運ばれて、ストーブの上に置かれた。「ずりあげは簡単に出来ていいやいねえ……」と友義さんがてきぱきと動き、準備が終わった。準備といっても青ネギを刻む事と、パックのカツオブシを出すだけだから簡単だ。大きなお椀にネギとカツオブシをざっと入れ、醤油をかける。その上に茹で上がったうどんを鍋からずり上げて入れる。箸でグルグルかき混ぜて口に運ぶ。口いっぱいに温かいうどんが溢れ、醤油とネギとカツオブシの香りと味が広がる。久しぶりの懐かしい味だ。

昔、寒い晩に囲炉裏の鉄鍋から、うどんをずり上げて食べた事を思い出す。茹で汁の何とも言えない香りと湯気も思い出す。あの頃は毎晩のようにずりあげうどんが夕食だった。

乾麺は農協から段ボールの箱で買ってあった。普通の乾麺と「ひもかわ」という平たい乾麺もあった。いつでも、いくらでも食べられるのが育ち盛りにはありがたかった。ネギや紫蘇は畑にいくらでもあったし、時に贅沢な気分を味わいたいときは、胡麻をホウロクで煎って、すり鉢ですって薬味にした。体も温まるし、お腹一杯になるまで食べられるのが幸せだった。

暖かいストーブで煮ながら食べるずりあげうどん。

うどんを食べながらつねさんに色々話を聞いた。つねさんは十八歳の時に友義さんのところに嫁に来た。同じ村の出身だったのでそれほどの違和感は感じなかったという。しかし、四月に結婚して、その八ヶ月後の十二月に友義さんに徴兵の通知が来た。友義さんは中国大陸へと出征し、新婚生活はあっという間に終わった。

つねさんにその時の気持ちを聞いてみた。

笑いながら色々な話をしてくれたつねさん。

「仕方がなかったいやねえ……それよりおばあさんの世話が大変で忙しかったんさあ……」

　おばあさんはリューマチで寝たきりだった。おばあさんの世話も大変だったし、友義さんの弟や妹の世話もつねさんの仕事だった。忙しくて目が回るようだった。淡々と語るつねさんだが、本当のところ目の前が暗くなるような思いをしていたのだと思う。

　三年後、友義さんが無事に大陸から帰ってきた。二人で山に入り、炭焼きをする日々が始まった。つねさんは焼いた炭を炭俵に詰める作業を担当した。炭焼きをしながら野菜を育て、食事を作るのもつねさんの仕事だった。いろいろな料理を作ったが、中でもいんげんの油味噌はつねさんの得意料理だった。その頃もずりあげうどんは度々食べていた。山仕事で忙しいときは時間がなかったので、重宝する食事だった。

　山の中で子どもも育てた。ある時、肺炎になった息子さんを医者に診せなければならなくなり、落合の診療所から医者を呼んだことがある。友義さんが呼びに行き、ワサビ沢の小屋まで医者を連れてくるのが大変だった。

　お医者さんはおじいさんで、足腰が弱かった。友義さんが、先が二股になった腰を押す棒で後ろから押して、山のジグザグ道を登ってきた。この時、道の先が見えなくて、曲がらなければいけないところを、真っ直ぐに藪の中へお医者さんを押し込んでしまい、たいそう怒られたそうだ。その時のことを思い出し、笑いながら友義さんが言う。

「武藤医者にゃあ、悪い事をしたいなあ。えら怒られたったいなあ……あっはっは」

　肺炎の息子さんは手当のかいあって、無事に治ったそうだ。その息子さんがずりあげうどんが好きだったので、よく作って食べていたという。山の暮らしは大変だったが、つねさんは懐かしそうに話す。

「考えてみると面白いことばかりだったいねえ、つらい思いはなかった。楽しいことばっかりだったいねえ……」

　楽しかった山の暮らしも、炭が売れなくなって終わってしまった。そして、昭和四十五年から民宿の免許を取って栃本で民宿「ふるさと」を開業。新しい生活がスタートした。当時の秩父は民宿の開業ブームで、多くの民宿が出来ていた。観光客も多くて、予約が無くとも飛び込みの宿泊客で埋まることが多かった。本当はいけないのだが、一人の客は断って、三人とか四人連れの客を選ぶようなこともあった。つねさんの料理も民宿の売り物だった。山菜や季節の野菜の天ぷら、イワタケ料理などが評判良かった。イワタケ料理の勉強に、群馬県の上野村に食べに行ったこともあった。ところがイワタケはほんのわずかで、中身はキュウリばかりだった。

「カレーライスは作らなかったけど、いろんなもんを作ったいねえ」とつねさんは笑う。

栃の実を採って、栃もちを作るのもつねさんの仕事だった。アク抜きに手間がかかる栃もち作りは大変だった。今は息子さんが栃もちを作る担当になっている。この日

水を流しながら、栃の木の実のあく抜きをしている。

も庭の水道ではバケツに入った栃の実を流しっぱなしの水でアク抜きしている最中だった。ほんのり苦味の残る栃もちは、まさに大滝の味で、お土産にも喜ばれた。

「このごろは鹿が栃の実を喰っちまうもんで実を拾うのも大変になったいねえ……」

栃もち作りは年々難しくなってきている。つねさんの栃もち作りは寄居の「川の博物館」でも紹介された。学芸員が取材に来て、いっぱい写真を撮って行き、その一部が博物館で展示されたという。

当時のお金で一泊、九百八十円。今は一泊で六千円だが、昔の九百八十円の方が価値があったような気がするとつねさんは言う。民宿をやりながら娘三人と息子二人の五人の子どもを育て上げた。二十年間一度も食中毒などは出さなかったことが自慢だ。

免許は来年まであるが、その先どうするかは思案中だ。二人とも八十歳を超えて、先のことを考えるのがおっく

帰り道の秩父湖。花粉と黄砂で霞がかかっていた。

うになっているという。

「いっぱい食べてってくんないねえ」「そうそう、残してもしょうがないかんねえ……」

ストーブの熱気と温かいうどんで額に汗が出てきた。二人の温かいもてなしに満腹になって、充実した取材を終えた。

つつっこ作り

◆二〇〇七年六月七日取材

埼玉県秩父郡小鹿野町三山。田ノ頭《たのかしら》という地名はこれより上《かみ》に田がない事を表す地名で、田のある最上流の地であることを示している。

この地区で民宿「やしき」を営む高橋八千代さん（八十四歳）を訪ねたのは「つつっこ」作りの取材のためだった。友人と一緒に伺うと、娘の美重子さんが準備して待っていてくれた。四方山話のうちに、八千代さんが私の父や母や隣の民宿の話などをしてくれて、その記憶力の確かさに驚かされ、恐縮してしまった。

民宿「やしき」の外観。歴史を感じさせる風格。

座敷にシートを広げ、八千代さんの話を聞きながら「つつっこ」作りが始まった。（「つとっこ」ともいうが、ここでは八千代さんが「つつっこ」と言っていたので「つつっこ」として話を進める）

「つつっこ」はこの地方で昔から作られてきた保存携帯食だ。栃の葉が堅くも柔らかくもないこの時期だけに作られる食べ物で、昔はこの「つつっこ」をたくさん作って田植えや桑伐りに持って行き、昼食や小昼飯（十時や三時のおやつ）に食べた。器も箸も必要ない携帯食で、とても便利だった。

八千代さんは素晴らしい記憶力で昔のことを話す。
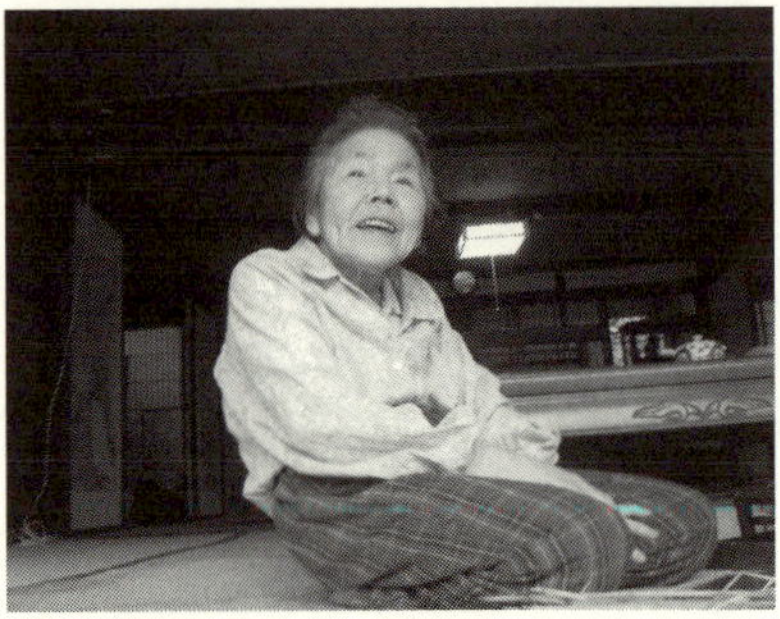

昔から日本には葉で包む料理があった。「柏餅」「ちまき」「柿の葉寿司」「笹団子」「笹の葉で包んだ鱒寿司」「桜餅」など、葉の香りを楽しむと共に、笹や柿の葉の抗菌・防腐作用で傷まない効果も併せ持っていた。

秩父では「土地持ち」になれるようにとの願いをこめて栃の葉を使った「つつっこ」が作られるようになったとも言われているが、栃の葉の抗菌作用を利用した保存携帯食というのが正しいように思う。

栃の葉で包んで水から煮、沸騰してから五十分近くも煮込む「つつっこ」は梅雨時にもかかわらず一週間は傷まなかったという。古くは戦場を駆けめぐる武士の携帯食でもあった。

「つつっこ」の作り方は家によってだいぶ違う。当然、味も形も家によってかなり違いがある。事前に調べたら本によって作り方がずいぶん違っているので困惑した記憶がある。中身の種類や分量、藁の結び方、煮る時間などがまったく違うのだが、ここではあくまで高橋家の「つつっこ」の作り方を書く。

もち米一キロを前夜から水に浸けておく。小豆百グラムを柔らかくなるまで煮ておく。栃の葉は穴のないもの大中百枚を朝採って洗っておく。栃の葉は七枚の掌状複葉だが、「つつっこ」に使えるのは上部三枚の大きな葉のみだ。藁を水に浸けて揉んでおく。高橋家ではこの材料で五十個の「つつっこ」を作る。

今朝採ってきた栃の葉と、湿らせたワラ。

もち米を水から上げてよく水を切り、煮た小豆と混ぜ合わせる。小豆はここで柔らかくしておかないと最後まで柔らかくならない。また、この段階で塩を振る人もいるが、高橋家では出来上がった「つつっこ」を食べるときに、ごま塩をかけて食べるようにしている。ごま塩のごまは黒ごまではなく、金胡麻でなければならない。

大きい栃の葉を葉先左に置き、その上に中型の葉を反対向きに重ねる。葉の中央に、もち米と小豆の混ざったものを杓子三分の一くらい置く。少ないかなと思うくらいが出来上がった時に食べやすい。

葉を中央で折り合わせ、中身を押さえながら右から横に折り、出っ張った葉柄をハサミで切って形を整える。さらに左側を上に折り重ね、出っ張った葉柄を切って形を整える。包むときはなるべくゆったりと包む。もち米は煮上がると脹らむので、その分を計算しながらゆったりと包まなければならない。

「つつっこ」作りはにぎやかに話をしながら。

包んだものを藁で縛る。元を左に十センチほど出し、右からクルクルと四回ほど巻き、最後に藁先と出しておいた元と合わせてクルクルとねじり、ねじった部分を折って巻いている部分に差し込んで止める。これもきつくならないようにゆったり止める。
ビニールヒモを使う人もいるが、出来上がった時にヒモが縮み、ボンレスハムのようになってしまうので藁がいい。煮上がったら藁の先を引っ張ればクルクルと藁が解ける仕組みになっている。中身が脹らむし、藁は滑りにくいので煮ながらほどける事はない。

八千代さんがいろいろ昔の話をしてくれた。昔は一度に三升も四升も作ったことがある。お客さんに出したこともあるし、お土産で配ったこともある。みんな「美味しい」と言ってくれて、東京から注文が入ることもあった。もち米一俵も作ったことがある。

八千代さんの話
『昔の「つつっこ」は今よりちっとんべぇ大きかった。下郷《しもごう》でおじいさんがもらった「つつっこ」はウチの三倍くらいあって、おじいさんが持ち帰って見せてくれた。「でっけえなあ……」と二人で感心したことがあった。
おじいさんは本当に「つつっこ」が好きで、いっぺぇ作って山へ持ってったもんだ。栃の葉を山へ採りに行くのがめんどくせえって言って、山から栃の木を運んで畑に植えて育てたんだ。あの辺にある栃の木は、みんなおじいさんが山から持ってきたもんだいねえ。おかげで「つつっこ」作るときも、その日の朝葉っぱを採れるんで、楽んなったいねえ。近所でも「葉っぱをくれ」って言われたり、真似する人も出たりでねえ。
河原沢《かわらさわ》へ嫁に行ったおばさんが、同じ作り方で「つつっこ」を作ったんだが、どういう訳か同じ味になんなかった。何度やっても同じ味になんなかった。あれはどういう関係なんかねえ……。ウチでは一回煮るとその水を替えるけど、そのまま替えずに煮る家もあってねえ、そこんちの「つつっこ」はアクで赤くなってたいねえ。煮方も家によってずいぶん違うもんだいねぇ。キミ（きび）を入れると旨かったいねえ、粘りっけが出て、色もきれいで……キミは買ってきて入れたいね。キミを入れた「つつっこ」を作ってくれって、わざわざ東京から注文してくれる人もいて、二百個くらい作って送ったこともあったねぇ……』

朴の葉を使う家もあった。栃の葉に慣れていると、朴の葉の「つつっこ」は苦いのだが、その家の人は朴の葉でないと「つつっこ」を食べたような気がしないと言っていた。
いろいろ話を聞いていると「つつっこ」とはまさに家の味だったようだ。その家に伝わる作り方、煮方、食べ方が厳然と存在する「我が家の味」であり、「母の味」そのものだった。

中に入れるもち米がなくなった。全部で四十七個の「つつっこ」が出来上がった。これを大きな鍋に入れ、たっぷり水を入れて煮る。蓋は鍋より小さいものを中蓋のように使い、吹きこぼれないように煮る。

沸騰してから五十分煮続ける。煮汁はどんどん赤味を増し、濃くなっていく。この煮汁は強力なアク汁で、いつだったか、吹きこぼれるままにしておいたら、下にあったアルミ鍋に穴が開いてしまった事がある。

思えば、このアクがもち米に煮込まれることが抗菌・防腐作用を持たせるものなのではないだろうか。栃もちもそのアクが風味になるくらいだし、強いアクを風味と感じさせるのが栃の素晴らしさなのかもしれない。

鍋にはひとまわり小さいフタを中蓋にして煮込む。

沸騰してから五十分。「つつっこ」が煮上がった。飴色になった「つつっこ」を取り出して藁を引き解く。熱い葉を指先でつまんで広げる。出てきたのは、ほんのり緑に染まった艶やかなモチ。小豆が彩りを添えている。

さっそく、湯気がでているのを箸でつまんで食べてみた。もっちりとした食感の中に小豆が混じって歯先をくすぐる。栃の葉を煮た独特の香りが食欲を刺激してくる。ごま塩をちょっと付けてもう一口食べる。

「これは旨い……」ハフハフ言いながらあっという間に一つペロリと食べてしまった。

栃の葉を煮た香りが鼻をくすぐり、食欲をそそる。

包んだ葉を広げていく楽しさ。立ちのぼる栃の葉の香り。薄緑色の艶やかなモチに散りばめられた輝くような小豆。口中に広がる栃の香りと小豆の食感。これはじつに楽しい料理だ。ごちそうだ。こういう美味しい取材はやめられない。

はちみつ採り

◆二〇〇七年六月一〇日取材

荒川本流、大血川合流点の上流右岸、大黒平《だいこくだいら》という場所に神塚好雄さん（八十二歳）の蜂場《ほうじょう》がある。好雄さんはここに九群のミツバチを置き、はちみつの採集を行っている。好雄さんから取材ＯＫの連絡が来たのは昨日の夕方だった。

「秩父の蜂屋だけど、明日の朝天気が良かったら採蜜するよ。雨だったらダメだけど、七時に来てくんない。」

待ちに待った知らせだった。花の時期は終わり近かったし、この時期をのがせば取材は来年になってしまう。是非とも養蜂の話を現場で聞きたい。そんな願いが通じた。

巣箱の周りは高圧の電気が流れている。

軽トラでやって来た好雄さんに挨拶し、近くの材木置き場の屋根下でいろいろ話を聞かせてもらった。好雄さんはとても八十二歳とは思えない若さで、身振り手振りを交えながら自らの養蜂について詳しく話してくれた。

好雄さんが蜂を飼いだしたのは二十五歳の頃だった。長期の病気療養中に暇つぶしで読んだ雑誌に養蜂の事が載っていて、はちみつが健康にいいらしいという事もあって、何と、入院している病院で飼い始めたのだそうだ。

大黒平の蜂場《ほうじょう》の巣箱。ひとつひとつが別の家族。

病院周辺には広大な菜の花畑が広がっていて、またたくまに二十群のミツバチを運用するようになっていた。退院してからも常時四～五群の蜂を飼い続け、本格的に養蜂専門になったのは定年後だった。

現在、ミツバチはポリネーターとしての需要（果樹園やハウスの交配用）もあるが、好雄さんははちみつ採り専門でミツバチを飼っている。

例外もある。自宅で一群だけ飼っているのは蜂針《ほうしん》治療用だそうだ。神経痛や腫れや疲労回復に効くと言われている。好雄さんはピンセットを使って蜂の針を抜き、自分で患部に刺して治療するそうだ。養蜂家のあいだでは常識的な事で、ごく普通に行われているらしい。

蜂は一群ごとに女王蜂がいて、群れ一つ一つがそれぞ

蜂箱のひとつひとつにミツバチが群がっている。

れ家族になっている。この大黒平には九群の蜂がいるが、絶対に他の巣に帰ることはない。

蜂の行動範囲は広い。普通二キロくらいと言われているが、もっともっと広いと好雄さんは言う。いつだったか八キロ離れた所に巣箱を設置して家に戻ってみたら、その蜂が全部家に帰っていて大騒ぎになった事がある。慌てて巣箱に入れて事なきを得たが、まさか八キロ先から戻って来るとは思わなかったと笑う。

好雄さんは蜂箱を四段重ねて蜂を飼っている。普通は二段なのだそうだ。四段の蜂箱を重ねるくらい強群《きょうぐん》で、多くの蜜を集める。蜂の数が多いのではちみつの糖度も高くなる。普通は糖度を七十八～八十度に上げて出荷するようにしている。糖度が低いと蜂箱の中で発酵してしまうこともある。

一枚の巣板から約一升のはちみつが絞れる。九群×四段×巣板（普通七枚）と数えるとすごい量のはちみつが収穫できることが分かる。

好雄さんは一切混ぜものなしで販売している。奥秩父の味として好評だ。

この時期の蜜源はトチやアカシアがそろそろ終わり、マタタビやカキが対象になる。ミツバチには一つの花に通い始めると、その花が終わるまで通い続ける「訪花の一定性」という性質があり、その性質のおかげで特定の花の蜜を集めることが可能になる。

大きな蜜源のはちみつ採取が終わると、八月くらいまで採集したはちみつは蜂が冬を越す為の餌となる。秩父で蜜源になる花はミズキ、コシアブラ、エンジュ（街路樹に限る）、キハダ、トチ、ニセアカシア、ケンポナシ、シナノキ、マタタビ、カキなどが主要蜜源とのこと。意外な名前の木の花に蜜が多く含まれていることを知った。

秩父の山は戦後まもなくから拡大造林計画のため、杉と桧が斜面を覆うように増えてきた。多くの雑木が切られ、蜜源となる木が減った。

杉や桧を間伐し、蜜源となる花を咲かせる木を増やさなければダ

巣箱の中をのぞくと巣板がビッシリ詰められている。

メだ、と好雄さんは声を大きくする。アカシアなどは素晴らしい蜜源なのに、林野庁は害樹だから切れと馬鹿な事を言う。自分たちで持ってきていながら、今さら切れとはおかしな事だ。切るんだったら杉と桧だろう。と好雄さんは怒る。

　主要蜜源のミズキが鹿の皮剝ぎでどんどん枯れている。トチの木も少なくなった。トチは植えれば十年で花が咲くようになる。百年のトチノキで一斗から二斗も蜜が採れる。雑木が増えれば蜜源も増え、豊かな山になる。好雄さんの口からは秩父の山への不満と願望が語られた。

　養蜂で避けられないのが天敵との戦いだ。養蜂の天敵で最大のものが熊、そしてオオスズメバチ、キイロスズメバチ。名前を聞いただけで尻込みしてしまうが、養蜂家はそれに立ち向かわなければならない。

　この大黒平の蜂場には有刺鉄線の柵が設置されており、五千ボルトの電気が流されている。うっかり触ると腕全体に電気ショックを受けることになる。また、足元はトタン板が敷かれていてそこにも電気が流されている。熊は柵の下を掘って侵入するからだ。

　これだけ防護柵をしていても毎日心配だという。ある時、蜂の様子を見に来て電気のスイッチを切ろうとしたら、すぐ近くにいた熊がすごい勢いで威嚇してきた。距離は約一メートル。好雄さんは両手を振り上げ、大声を上げて威嚇仕返した。熊は勢いよく後ろへ飛び去って行ったそうだ。その時の事を思い出すと、今でも冷や汗が出るという。

　ある時は横の木の枝から柵の中に飛び込んで蜂箱を荒らした熊がいた。出るときは強引に柵を壊していったそうだ。

蜂場の横に置いてあるクマの檻。実際に使うことも。

　熊に襲われるとその蜂場の巣は全滅することもある。一群や二群はしょっちゅうやられたという。はちみつが熊の大好物という事もあり、避けられない面もあるが、せめて熊が奥山に留まってくれればと思う。今年はすでに里での目撃情報が出ている。

「お盆前に熊が出たことは今までなかったが、今年は異常だ……」と心配する。

　熊よりも日常的な戦いになるのがオオスズメバチだ。オオスズメバチは肉食でミツバチを好んで食べる習性がある。この頃は暖冬でオオスズメバチが越冬する事も多く、被害が大きくなっている。オオスズメバチの巣箱襲撃は徹底していて、狙いを付けた群れのミツバチを片っ端から食べ尽くし、蜂の子は自分の巣に持ち帰り、最後はミツバチの巣に棲み着いてしまう。

好雄さんの知り合いで、オオスズメバチに巣を乗っ取られたのを知らずに巣箱を開けたところ、一斉攻撃を受け、腹を四～五箇所一気に刺された人がいる。普通の人間だったら死んでしまうところだ。養蜂家は蜂刺されには慣れていて、比較的持ちこたえるらしいが、この時は大変だったらしい。別の養蜂家はオオスズメバチが通り抜けることの出来ない目のネットで巣箱を覆った事があったが、奴らは弾丸のように網に突き刺さり、ネットを破ってしまったという。

ここ大黒平にも蜂トラップが掛けられている。トラップの中身は砂糖水だが、オオスズメバチの最盛期は専用の箱形蜂トラップを巣箱の入り口に仕掛ける。これは頑丈な作りで、毎シーズン大量のオオスズメバチを捕獲してくれる。暑い時期を迎え、これから戦いが本格的になる。

雨が小降りになったので蜂箱を見させてもらう。好雄さんは燻煙器を取り出し、椎茸のホダ木を小さく割ったものに火を付けて入れた。その上にタオルを詰め込んで蓋をする。手元のふいごを押すと口から煙が出る器具だ。新聞紙などではすぐに燃えてしまって用を為さない。

巣箱を点検する好雄さん。熟成度をチェックする。

色々試したが古くなった椎茸のホダ木を燃すのが一番だと分かった。

煙を当てるとミツバチはおとなしくなる。煙を当てながら巣箱を開ける。巣板を外して持ち上げるとたくさんのミツバチが張り付いている。「こんな数じゃあダメなんだいな……」好雄さんは言いながら更に下段の箱を見る。こちらの巣板はビッシリと蜂が付いていて、蜜もたっぷり入っていた。「これで一升くらいあるかさあ……」巣板一枚で一升のはちみつが採れる。山の恵みだ。

空中農業とも言われるはちみつ採り。養蜂家は一年かけて女王蜂を育て、ミツバチを養い、手塩に掛けて群れを育てる。一年かけた結果がここにある。今がまさにその収穫期だ。山の恵みを収穫する権利は、一年間、蜂と共に暮らした養蜂家にだけ与えられる。熊やオオスズメバチと戦い抜いた人にだけ、山の神様はほほえんでくれるのだ。

わさび漬け

◆二〇〇七年六月一六日取材

六月十六日、小菅村山沢《やまざわ》地区の舩木さん宅を訪ねた。今日は舩木君子さん（八十三歳）にわさび漬けを教えてもらう事になっていた。わさび漬けに使う生ワサビは、先週舩木さんが山から採っておいてくれた。本来なら我々が行かなければならなかったのだが、持ち主以外の人がワサビ田に入るのは、地元の人から見ると泥棒以外のなにものでもないので遠慮した。

奥多摩のワサビは、江戸時代に将軍家に献上したと伝えられている。ここ小菅村は多摩川の源流にあり、山梨県内ではワサビの生産量が一番だ。水温が低く一定しているのでワサビの生育に適している。小菅村の沢すじには沢山のワサビ田が出来ていて、多くのワサビが生産されている。

わさび漬けは各家庭で作られ、小菅の湯などでお土産品としても人気がある。ここのワサビには「だるま」と「まづま」という種類がある。静岡産のワサビより見た目は悪いが粘りがあり、香りが強い。成長に一年半かかり、旬はなく一年中収穫出来る。

ワサビの辛み成分は「からし油」で一八一二年にコッホが殺菌性があることを発見した。現在は黄色ブドウ球菌や腸炎ビブリオ、病原性大腸菌O《オー》・一五七などに対する抗菌性があることが確認されている。最近は、血栓を予防する作用が確認されている他、食欲増進作用やガン細胞の増殖を抑える作用があると言われている。

ワサビは根の先よりも元の方が辛くて美味しい。すり下ろすときは先を持って茎が付いている方からすった方が良い。金気を嫌うので鮫皮の下ろし器を使ってすり下ろし、刺身や蕎麦の付け合わせにして食べる。醤油には溶かず、乗せて香りを楽しむのが美味しい。わさび漬けは日常的にワサビを沢山食べることが出来るので、健康にも良い食べ物といえる。

君子さんは材料を準備して待っていてくれた。さっそく持参した酒粕を持ち出すと、

「あらっ、練ったのはなかったんかい。そらあ時間がかかるよぉ……」と言われてしまった。

さっそくまな板と包丁を借りて、粘る板状の酒粕をみじん切りにしてすり鉢に入れる。この酒粕を切る段階で、時間が相当かかる事を覚悟した。

とにかく、粘る板状の酒粕を刻んで酒を加えながらすってダマがなくなるまで練るのは大変なことだった。で

ワサビを包丁でみじんに刻む。

刻む大きさはあまり大きすぎても小さすぎても良くない。

も、君子さんに言わせると練られた酒粕よりも、時間はかかるが板状の酒粕を練った方がわさび漬けの味は良くなるそうだ。

すり鉢で練り始めるとあたりに酒粕の甘い香りが漂ってきた。何だかいい気分になる香りだ。

君子さんは縁側のテーブルでワサビを刻み始めた。端から細かくみじん切りにする。我々も手伝った。こうしてしばらくの間、ワサビの汚れを取る人、刻む人、酒粕を練る人に分かれて作業を進めた。

ひたすら手を動かしながら君子さんにいろいろ話を聞いた。

この山沢地区には十五軒の家があるが、そのうち十軒が昔はワサビを作っていたという。今はだいぶ少なくなってしまったようだ。住民の高齢化とイノシシがワサビ田の石垣を壊して田んぼを荒らすのが嫌になってやめていったようだ。

イノシシの被害は年々大きくなる。イノシシはワサビを喰う訳ではなく、石垣の中のミミズや沢ガニを狙って石垣を崩していく。高齢者に山奥の石垣修理は大変で、ついそのままになってしまう。ワサビだけでは食べていけないので、徐々にワサビ田を放置する形になってしまった。

ワサビには旬というものがなくいつでも収穫できるのだが、わさび漬け作りはいつも年末の仕事だった。毎年十二月二十七日ころに山からワサビを採ってきて、大量のわさび漬けを作った。冬のワサビは茎が細いけれど辛さが強いのでわさび漬

ワサビの茎に染みついた汚れを削り取る参加者。

け向きだった。

刻んで塩もみする時などツンとして涙がポロポロこぼれたという。

「冬なんか、泣きながらやったもんさぁ」君子さんが懐かしそうにつぶやく。


昔は車がなかったので、歩いて一時間もかけて山の畑に行った。霜が降りている橋で足を滑らせて落ちた事もある。手が切れるように冷たい水でワサビを洗い、わさび漬けを作って親戚に配った。自宅用は大きな容器に作って、少しずつ小出しにして食べていた。わさび漬けはあまり長持ちしないので、二〜三ヶ月くらいで食べ終えるようにしていたという。

今ではヒノキ林になっている山に、君子さんが通った畑があった。

「昔はあ、山の畑でお茶やって、麦やって、秋はこんにゃく、冬はワサビで身体が休む間《ま》がなかったいねえ……よく働いたもんだよぉ」


酒粕がいい感じに滑らかになってきた。お酒をいっぱい加えた方が楽なのだが、そうするとワサビと合わせた時にワサビからも水が出るので、水っぽいわさび漬けになってしまう。だからなるべく酒を加えずに練る。重労働だが、この出来上がりはわさび漬けの味を決めるくらい重要なので頑張る。

九百グラムの酒粕に大さじ四杯くらいの砂糖を加え、さらに練り込む。こうすると君子さん好みの味になるのだそうだ。微妙な味付けは人によって、家によって違う。砂糖を入れない方が美味しいという人もいる。


大きな蕎麦包丁で苦労してワサビを刻む参加者。

生ワサビを刻み終わった。刻み終わった一キロの生ワサビを大きなボールに入れる。塩を大さじ四杯くらい加えてよく揉む。よく揉むことでアクを出す。
そして、ボールに水を加え、ざっと洗ってザルに取ってアクと水気を切る。この時、ザルにフキンを敷いておくと細かいワサビを流さないですむ。
ザルで水気を切った刻みワサビを、両手で握れるくらいの量をフキンに包んで絞る。水気を絞りきるくらいに固く絞る。付近にワサビの刺激臭が漂い、目にツンとくるが我慢して絞る。これで生ワサビのアクが抜ける。
力任せにフキンで絞ったワサビは、またボールに戻し、

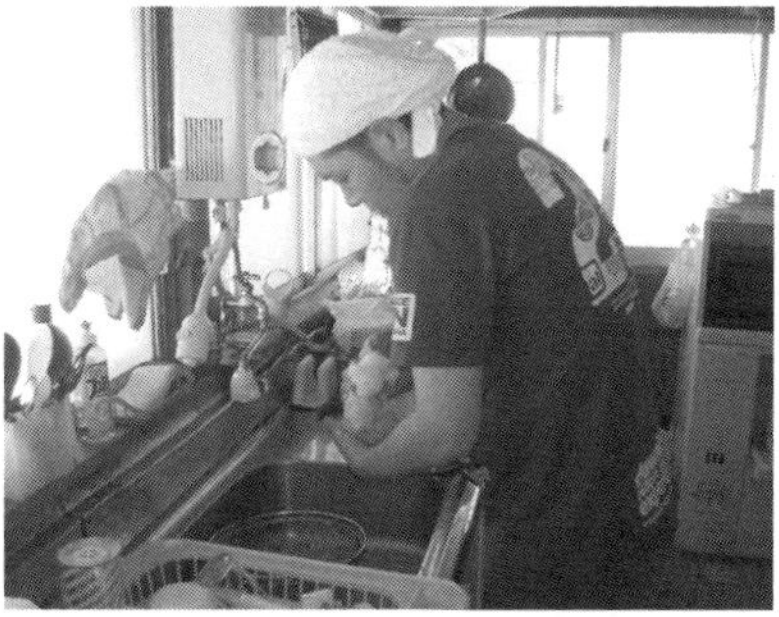

刻みワサビを洗って、思い切り絞る参加者。

崩しておく。

いよいよアク抜きした刻みワサビと酒粕を混ぜる。これは人間の手でやらなければならない。固く絞った刻みワサビをほぐしながら、まんべんなく酒粕をからませ、尚かつ手早く作業しなければならない。手早くやらないと揮発性の辛み成分が飛んでしまうからだ。

さっそくボールに入れた刻みワサビに酒粕を混ぜ始めた。やはり固まっている部分が多く、手早くやるのは難しい。まあ、初めての作業なので仕方ない。ここは確実に酒粕をからませるようにする。

君子さんが透明のパックを準備してくれた。このパックで小分けして冷蔵庫で三~四日間寝かせると美味しいわさび漬けになる。今作ったものを一口食べてみたのだが、君子さんの言うとおりあまり旨くはなかった。口にわずかに苦みが残っている。その苦みが三~四日間でなくなって、マイルドなわさび漬けに変貌するのだそうだ。

わさび漬けを詰めるパックを準備している君子さん。

ワイワイとパックに出来上がったわさび漬けを詰める。今までわさび漬けといえば、お土産品の「酒粕ばかりでどこにワサビが入ってるの?」という物しか知らなかったが、このわさび漬けは緑がいっぱいで美しい。これが本当のわさび漬けだったのだ。ますます四日後が楽しみになってきた。

君子さんが昔おじいさんが信州から買ってきたわさび漬けにカラシが混ぜてあって、あれはとても食えたもんではなかったと言う。お土産品の中にはそういう物があってもおかしくない。私自身も本物のわさび漬けを食べていたかどうか怪しい。しかし、これからは違う。四日後に食べるわさび漬けが本物としてインプットされるのだから。

これから自信を持って言えるはずだ。「これは本物だ」と。

中津川芋みそ炒め

◆二〇〇八年六月二四日取材

秩父の大滝には中津川芋（別名大滝芋、また単にアカイモと呼ぶ人もいる）と、紫芋という二種類の特産ジャガイモがある。

その昔、戦争に行った人がロシアからパンツに隠して持ち帰ったという話が、まことしやかに言い伝えられている。その中津川芋の話を聞くために、四月一日、栃本の沢登《さわと》千代子さん（七十九歳）を訪ねた。

色々な人に聞いて千代子さんを紹介してもらったのだが、すでに千代子さんは中津川芋を植え終わっていた。植えるところを見られなかったのは残念だった。

急な道を登って畑に向かう千代子さん。

中津川芋に関して、千代子さんは埼玉県から「中津川芋の味噌炒め」で「彩の国地域おこしマイスター」の称号を受けている。県知事から出されている称号で、大滝グリーンスクールで講師などもしている。そんな千代子さんから色々な話を聞くことが出来た。

畑に行って話を聞いた。芋は三月初めにはもう植え終わった。寒い場所だが、土を厚くかけるので種芋が凍ることはない。また、土を厚くかけるので、途中での土寄せ作業をしなくても大丈夫だという。急斜面の畑で作業するのは大変なので、そんな工夫をしている。

中津川芋と紫芋は小さいものが上等なので、土寄せしたり、肥料をやることがマイナスになる事も多い。特に土壌改良のために石灰や鶏糞を撒くと、ジャンカが発生し、芋がダメになることがある。ジャンカの菌はその後も土中に残り、消えることがない。そのためその畑で芋は作れなくなってしまう。だから千代子さんは石灰と鶏糞は撒かない。

ジャンカとは、芋の「そうか病」のことで、対策が難しい。

◆そうか病…〈被害の特徴と発生生態〉

芋の表面に、大小さまざまな盛り上がった淡褐色のかさぶた状の病斑ができる。病斑部分のイモの肉は淡褐色でやや腐敗する。症状にはケラの食害痕のようなものや、網目状の亀裂ができるものがある。病原菌は土壌に残り長期間伝染する。アルカリ性土壌で発生が多い。

〈防除〉ジャガイモの連作を避け、土壌に酸性肥料を与える。

千代子さんの畑は栃本関所《せきしょ》の下の急斜面にあった。斜度にして二十五度くらいか。スキーなら上級者コースの角度だ。ここで作物を作るのは本当に大変だと思う。

杖をついて息を荒くして登ってきた千代子さんが「ここがうちの畑なんさあ、こう見えていい土なんだよ」と笑いながら言う。芋を植え終わって平らになっている状態では、植え付けの作業がいかに大変かは分からない。

昔から「栃本の逆さっぽり」という有名な言葉がある。急斜面の土が下に落ちないように上に立って、下に向かって鍬をふるい、土を上にかき上げるという重労働だ。千代子さんは「逆さうない」と言っていた。当然、この畑でも「逆さうない」で耕している。

種芋は横にサクを切って植え、下から上に土をかけて畝にする。

ここを下に向いた状態で耕すのは大変なことだ。

千代子さんは「逆さうない」の取材でテレビ局が来た話や、民放の番組で取材を受けた話などを面白おかしく話してくれた。

九十坪の畑、一畝に四十粒の種芋を深植えする。草取りはするが、芽欠きや土寄せはしない。肥料もやらない。なるべく小さい芋がたくさん出来るように栽培するのが秘訣だという。千代子さんの中津川芋は民宿や、紅葉祭りでも引く手あまたで、種芋に欲しいという人も多い。そんな芋の姿を見たくて、六月の収穫を手伝わせてもらうことにした。

六月二十四日、梅雨の晴れ間が天気予報で伝えられ、勇躍秩父の栃本に向かった。昨夜千代子さんと電話で話し合い、今日の収穫を決めた。初めて見る中津川芋がどんな芋なのか楽しみでわくわくしていた。

朝六時半に家を出て、栃本の千代子さんの家には予定より一時間も早く着いた。上がりかまちでお茶を飲んでいると、千代子さんが中津川芋の味噌炒めを出してくれた。

この味噌炒めが何ともいえず旨かった。味噌の味と香りが、ねっ

5月11日、畑を見に行った。葉が大きく茂っていた。

とりとした芋の食感と混ざり合って、何とも言えない味に出来上がっている。小さい芋が上等だというのは、こうして食べて初めてわかる気がした。こうした味噌炒めや田楽で食べる芋だからこそ、小さく丸い形が好まれるのだろう。

収穫の助っ人が来てくれた。千代子さんを紹介してくれた山中豊治さんと奥さんのみのるさんだ。収穫を手伝ってもらい、お礼に芋を分けることになっているらしい。知り合い同士の共助作業が今も生きている。

さっそく四人で畑に向かう。今日は梅雨の晴れ間とはいえ、三十度を越す猛暑になるらしい。熱中症にならないようにしなければならない。

畑で植えてある芋の場所を説明する千代子さん。

畑に登るまでにひと汗かいて、いざ芋掘りになったら額から汗が流れ落ちる。芋を掘るのは豊治さんが「ガリ」と呼ぶ小さい熊手のような道具。私は小さい草削り器を使って芋を掘る。斜面が急なので、かがむ幅が狭くて楽だ。千代子さんは草取りなども平地の畑より楽だという。斜面が急な場所だからこそ楽なこともあるというのは新鮮な驚きだった。

掘ってみると、さすがに中津川芋は小さい。そして赤い。コロコロと土から飛び出してくるのがじつにかわいい。千代子さんが言ったように斜面の畑だが、水はけが良くサラサラして黒い土の畑だ。たまに紫芋の株が混じる。紫芋は薄皮をむくと鮮やかな紫色をしたかわいい芋だ。皮が柔らかいこともあり、地元の人には紫芋の方が好まれる。

急斜面の畑、大汗をかいて四人で芋を掘る。

一畝の芋を掘ったら全身汗びっしょりになっていた。じっとりと蒸し暑く、日射しも強いので汗の流れる量も多い。腰につけた水筒からひんぱんに水を飲む。ときおり吹く涼しい風が爽やかで気持ちいい。

ふと横を見ると、栃本独特の斜面の景色が広がっている。どこまでも続く山並み、V字型に深く切れ込んだ谷。千代子さんはこの景色を見ながら、営々と畑を耕し続けてきた。

午前中の作業が終わり、昼ご飯を食べに豊治さんとみのるさんは自宅に戻った。私は千代子さんの家で大きな焼きおにぎりをご馳走になった。漬け物や中津川芋の味噌炒めを頂きながら千代子さんに昔の話を聞いた。

子供時分の話、山仕事の話、畑仕事の話、好きな花の話、いろいろな話を聞くことが出来た。私の子供時代も同じようなもので、みんなよく働いたものだった。こうして昔の話を聞いていると、私の両親もずいぶん苦労して子供を育ててくれたんだと感謝の気持ちが湧いてくる。

みんな貧乏だったけど、みんなよく働いた。昔の人は偉かったなあとしみじみ思う。

午後の作業が始まった。日射しは更に強くなり、炎天下の作業は全身汗まみれになる状態だった。畑の斜面に沿って上へ上へと掘り進む。途中何度か休憩しながら掘り進んだ。

上の何畝か残した段階で止め、私は芋を運搬する作業に入った。芋を掘るよりも運ぶ方が重労働なのでとても助かると千代子さんは言ってくれた。足の弱い年輩者は荷物を背負って坂道を下るのが大変なのだ。

私は山仕事の真似事をやっているくらいなので、まだ足は達者だ。南京袋に芋を詰めて、背負って運ぶ。昨年、千代子さんは腰カゴに芋を入れて家まで四十五回往復したそうだ。大変なことだ。今日私に出来ることは何でもやっておく。

芋は道路から家の二階へ運ぶ。ちょうど二階の屋根が道路につながっていて、入れるようになっている。二階は納屋になっていて、そこに芋を広げておく。芋の保存方法を聞いたところ、寒いときにムシロをかけるだけで、あとは放って置くだけだという。大滝の栃本という環境がそうさせるのだろう。普通の家では暑くてすぐに腐ってしまうはずだ。

掘った芋を運び終えてやっとひと息ついた。

千代子さんの家の周りには花がたくさん咲いている。千代子さんは花が好きで、家の周囲だけでなく、畑の周りや関所の周りなどに沢山花が咲く植物を植えている。栃本が好きで、栃本が少しでも綺麗になればいいと笑う。

「ここは本当にいいとこだかんねえ……」

という千代子さんの声が明るい。

午後の作業も一段落して、みんなで休憩中。

小梅漬け

◆二〇〇八年六月二五日取材

六月二十五日、大滝の栃本。山中豊治さん、みのるさん夫妻の家を訪ねた。ちょうど小梅を漬ける時期だというので、「小梅漬け」の取材をさせてもらうことになっていた。

みのるさん（七十三歳）の家は「民宿やまみち」の看板が出ている家で、すぐにわかった。家に伺って挨拶もそこそこに、すぐに山の畑の小梅を採りに行く。畑はここから車で二分ほど上ったゴボウ平にある。

車を畑の前に停め、みのるさんと豊治さんが畑に入る。この畑もイノシシや鹿の被害を受けている。全体を網で囲んであるが、それでも被害が出る。畑にはお茶とワラビが植えてある。採り頃のワラビが沢山顔を出している。お茶は、今年は豊治さんが右手を怪我した為に葉摘みが出来なかったそうで、伸び放題になっている。

「刈り込みをしなきゃいけねえんだけど、まだ半分も出来ないやねぇ」豊治さんが言う。豊治さんの右手の怪我の影響は大きかったようだ。暑い日だったので、みのるさんは麦わら帽子をかぶって完全装備。杖をついてゆっくりと急な斜面を登る。小梅の木は畑の一番上にある。栃本の畑はどこも急斜面だから、歩くのも大変だ。

梅の木には沢山の実が付いていた。豊治さんが枝を下に引っ張り、みのるさんが腰カゴに梅の実を採って入れる。二人の掛け合い漫才のような会話が山の畑に響く。腰カゴはあっという間に半分くらい梅の実で埋まった。頃合いと見て、豊治さんが「そのくれえにすべえ」と声をかける。

次は畑の下の方に生えている赤紫蘇を採る。梅も紫蘇も無農薬自然栽培。この材料で作る小梅漬けだから美味いはずだ。腰カゴが赤紫蘇でいっぱいになった。みのるさんも満足そうに笑っている。日射し

畑を登っていく。急斜面の畑は登るだけでも大変。

小梅の枝を持って実を採る。高い所は実が採れない。

は暑いが、風が涼しくて気持ちいい。

家に帰り、裏の水場で小梅を洗う。桶に小梅を入れ、汚れやゴミを取る。この時に小梅のヘタもきれいに取り除く。洗った小梅は二日間ほど水に浸しておく。灰汁に浸してアクを取る人もいる。この日は、二日前に洗って水に浸した梅を使って、漬け込むところを見せてもらった。小梅は水から上げてザルに取り、水気が無くなるまで乾かす。水気が残っているとカビる原因にもなるし、味が水っぽくなる。小梅を乾かす間に赤紫蘇をよく洗う。ゴミや汚れを落としたら、ボールでよく揉む。力を入れて揉んでいると赤い汁が出てくる。周辺には紫蘇の香りが漂ってくる。アクがあるといって揉んだ時の汁を捨てる人もいるし、一緒に小梅に漬け込む人もいる。みのるさんは汁を一緒に漬け込んだ。

水に浸けてあった小梅をザルに上げて乾かす。

赤紫蘇を揉み、一段落したところで、みのるさんが皮すり器を持ってきた。聞くと「紫蘇の赤味が足りないときはこうやって梅の実をすって足すと、いい色になるんだいね。酢を足す人もいるけど、あたしは梅の実をすって足すんさあ……」と言いながら、小梅の実を二個すって赤紫蘇に加えた。

そしてさらに揉む。赤紫蘇の香りが強烈になり、色が真っ赤になってきた。

「この香りがいいやねえ……」みのるさんの笑顔が明るい。

水を切った小梅の実を桶に入れ、その上に塩を振る。昔は小梅二升に一合の塩を振ったそうだが、このごろは減塩志向もあり、それほど塩は入れない。昔は保存食としての要素が強かったが、今は美味しく食べることに主眼が移っているので、塩分を少なくする傾向にある。さらに、酢や焼酎を少し加えるとカビずに美味しく出来上がる。中にはラッキョウを漬け込んだ「ラッキョウ酢」を加える人もいる。各家庭で様々に工夫され、小梅が漬け込まれている。

塩を振った小梅の上

小梅の実をすって赤紫蘇に加えて揉むと赤くなる。

に、先ほどの赤紫蘇を汁ごとかける。上に均等になるように赤紫蘇を広げ、その上に中ブタをして重石を置く。この時は少量だったので五キロの重石を置いた。今回はビニールなどは敷かず、中ブタの上に重石を置いたが、小梅の量や漬け込む容器に応じて、やり方は変わる。

漬け込んだ小梅はそのまま置いて三週間ほどで食べられようになる。一ヶ月も漬ければ充分美味しく食べられる。漬け終わった小梅を干して梅干しを作ることも出来るし、そのままでも冷暗所で保存すれば一年以上置いても食べられる。お茶請けや、ご飯のおかずにカリカリの小梅漬けを食べることが出来る。

一年前に漬けた小梅と、それを干して作った梅干し。

我々は小梅漬けに限らず、梅干しや梅酒でたくさんの梅を摂取する。梅の効用は古来から薬として用いられたほどで、様々な効用が伝えられている。その主なものを上げると。

その一・疲労回復に効果がある

梅のクエン酸には乳酸を分解して体外に排出する働きがある。乳酸は蓄積された疲労物質で、クエン酸は乳酸そのものを作りにくくする効果もあると言われている。

その二・殺菌効果がある

夏のお握りやお弁当に梅干しを入れるのは、その殺菌・抗菌効果を利用したもの。

その三・食欲増進↓夏バテ予防

梅干しを思い浮かべるだけで口の中がつばで溢れる。胃液の分泌も活発になり、食欲が増してくる。特に夏の暑いときに食欲を増進させる働きは素晴らしい。

その四・血液をサラサラに

酸性食品が増えた現在、我々の血液は酸性に傾きがち。梅はアルカリ食品の代表で、少量摂取するだけで血液を正常な弱アルカリ性に戻し、またカルシウムの吸収も助けるため、イライラやストレスを消し、神経を静める作用があると言われている。

その五・肝機能を高める

梅に含まれるピクリン酸は肝機能を高めると言われている。その他にも様々な梅の効用が伝えられている。

小梅漬けを干して梅干しを作り、家で食べたり知り合いに配ったりするが、それでも梅干しが余る事がある。みのるさんは、その余った梅干しを捨てずに料理に使う。梅干しの種を取り除いて実だけにしたものに水を加えてミキサーにかける。水気を絞って砂糖を加えて煮詰めると甘じょっぱい梅味噌になる。もっと煮詰めれば梅ジャムになるのだが、みのるさんは軽く煮詰めた状態で料理に使う。例えば手巻き寿司に入れたり、お酒のおつまみにしたり、ご飯のおかずにしたりする。

　また、小梅漬けの汁が残っている時には、そこに自分の畑で採れたラッキョウやミョウガを漬け込んで、梅酢漬けを作る。ひと月ほど漬け込むと、梅の香りで歯触りの良い漬け物が出来上がる。お酒の好きな豊治さんに喜ばれる酒の肴になる。

　小梅漬けを作りながらみのるさんにいろいろ昔の話を聞いた。手を忙しく動かしながらみのるさんは色々な話を聞かせてくれた。みのるさんは影森で育ち、縁があって栃本の豊治さんのところに嫁に来た。栃本の人は本当に良く働く人ばかりだった。豊治さんは農協の仕事が忙しく、日々の仕事はもっぱらお母さんとみのるさんが手分けしてやっていた。

　栃本に民宿ブームが来たとき、豊治さんが言いだして「民宿やまみち」を始めた。栃本で一番小さい民宿だった。豊治さんはもっぱら農協の仕事があったので、民宿はみのるさんとお母さんの仕事だった。二人の娘もよく手伝ってくれた。みのるさんは大滝電子という会社に勤めながらの民宿仕事だった。豊治さんはお酒が大好きで、客に酒をおごることも多かった。みのるさんは当時を思い出しながら言う。

「自分が飲むんで、飲んべの客ばかり来るようになったんだいねえ。困ったもんだったたんよ」と笑った。

民宿「やまみち」は栃本で一番小さい民宿だった。

　みのるさんは頑張って、頑張って民宿をやった。大滝電子を辞めて民宿一本で頑張ろうと思った。しかし、いざ退職してみたら気力が残っていなかった。今までの頑張りで使い果たしてしまったのだろう。「もう、疲れちゃったんだいねえ」とみのるさん。

　体力的にも限界だった。民宿は休業することになった。

　二人の娘が嫁に行き、遊びに行くのが今の楽しみだという。二人とも熊谷にいるので会うのに便利なんだと笑う顔に屈託がない。美味しい小梅漬けがお土産になるのだろう。

ぼた餅作り

◆二〇〇八年六月二九日取材

六月二十九日、児玉町の櫻井種子さん（九十一歳）のお宅にぼた餅作りの取材で伺った。

お宅に伺うと、昔懐かしい土間のたたきだった。天井の梁にはツバメが巣をたくさん作っている。六十年ほど前からツバメが来るようになったそうで、亡くなった種子さんのご主人が、職人さんに言ってツバメのために、玄関障子の上部一枚を開閉できるようにさせたとのこと。歴史を感じさせる家の土間だった。

緑にかこまれた種子さんの家。

昔からぼた餅とおはぎの違いについて論じられることが多いが、この二つは同じもの。春のお彼岸に食べるのが「ぼた餅」で、秋のお彼岸に食べるのが「おはぎ」だ。ぼた餅は、餡でくるんだお餅を牡丹の花に例えたもので、おはぎは萩の花に例えたもの。本来仏様やご先祖様に食べて頂くための料理なので、お彼岸やお盆に作られた。

昔は今のようにいつでも食べられる料理ではなかった。ハレの料理ということもあり、様々な作り方が各家庭で伝承されている。こし餡にするか粒餡にするか、餅米だけで炊くかうるち米を加えるか、ご飯はそのまま使うか半練りにするか、手で仕上げるか布巾やラップを使って仕上げるか、等々様々なぼた餅の作り方がある。それぞれにこだわりがあると思うが、ここでは種子さんの作り方を書く。

歴史を感じさせる土間。天井にはツバメの巣がある。

台所ではすでに鍋で小豆がゆらゆらと煮られていた。餡を作る材料は小豆。できれば地元産天日乾燥の小豆が良い。小豆一キロを洗って倍量の水に浸け、一晩置く。湯に浸ける人もいるが、種子さんは水に浸ける。小豆の種類によって水の吸い方が大きく違う。小豆の種類によっての違いは、出来上がった餡の味にも大きく影響するようだ。小豆一キロで約五十個のぼた餅の餡になる。翌朝、浸け水を捨て、新しい水と小豆を大きな鍋に入

台所では鍋で小豆がゆらゆらと煮られていた。

れ、一時間煮て柔らかくする。小豆が柔らかくなると竹で編んだ「あんこ漉し」が登場する。ハット型に竹で編んだザルで、昔は篠竹で編んだ目の細かいものを使っていたが、傷んできたので新しく注文して竹屋さんに作ってもらったもの。

「昔は篠《しの》だったんで目がこまっこかったけど、竹になったら目が粗いんで小豆の皮が少し混じっちゃうんだいねぇ……」と種子さん。

バケツに乗せた「あんこ漉し」に鍋半分の煮えた小豆を入れる。煮汁は下のバケツに落ちる形になる。湯気でモウモウとする小豆を「あんこ漉し」の中ですりこぎを使ってすりつぶす。皮だけを残して小豆の中身を下のバケツにすり落とす。少しずつ鍋の煮汁を加えながらすり落とす。種子さんの両手がリズミカルに回転し、小豆がすられていく。私も交代して小豆をすらせてもらった。すりこぎの使い方が難しい。まんべんなく手早く回転させて小豆をすろうと思うのだが、小豆が外に飛び出したりして汗をかく。

「そのくらいでいいだんべぇ」種子さんの言葉に我に返ると、額が汗でびっしょりだった。やっと半分終わった。残り半分の小豆すり落としがすぐに始まった。とにかく、熱いうちに全部終わらせなければならない。再びリズミカルな種子さんの小豆すりが始まった。小豆をすりながら種子さんがポツリポツリと昔の話をしてくれた。

亡くなったおじいさんが甘いものが好きでよくぼた餅を作った。多いときは小豆二升くらい作った。おじいさんはお酒が飲めず、甘いものが大好きで種子さんが作ったぼた餅を喜んでくれた。あんこが残ると「あんこ玉」を旨そうに食べるのが常だった。

すり終わった小豆は漉し器の中に皮が残り、中身は下のバケツに落ちた。このバケツの中身を木綿の袋に入れて水分を絞ったものが餡の材料になる。二人がかりで袋にバケツの小豆汁を入れ、その袋をシンクのまな板の上で絞る。まだ熱い煮汁があふれ出すが種子さんは構わず両手で力一杯絞り出す。とても九十一歳とは思えない力

竹で編まれたハット型の「あんこ漉し器」。

強さだ。絞った汁はそのまま捨てる。「今は買ってきたあんこでぼた餅を作る人が多いけど、昔はみんなこの方法で作ったんだいね」と種子さん。私は、こし餡作りを初めて見るので、興味深い作業だった。

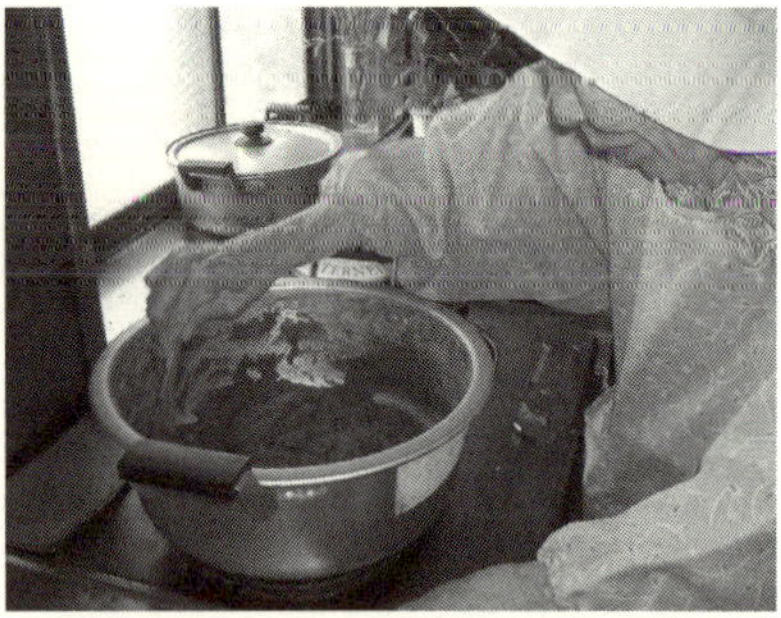
三十分くらい生餡を煮詰める。餡がはねると熱い。

袋の中に残った漉し小豆が餡の材料になる。これを鍋に入れていよいよ味付けとなる。種子さんは小豆一キロに対してザラメカップ一（二百グラム）、上白糖カップ二杯半（五百グラム）、塩小さじ二を加えた。

最初は強火で煮立たせ、その後は中火にして餡を煮詰める。しっかり絞ってもまだ水分がたくさん残っており、煮立つとゆるゆるになる。これを水分がなくなるまで煮詰めるのだから時間がかかる。焦げないように木べらでかき回しながら煮詰めるのだが、煮立った餡がボツッボツッと飛んでくるので油断は出来ない。当たり所が悪いとやけどする。

ときおり飛びはねる餡から逃げながら、煮詰めること二十分。やっと水分が少なくなって固くなってきた。種子さんに味を見てもらうと「うん、いい感じだねぇ」と笑顔が返ってきた。鍋の火を止め、そのまま置いて冷ます。冷めると餡は固くなり甘くなる。きれいな漉し餡が出来そうだ。

すでに餅米一キロが炊飯器にかけられていた。種子さんは餅米だけで炊くが、うるち米を二割くらい加えるのが一般的らしい。また、炊きあがったご飯をすりこぎで半練りにする人も多いが、種子さんは餅米をそのまま握る。炊きあがるまでの時間、種子さんに昔の話を聞くことが出来た。

種子さんは昭和七年から十二年まで東京の慶応大学前の薬局で働いていた。縁があって結婚することになった相手は、館林の航空隊の指導教官だった。ここはおじさんの家で、いずれ館林に家を持つ予定だった。

嫁に来て十八日目のことだった。新婚の夫は訓練飛行の事故で箱根に墜落して亡くなってしまった。結婚式で会っただけで終わってしまった結婚生活。十八日で未亡人になってしまった不運。「東京にいれば良かったいねえ……何もかも運だったいねえ……」種子さんは何かを思い出すようにつぶやいた。

当時は戦争で少し年上の男の人はほとんど死んでいて、男の人が少なかった。何年か後に紹介があっておじいさんと一緒になった。昭和二十二年、種子さん二十七歳の時だった。その後五十六年の生活を共にする最初の一歩だった。おじいさんは根っからのスポーツマンで、結婚の条件も「スキーだけは好きにやらせてくれ」だった。じっさい正月はいつもスキーで留守にしていた。スキーは高齢になってもテレビ観戦するくらい好きだった。利根川で兵隊さんに水泳を教えたこともあった。

学校の先生で、最後は校長を勤め上げた。不器用な人で、学校に勤めている間は家庭で何があっても種子さんに任せ、教員一筋の人だった。おじいさんが学校に行っていた間は種子さんと両親が畑仕事をやっていた。

種子さんは家を守りながら三人の娘を育て上げた。手先が器用だったので、物資の無いなかで、生地を見つけては三人の娘に手作りで着物を作ってやっていた。

炊きあがった餅米が冷めた。種子さんが鮮やかな手つきで俵型に握る。くっつかないように離してお皿に並べていく。つやつやした餅米がきれいだ。固さを見るために一口ほおばってみた。思ったより柔らかく炊いてあった。そして餡の入った鍋が運ばれてきた。いよいよぼた餅作りの最後の作業に入る。

このとき種子さんが持ち出したのは固く絞った濡れ布巾。この濡れ布巾を使って餡で餅米を包み込む。左手に広げた布巾の上にしゃもじで餡を塗る。餡を平らに広げて、その真ん中に餅米の俵を置く。布巾でくるりと包むように俵を包むと、餡が餅米の周りにきれいに付いた。

何だか手品を見ているような気分だった。昔、我が家で作っていたぼた餅は粒餡で、餡を手で餅米に付けていたので、両手が餡だらけになったことを覚えている。ぼた餅を作るのは、そんな餡との格闘だと思っていたのだが、種子さんのぼた餅作りはじつにスマートだった。私も濡れ布巾を借りて作ってみた。全部で四十七個のぼた餅が出来上がった。

自分で作ったまだ温かいぼた餅を食べてみた。餡と餅米が口中で混じり合う感覚が快感だ。餡の塩加減も素晴らしい。そういえば種子さんは餡の肝心な味は塩加減だと言っていた。その日の天気や体調で変わるものらしい、じつに微妙な塩加減。

こうして食べてみると、甘すぎない餡の奥に隠れた塩味が絶妙のバランスを作って、食べ飽きない味になっている。ペロリと三個も平らげてしまった。

次々にきれいなぼた餅が出来上がる。

ハヤトウリ辛味噌漬

◆二〇〇八年一〇月一二日取材

十月十一日に取材の打ち合わせで神川町に行った。昼に蕎麦でも食べようかと寄ったのが、城峯公園前の蕎麦処「杉乃木」だった。天ぷら蕎麦を注文して待っていると、お茶と漬け物が出された。三種類の漬け物、白菜の浅漬け、ラッキョウの甘酢漬け、そしてハヤトウリの辛味噌漬け。ひと口ずつ食べてその旨さに驚いた。出てきた蕎麦も天ぷらも美味しかったのだが、特にハヤトウリの辛味噌漬けが強烈に印象に残り、頼み込んで翌日に取材させてもらうことになった。

下久保ダムを見下ろす城峯公園前にある「杉乃木」。

翌日、お昼の予約客の食事が終わって、後片付けをしているところにお邪魔した。この店は、ご主人の神住《かみずみ》久男さん（七十八歳）と奥さんのセツさん（七十八歳）の二人で切り盛りしている。おいしい漬け物はセツさんの手になるものだった。

白菜の浅漬けはニンニクの香りがいい。ラッキョウの爽やかな甘さは氷砂糖によるものだった。ハヤトウリの辛味噌漬けは、久男さんが作る辛味噌が味の決め手だった。

口に含んだ瞬間に香りが広がり、ピリッと辛さが伝わり、噛むとコリコリという歯触りが素晴らしい。今回はそのハヤトウリ辛味噌漬けの作り方を聞いた。

突き出しで出された漬け物三種。どれも旨かった。

ハヤトウリ（隼人瓜）はセンナリウリともいう。大正時代に鹿児島に伝わり、隼人の名が付けられた。中国ではその実の形から佛手瓜と書く。五月上旬に植え、ツルを伸ばし、秋に開花、結実する。一本の茎から百個以上の収穫が出来ることもある。このハヤトウリを久男さんは十七年間栽培し続けている。珍しい野菜なので、他ではあまり見ることはない。集落でも栽培しているのは久男さんだけだ。秋にたくさんの実を付けるハヤトウリ。この実を収穫して漬け物にするのがセツさんの仕事だ。

ハヤトウリを二つに割り、樽に入れて塩を三つかみ加

自慢の辛味噌。漬け物には半分をひと樽で使う。

える。その上から熱湯を注ぎ、二日間そのまま放置する。こうすることでアクやヌルを取り、爽やかなコリコリという歯ごたえを作る。そして水を切って、久男さんが作った辛味噌で漬け込む。一週間もすると美味しい辛味噌漬けが食べられるようになる。この辛味噌が味の全てと言っていい。お店で出すとお客さんが皆「美味しい！」と言ってくれる。売って欲しいという声も多いが、今のところ売るつもりはない。他の漬け物も同様だ。

お茶を頂きながら久男さんの話を聞いた。久男さんは東京で生まれた。七歳で神住家に養子としてやってきた。神住家は江戸時代に神官を務めたほどの旧家で、家の入り口には総ケヤキ造りの大きな門がある。屋根の修理だけで百万円もかかる立派な門だ。玄関には昔から伝えられている大きな屏風もある。

生まれつき商売が好きだったという久男さんは、成長しながらその力を発揮していく。

「本当はここで大きくなるつもりはなかったんだけど、長男だったし、跡継ぎだから仕方なかったんだいねえ……」

立派な門がある自宅。畑は下の斜面にある。

秩父銘仙を仕入れて、バイクに積んで万場や中里村、上野村に売りに行った話。大宮に土地を買ってアパートを建てようとした話。マスやヤマメやイワナを養殖して、下久保コテージに卸したり、つかみ取りで楽しんだ話。一千万かけてプラントを作り、玉砂利をホームセンターに販売した話。自分の山の間伐材で今の「杉乃木」を建てた話。

全ての話に商売の基本である、自分なりの工夫が隠されている。今でも商売の話になると熱が入る。商売というよりも、人に喜んでもらう工夫と言った方がいいかもしれない。蕎麦を食べているお客さんが満足しているかどうかいつも気になるという。

そんな久男さんが作っている辛味噌が美味しくないはずがない。いったいどんな魔法をかければこんな味になるのか聞いてみた。最初は「聞いたって同じ味なんか出来ないんだから無駄だよ」などと出し惜しみをしていたが、少しずつ話を聞き出してみた。
味噌は信州味噌で、高崎の業者から買う。ラベルには「地味噌」という名前が付いていた。唐辛子は、あまり辛くないキムチ用の韓国唐辛子と、日本の辛い唐辛子を配合して使う。辛い唐辛子の量と配合を変えて、大辛（赤）、中辛（黄）、辛（緑）の三種類の辛味噌を作る。（ ）内の文字はパックしたテープの色分け。小さいパック三百円で、冬桜のシーズンには飛ぶように売れ、ひと冬で二百キロ売った事もあるという。

唐辛子は青いうちに採り、ミキサーにかけて冷凍して保存し、必要に応じて解凍して辛味噌に加工する。ミキサーは実が大きめに残る程度にかける。味噌になったときに実が残っていた方が味に変化が出るので、細かく粉砕しないようにする。まず、大きな鍋で唐辛子を油で炒める。そこに砂糖、本だし、調味料などを加え、更に炒め、味噌を加えて焦げるくらいまで更に炒める。この時にすごい臭いが漂う。近所でも「ああ、またやってるな……」というくらい唐辛子臭がするという。
この辛味噌をハヤトウリの漬け物に使うとき、固い状態を緩めるのにウイスキーを使うのが香りの正体だった。更に蜂蜜を加えて緩め、ハヤトウリを漬け込む。こういう工夫が味になるのだから、誰にでも出来る事ではない。「味噌を作るんでお金がだいぶかかってるんだから美味いはずだいねぇ」と自讃する。確かにそうだと思う。

セツさんにハヤトウリの畑を見せてもらえる事になったので車で移動する。車の中でセツさんにいろいろ話を聞いた。久男さんとは同じ年だが学年が違う。すぐ近くで育って、青年団の活動で一緒になり、結婚することになった。二十一歳の時だった。久男さんの性格から考えると、多分強引なプロポーズだったのだろう。セツさんは笑っていた。脳梗塞で倒れたお舅さんを、五年間看護したことが大変だったという。今のように看護サービスもなく、二十四時間看護を自宅で五年間続けるのは本当に大変だったと思う。今は気の合う友人と旅行に行くのが楽しみだと笑っていた。

畑は自宅の下の斜面にあった。大きな総ケヤキ造りの門を車で入り、畑に降りて行った。右に鉄パイプを組んだ大きな棚が作ってあり、ハヤトウリが青々と葉を広げていた。よく見ると、株は二つだけ。二つの株だけでこの大きな棚がいっぱいになっている。大きな実があちこちに下がっていて、まだまだ収穫の盛りのようだ。
これだけ大きな株にするには土づくりが大変だと思う。聞くと、山の落ち葉を堆肥にして、それを毎年一メート

ル掘って入れ替えているそうだ。十数年も同じ場所で育てていて連作障害がないというのも驚きだ。セツさんは
「だって、棚を動かすんはめんどくさいから仕方ないいんだいねえ……」と笑う。

大きな棚を覆うハヤトウリ。二株だけでこの大きさ。

店に戻って、久男さんにそば屋さんを開業したきっかけについて聞いてみた。久男さんが退職して五十三歳の時にこの店を作ったという。以前からこの公園にはよく来ていた。公園周辺で食べるものが少ないという客が多かったので、自分で店を出してうどんや蕎麦を食べさせてやろうと思ったのだという。

最初は店を誰かに手伝ってもらおうと思ったのだが、誰もやってくれる人はなく、会社に勤めていたセツさんに給料とボーナス分を保証するからと説得して、平成元年からセツさんに手伝ってもらっている。

セツさんは勤めていた電子部品の組み立て会社を辞めるのはさみしかったという。みんなと一緒にワイワイ過ごす時間がなくなってしまったからだ。

今まで何でも思うままに生きてきた久男さんに、それを見守ってきたセツさんの事をどう思っているのかを聞いてみた。

「感謝してるよ。何をやるって言っても反対しないから、こっちは失敗できないっていうプレッシャーは感じるけどねぇ……」セツさんも言う。

「この人はあたしが反対できないように、うまいこと言うから困るんだいねえ……」

でも、失敗出来ずにやり通すしかない状態を作るという点では、二人の合作の人生だったとも言える。ハヤトウリの辛味噌漬けもそんな二人の見事な合作だった。その味に引かれて取材を申し込んだが、期待通りの話を聞くことが出来た。久男さんの趣味が渓流釣りということもあり、釣りの写真を見ながら釣りの話に花が咲いた。好きなことをやり続けられる人生というのは本当に素晴らしい。

お店の裏手で、辛味噌漬けの樽を見るセツさん。

つきこんにゃく

◆二〇〇七年一〇月二三日取材

「つきこんにゃく」とは秩父市浦山地区の大日様のお祭りに合わせて作られるこんにゃくで、臼でこんにゃく芋をつき、木灰のアクを凝固剤として使う独特の製法で作られる。ついて作るため、こんにゃくの内部に気泡や堅い部分が残り、調理した際に独特の歯ごたえや味の含みがあり、通常製法のこんにゃくと著しく異なる味となるのが特徴。浦山、金倉耕地の中山ヱツ子さん（七十九歳）宅で、つきこんにゃく作りを見せてもらえることになり、十月二十三日の朝七時に伺った。百三十年の歴史ある家の庭には四つの大きなかまどが設置されており、それぞれに大きな釜がかけられて盛んに白い湯気を上げていた。

挨拶をして庭に向かうと息子の聡《あきら》さんが笑顔で迎えてくれた。「まあ、お茶でも飲んで、ゆっくりやりましょう」と言ってくれた。

浦山、金倉耕地。ヱツ子さんの家の前の景色。

材料は生のこんにゃく芋を使う。浦山地区で作られるこんにゃくの在来種は、三年間土の中で寝かせるので、小さくても味や膨らみが良い。しかし、近年イノシシが畑にいるミミズなどを食べるために、こんにゃく芋を掘り出してしまうので、群馬などから買うようになってしまった。

品種としては「あかぎ」と「はるな」などが多い。「あかぎ」は腐りにくく、農家にとってはありがたい品種だ。近年平均気温が上がる傾向にあり、畑の中でこんにゃく芋が腐る事が多くなった。今回の材料は「はるな」が多かったが、やはり傷んでいる部分が多かった。

芽取り…こんにゃく芋の芽の部分を小刀でえぐり取る。こんにゃくの芽にはソラニンが多く含まれるので、中毒しないように大きめに切り取る。また、傷んだ部分も削り取る。遠慮しながら皮をむくと臼でつく時に作業が大変になるので、悪いところは大胆に削り取る。ヱツ子さんは刃の厚い切り出しナイフを使っていた。

10月第4土日が大日様のお祭り。こんにゃくまつり。

芋洗い…薄い皮を洗い取る作業。昔は木桶に芋を入れ二本の棒を交差させた道具でガラガラ回して洗ったものだが、今は専用の皮むき機を使っている。「日本調理機（株）の球根皮剝機」はドラム状の内部に研磨材が貼ってあり、芋を入れ一分も回転させるときれいに皮がむける優れもの。研磨材がよく効くので、五分も回すと芋が無くなってしまうほど削れる。機械から出した芋は水道の水を流しながら仕上げの皮むきをする。洗った芋は秤《はかり》にかけ、六キロでまとめておく。

ヱツ子さんが使っている皮むき機。

芋を煮る…皮をむいた六キロの芋を大釜で煮る。大釜はぐらぐらと煮立った状態にしておき、そこに芋を入れて二時間くらい煮る。芋の大きさや種類によって煮る時間は少し変わる。六キロの芋で作ったこんにゃくが「切りだめ」という型枠にちょうどいっぱいの量になる。

芋を臼でつく…煮上がった芋を臼に入れ、杵でつく。ヱツ子さんの臼はケヤキのもので何十年も使っている。杵は堅いサルスベリの幹で出来ており、つきやすいようにわずかに内側にカーブしている。大きく力一杯つくと芋が粉になって飛び散ってしまうので、飛ばないように慎重に、細かく、何度も芋が粉になるようにつく。特に皮の部分が堅いので集中してつく。手伝いのおじさんと聡《あきら》さんと私の三人で交代しながら、三十分くらいはつき続けた。杵の柄を握った指が伸びなくなるほどの力が必要だ。

慣れた杵使いで茹でたこんにゃく芋をつくあきらさん。

湯づき…白く粉状にパサパサになり、これ以上つけなくなったところで、次の段階「湯づき」に入る。人肌かちょっと温かい（三十五度～四十度）くらいの湯をバケツ一杯（二十リットル）準備する。この湯をヒシャクで一杯づつ、臼でついた粉末の芋に加えながら均等に練る。

湯を入れた当初は柔らかいのだが、均等に練り込むとすぐに固くなる。固くなったらまたヒシャク一杯の湯を加える。この作業は本当に重労働で、ヒシャク一杯毎に交代しないと体力が続かない。交代する時は額に汗が噴き出している。聡さんは言う。
「昔からつぶすより湯づきが一番大事だって言うんだよ。ここを丁寧にやると、のめっこいこんにゃくになるんだいねぇ」

湯もみ…柔らかくなった臼の中のこんにゃくを手でもむ作業。湯をヒシャクで加えながら、両手でもみ込み、こんにゃくの固さを決める。湯を少しずつ加えながら仕上がりの状態を決めるのだが、決め手は両手で混ぜる感触だという。自分の家の味を決めるのがこの段階なので聡さんも慎重になる。湯もみの最終段階には白く柔らかいこんにゃくが臼からはみ出す程に膨らむ。この段階になるとこんにゃくはすでに食べられる。醤油をつけて食べるとじつに美味しい。

アク合わせ…バケツ一杯の湯をヒシャクで加えながら一時間。湯もみが終わると、いよいよ最大の難関「アク合わせ」になる。アクを凝固剤として混ぜ、こんにゃくを固める作業だ。アクを入れた瞬間からこんにゃくは固まり始めるのでスピードが肝心だ。また、混ぜ方にムラがあると茹でた時に分離してしまい、こんにゃくではなくなってしまう。大胆に、慎重に、アクと大量のこんにゃくを五分以内で均等に混ぜなければならない。ここで失敗すると、今まで練り上げたこんにゃくが全てダメになってしまう。

人肌に温めたアクをヱッ子さんが持ってきた。聡さんが待ち受ける臼の中にアクをヒシャクで入れる。約五合のアクを三回に分けて静かに入れる。その都度、聡さんが全身の力を使って両手で揉み混ぜる。息を飲むような緊張の時間が過ぎ、アクの琥珀色が全体に混じり、白いこんにゃくがピンク色になってくる。両手でこねる音がズボッズボッ、からサクッサクッと変わり、聡さん曰く「手が抜ける状態」（固くなり、手につかなくなる状態）になった。

型入れ…あらかじめ準備した型枠「切りだめ」にビニール風呂敷を内側に敷いて近くに置いておく。アク合わせが終わったこんにゃくを急いで型枠に打ち込む。中に空気が入らないように、強く型枠に押し込んで成型する。アク合わせが終わったこんにゃくはすぐに固く

凝固剤として使われるアク。広葉樹の灰を煮て作る。

なるので、ここは三人が力を合わせてあっという間に型入れを終わらせる。のんびりしていると、これまた分離してしまう結果になる。型入れをすませ、やっと緊張の作業が一段落する。そのまま三十分も放置するとこんにゃくは自然に固まり、切り分ける事が出来る。

湯がき…型枠の目印を基準に十等分に切り分けたこんにゃくを、あらかじめぐらぐらと煮立った大釜に入れて約二時間湯がく。焦げ付かないように大きなヘラでかき回す。

出来上がりのこんにゃくの色はアクの色で違ってくる。ヱツ子さんのアクは雑木を燃した灰を煮出して漉し、三時間ほど煮詰めて作る。出来上がったアクは美しい琥珀色で、それで作られたこんにゃくはほんのりピンク色をしている。ヱツ子さんは「うちのアクは良く効くよ」と言っていた。灰の元になった木の種類や煮詰める濃さなどによっても効きが変わってくる。芋の種類やついた量や状態によっても変わってくる。この「アク合わせ」だけは人任せに出来ないとヱツ子さんは言う。

浦山の大日様のお祭りは金倉・毛附・細久保・冠岩・川又の五耕地のお祭りだが、別名「こんにゃく祭り」とも言われている。この五耕地でも、こうしたつきこんにゃくをやっているのは二軒だけになってしまった。自分でも経験した重労働を考えれば無理もないことだと思うが、出来る限り伝統の味を守りたいという聡さんの言葉が頼もしい。ヱツ子さんのつきこんにゃくはファンが多く、今回も予約分を作るだけで精一杯だった。

「こんにゃく祭り」の主役がいつまでもつきこんにゃくであって欲しいと願うのは外の人間の勝手な思いかも知れない。これだけの重労働で一日に出来るのが三十個から四十個。日持ちしないこんにゃくという事を考えれば、その数を増やすのは無理がある。果たしていつまで、この味が残るのだろうか。

四時に作業が終わり、ヱツ子さんが調理したつきこんにゃくの煮物をお土産で頂き、筋肉痛になりそうな両腕を揉みながら帰路に就いた。

固まったこんにゃくを切り分け、大釜に入れる。

日本ミツバチの話

◆二〇〇八年一一月五日取材

埼玉県児玉郡神川町矢納、冬桜で有名な城峯公園のほど近く、山深い集落の最奥に山口一夫さん（七十五歳）の家があった。十一月五日、日本ミツバチの採蜜を見せてもらう為に伺った。一夫さんは庭先で鋸のサビ落としをしていた。挨拶をすると、家に招かれ、奥さんの文子さん（七十歳）がお茶を入れてくれ、色々な話に花が咲いた。日本ミツバチと西洋ミツバチの違いなどの話を一夫さんから聞いた。

道の一番奥に一夫さんの家があった。

日本ミツバチは年に一度だけ採蜜する。西洋ミツバチは訪花の一定性があって、花毎の蜂蜜が採れるが、日本ミツバチは全部の花蜜が一緒になったものしか採れない。全ての花蜜が混じっているから美味しいのだという。買うと値段も五倍くらいする。

しかし、大々的に蜂蜜を採るのは西洋ミツバチがほとんどで、日本ミツバチは山間部で自家消費用に細々と飼われているにすぎない。一夫さんは日本ミツバチの養蜂を十五年くらいやっている。毎年新しい巣箱を作り蜂蜜を採るが、売るほどは採れない。

話が一段落したところで巣箱から採蜜することになった。一夫さんの巣箱は自宅二階の屋根に設置してある。屋根に登って巣箱を見る。蜂はいない。聞くと、事前に硫黄を燃して追い払っておくのだそうだ。巣箱は桐の丸太をくりぬいたもので、太さ三十五センチ、高さ五十二センチの大きさだった。巣箱を二階から下ろして中をのぞき込む。巣は天井板からぶら下がるような形で何層にもなっている。日本ミツバチの巣箱をのぞき込んだのは初めてだったので、どう蜜が溜められているのか興味深かった。

巣箱をのぞき込んだ文子さんが「あら、今年は少ないみたいねえ……」とつぶやいた。

一夫さんが、先ほどサビ落としをしていた鋸を差し込んで巣の両

ミツバチの巣を下ろして、中を確認する一夫さん。

側を切り離し、巣を取り出した。大きなボールに入れた巣を見る。一夫さんはバラバラと中身の無い部分を折り取って捨てる。「なめてみるかい？」とキラキラ光る巣をひとかけら渡された。口に入れると鮮烈な甘さが広がった。「うわ、甘っ……何ですか、これ……」今まで味わった蜂蜜とは格段に違う甘さで驚いた。

一夫さんは次々に巣を取り出してボールに重ねていく。ボールが蜂の巣でいっぱいになった。

「今年は良くないねえ……いつもだったら三升くらいは採れるんだけんどねえ。この辺は杉が多いんで少ないけど、いい木がある所だったら五升くらいは採れらいねえ」

死んで巣に残った蜂や蜂の子をつまみだし、蜜の多い部分だけを残して捨てる。

「蜂の子があると味が濁らいねえ。それに、後で蜂蜜が傷む原因になるからねえ……」

ビニール手袋をしてボールの巣を両手でつぶす。つぶした方が蜜が出やすくなるからだ。両手の手袋が蜂蜜まみれになる。ボールの蜂蜜と潰された巣の固まりを布に移してヒモで縛って天井から吊ると、下に置いたボールに蜂蜜がサアーっと落ちてくる。糸を引くように落ちてくる蜂蜜を見ていると不思議な気持ちになる。この蜜を、あの小さなミツバチが一年かけて集めてきたのだ。一年分の山の恵みが今したたり落ちる。

巣を砕いている一夫さん。これを布に包んで吊る。

粗い目の布から絶え間なく流れ落ちる蜂蜜。絞り終わるのは何時間もかかる。力を加えて絞ることはなく、あくまで自然に落ちるのを待つ。遠心分離器などを使うことなく、蜜が採られていく。これを再度木綿の袋で絞ったものが家に保存されることになる。

蜂蜜を落としている時間に炬燵でお茶を飲みながら二人の話を聞いた。一夫さんは上流の上野村出身で二十九歳の時に結婚してここに来た。「家つきだったんさあ……」と笑う文子さん。「おとうさんは上野村の出なんで、昔の事をよく知ってらいねえ……」一夫さんは造園の仕事を昭和三十五年からやっていた。最初は一人でやっていたのだが、平成になってから会社に入って造園の仕事をした。主に石組みの仕事をしていた。

経験がものをいう石組みの現場で若い人を指導するのは大変な仕事だった。三〜四人組で仕事をするので休むことがなかなか出来なかった。この仕事が七十二歳まで

炬燵でいろいろ話を聞かせてくれた文子さん。

続いた。

今は退職して悠々自適の生活をしている。

日本ミツバチの養蜂を始めたのは十五年前、会社の人に教わって始めた。その人は、遠く福島県まで行って分蜂群を集めてくるほど熱心な人だった。日本ミツバチは山野に生息しているミツバチを巣箱に取り込んで飼育する。春の四月から五月にかけて古い巣から出て分蜂する性質があるので、ミツバチの巣がある場所やミツバチが良く飛んでくる大きな木の下などに巣箱を置いておくと、運が良ければその分蜂群が入る。慣れてくると七～八割の確率でミツバチの群れを手に入れる事が出来る。

ミツバチの天敵はスズメバチだと思ってその事を聞いたら、一夫さんから意外な言葉が返ってきた。「一番の天敵は巣虫《すむし》だいねえ。巣の下に落ちた巣のくずから涌くんさあ、でかくなると四センチくらいにならいねえ。巣をみんな食っちまうんさあ。そいつが入るとミツバチは巣を捨てるんだいねえ。あれが一番の天敵だなあ……」

巣虫を防ぐにはまめに巣を掃除するしかない。まれにハクビシンやササグマ（アナグマ、マミ、ムジナともいう）が蜜を食べに来る。ツキノワグマはここでは見かけない。イノシシやシカは蜂蜜を狙わない。

日本ミツバチの特性なのだが、キイロスズメバチやオオスズメバチを集団で撃退する方法を身につけている。集団で襲いかかって蜂玉となり、胸の筋肉をふるわせて高温を発生させ、殺してしまうのだ。その手段を持たない西洋ミツバチは、スズメバチにおそわれると全滅してしまう。特にオオスズメバチは脅威だ。対抗手段を持っていると言っても、何度も襲われれば巣を捨ててしまうのも日本ミツバチの特性だ。巣を捨てさせないようにする為、巣の近くに蜂トラップを仕掛ける。砂糖、酢、酒、オレンジジュースなどで作った液体をペットボトルに入れ、穴を開けて誘引するものだが、不思議な事にミツバチは掛からない。スズメバチや昆虫だけが中に入る。

ひと休みした後、一夫さんが巣箱を作るというので手伝った。一夫さんが用意したのは太さ二十七センチ、長さ六十センチの桐の丸太。まずはチェーンソーで丸太の中央をくり抜く作業にかかる。両側から何度も刃を突っ込み、中央の芯をくり抜く。丁寧に確認しながら何度も突っ込みを入れる。ちょっと加減を間違うと切り出してしまい、元も子もなくなってしまうので、細心の注意を払ってチェーンソーを扱い、太い芯を抜く。次は「突きノミ」という鉄の棒で少しずつ内側を削る。この「突きノミ」は百五十センチの長さで、重さは約五キロはあろうかという、鉄の棒の先が鋭い刃になっているもの。これを両手で持って、狙いを定めて突く。食い込むとなかなか抜けず、大汗をかく。何度も突いていると両腕がパンパンになって、額から汗が噴き出してくる。上着を脱いで、額にタオルを巻いて突き続ける。一夫さんは七十五歳の体でこの鉄棒を扱うのだから凄い。「これは冬の寒い日にやるんがいいんだいねえ。こんな暖かい日には汗ぇかいちゃわいねえ……」交代しながら少しずつ削る。両側から削って、大きな塊が削れると「おお～～取れたあ……」と声が出て、達成感が湧く。

チェーンソーで丸太を突き抜く一夫さん。

あらかた突きノミで削ったら、次はバールをハンマーで叩いて、少しずつ削る。両側から少しずつ削り、厚さを四～五センチくらいにする。これも根気のいる作業だ。

「本気で一日やって、一個出来るかどうかだいねえ……」と一夫さん。

バールで削り終わったら、最後の仕上げはバーナーを使って内側を焼く。内側を焼いた丸太の天井部分に板を取り付け、密閉するのが次の作業だ。今回はそこまで出来なかった。内側を焼くのは不自然な匂いや感触を無くし、ミツバチが自然に入り込むようにする為のもの。もちろん消毒の意味もある。ミツバチは薬品臭を極端に嫌うので薬品での消毒や防虫が出来ないからだ。

「もういいだんべえ。休んべえや。汗ぇ拭きないね……」と一夫さんから声がかかり、休むことにした。炬燵に戻り、お茶を頂く。巣箱を一つ頂けることになったので真剣にその使い方を聞く。果たして、まったくの素人に日本ミツバチが飼えるのか??

何だか、とてつもなく大きな宿題を抱えたような気分になった。

作業を終え、最後に道まで送ってくれた一夫さん。

吊るし柿作り

◆二〇〇七年一一月一三日取材

十一月の晴れた日、小鹿野の田嶋ヨネ子さん（七十九歳）宅に伺った。「吊るし柿」を作るという事だったので、その取材をさせてもらう為だった。

家からちょっと離れたところに田んぼがあり、柿の木はその田んぼの畦に植えてあった。十九年ものの蜂矢《はちや》だそうだ。俗に、桃栗三年柿八年といい、柿の木は実が成るようになるまでが他の果樹に比べて長い。また、実の成る年と成らない年があり、毎年収穫できるものでもない。今年は期待以上に良い成りだったという。

大きな渋柿「蜂矢」、甘くて美味しい干し柿になる。

去年は不作で、柿に限らず実ものはほとんど成らなかった。そういう年は山の木の実も成らないので、猿や熊が里まで出てくることが多い。今年は今のところ昨年ほどの被害は出ていない。昔は成った柿をどこの家でも吊るし柿に加工して軒先に干したもので、この地方の冬の風物詩でもあった。しかし最近は人手がないせいか、柿の実をそのまま放置する家が多くなった。

晩秋の山里に実る赤い柿の実。風景としては美しいのだが、山の獣が里に出てくるのは、こうした柿の実を求めてのことが多い。また、樹上で完熟した柿は野鳥の大好物であり、獣や野鳥にしてみれば飽食の現代人に大感謝というところだろうか。

田んぼの畦の柿の木は、十九年ものとはいえまだ小さく、手が届く範囲に実が成っていて、柿採りは楽なものだった。

昔は木に登り、長い竹竿を駆使して一日仕事で柿を採ったものだった。長い竹竿の先は二股になっていて、その先で器用に柿の付いた枝を折り、落とさないように地上に運ぶのが難しい技だった。上手く挟めないと柿は地上に落下し、穴が空いたり割れたりした。上手に柿が採れると誉められたものだった。

柿の木は折れやすいので、体の軽い子供が木に登って柿採りをさせられた。木の上で枝が折れ、地上に落下したり、落下しそうになった経験は誰でも持っていた。枝の上で精いっぱい体を伸ばして柿を採るのだから仕方ないことでもあった。

柿を採るヨネ子さん。木が小さいので楽に採れる。

今では大きな柿の木の実を苦労して採る人は少なくなった。年寄りには危険だし、手間も時間もかかる。冬が暖かく、干し柿が昔のように出来なくなった事も影響している。

柿の実は全部採りきらず必ず何個か残す。

ヨネ子さんは言う

「昔から【木《き》守《まも》り】って言って、いくつか残しておくんだいねぇ。全部採っちゃあいけないんだいね……」

自然の恵みを収穫し感謝するとともに、動物たちへの配慮で実を残すことを【木守り】という言葉で表現する。最後に残った柿を採ろうとして木から落ちたりする事故を防ぐ意味もあったのかもしれない。昔、雪が降った朝に熟れた柿の実をついばむヒヨドリが集まって、ピーヨピーヨとにぎやかだった事を思いだした。真っ白な雪をかぶった赤い柿の実が、青空に映えてきれいだった。

採ってきた柿は枝をTの字に剪定し、ヘタをむしり取り、皮をむく。昔は専用のピューラー（皮むき器）があって、それを使っていたが、ヨネ子さんは包丁でむく。私も一緒に包丁で皮をむく。リンゴの皮をむく要領で次々に皮をむいていく。

皮むきをしながら昔話に花を咲かす。若い頃の話や苦労した話などなど。日当たりの良い玄関先で作業しているとポカポカと暖かく、眠気を誘うが、ヨネ子さんの昔話が楽しくて時間を忘れた。目の前には皮をむいた白い柿がどんどん山になっていった。

ここでヨネ子さんにちょっとしたアクシデントが発生。包丁の角で指を傷つけてしまったのだ。ヨネ子さんが独り言のように言う。「刃物を使うときにはナムアミダブツを三回唱えてから頂くんだったいねぇ……うっかり忘れちゃったいねぇ、まったくうっかりだいねぇ……」指にカットバンを貼りながらつぶやいていた。

小さな柿の木二本でバケツ四杯もの柿が採れた。

秩父音頭の歌詞に「秋蚕《あきご》仕舞うて麦蒔き終えて、秩父夜祭り待つばかり」と歌われているように、秋蚕が終わり、麦まきを終えて、吊るし柿作りが終わると楽しみだったのはお祭りだった。

　秩父にはたくさんのお祭りがあるが、中でも大きいのが【秩父夜祭り】。昔は小鹿野から歩いて出かけたという。それが終わると飯田の八幡様。別名【鉄砲祭り】とも言われる勇壮なお祭りも歩いて見に行った。

　昔は今よりずいぶん寒かった。夜祭りの時などは足が凍るのではないかというくらい寒かった。今は昔と比べてずいぶん暖かい。お祭りを見に行くのは楽だが、干し柿などは良いものが出来なくなった。干し柿作りは寒い方がいい。

皮をむいた白く艶やかな実が山積みになっていく。

　足元のバケツにむいた柿の皮がどんどん溜まっていく。昔はこの柿の皮を干して食べたものだった。ほんのり甘い干し皮は子供達のいいおやつだった。干したサツマイモや柿の皮は貴重な甘いおやつで、誰のポケットにも入っていたような気がする。

　ヨネ子さんのお姉さんは甘味料として大根を漬ける時に一緒に干した柿皮を漬けていたそうだ。昔の人は何でも利用したとも言えるが、考えてみると果物の栄養分は皮に多く含まれていて、特に赤い色素のベータカロテンは皮に多い。皮を食べるのはとても理にかなっている行為なのだ。しかし、今は干す場所も手間もなくなり、柿の皮は捨てられるだけの存在になってしまった。

　皮をむいた柿は六十センチくらいのビニールヒモの両端に結びつける。昔は庭のシュロの葉を細く裂いてヒモ状にしたもので縛ったものだが、今は丈夫で簡単なビニールヒモを使う。柄が取れてしまった柿は棒を刺してそこに結びつけるか、針で糸を通すようにヒモを通して吊るす。同じような大きさの柿を揃えないと吊るした時にバランスが悪い。今年の柿は出来が良く大きい。手の感覚で重さを揃え、全ての柿をヒモで結ぶ。

　この段階でカビ予防の為に熱湯に十秒くらい浸すという地方もあるが、秩父では熱湯に浸けることはなかった。

　私の家の渋柿には蜂《はち》矢《や》と鶴《つる》の子《こ》があった。蜂矢は大きいので二個

むいた柿の実はビニールヒモで二個ずつ結ぶ。

をヒモで結んで振り分けのように竿に掛けて吊るした。鶴の子は蜂矢より小さいので、縄の目に柄を差し込んで一メートルくらいの長さで振り分けで吊るした。どちらも十一月末から家の軒先に吊るし、寒風にさらし、十二月中旬から乾燥具合を見ながら屋内に移した。屋内で熟成と乾燥を進ませると、正月ころには表面に白い粉《こ》を吹いて美味しい干し柿になる。

　するめや餅などと並んで正月の歳神様のお供えに欠かせない山里の恵みだった。おやつやつまみ、料理の甘味として利用され、お土産としても価値の高いものだった。

　ヨネ子さんは柿を納屋と母屋の間の軒下に吊るす。昔は納屋の日の当たる正面に吊るしたのだが、猿やヒヨドリに食べられてしまう事が多くなったので、日陰だが風通しの良いこの場所に変えた。昔のように動物が遠慮しなくなったので、干し柿作りも大変だ。

雨が当たらず、風通しの良い場所に吊る。

　振り分けにして干してあるので、ヒヨドリが一つを食べると、もう一つは反対側にずり落ちてしまい、両方ダメになる。納屋と母屋の間だったら鳥も猿も入ってこない。

　正月頃までに出来上がった干し柿は、楽しみに待っている親戚に送る。柔らかくてほんのり甘い干し柿はとても喜ばれる。干し柿にすると、カロテンが二倍になるそうで、食物繊維が豊富ということもあり、すぐれた健康食品として注目されている。

　今、小鹿野町では半乾燥の干し柿として「アンポ柿」作りを農協が主導している。室内の扇風機で乾燥する干し柿なので、気候・天候に関係なく商品が作れるメリットがある。昔ながらの吊るし柿は徐々に少なくなってきている。

　山里の風景として民家の軒先に吊るし柿がある景色は郷愁をさそう。冬の到来を前に最後の紅葉の山々を背景に、しゃくし菜を干し、柿を吊る光景は秩父の風物詩とも言える景色だった。どの家でもやっていた。そんな風景が少なくなりつつあるのを寂しく思うのは、外の人間の勝手な思いかもしれない。

　でも、子供の頃、皮をむきながら熟した部分をかじったあの味や、出来上がる前の柔らかい干し柿を盗み食いしたあの味は今も忘れることができない。

羊の毛刈り

◆二〇〇八年一月二九日取材

一月二十九日、小鹿野町松坂。大塚栄《さかえ》さん（七十四歳）の家は山際にあった。

今日は、昔懐かしい羊の毛刈りについて聞くことになっていた。約束の時間に伺うと、栄さんは我々を炬燵に招き入れてくれた。今にも雪が降りそうな寒さだったので、遠慮なく炬燵に入らせてもらった。

奥さんのつや子さんが「掘り炬燵だから、足を出しておくんない」と声をかけてくれる。掘り炬燵の暖かさがありがたかった。小学生の頃、私の家では一～二頭の羊を飼っていて、毎年四月に毛を刈りに来てもらっていた。

栄さんの家は小鹿野町、松坂の山際にあった。

職人さんの鮮やかなバリカンさばきで羊の毛が刈られ、あっという間に山羊のようになってしまうのを、魔法を見るかのように目を丸くして見ていたことをよく覚えている。真っ白な毛の温かさや、ちょっと湿った脂っぽい感触などが懐かしく思い出される。

挨拶を交わし、昔話をしているうちに、栄さんが私の家の毛刈りをしていたことが分かった。何ということだろうか、私が小学生の頃見ていた職人さんは栄さんだったのだ。

「三田川一帯が俺の担当だったからねえ、他にはやる人はいなかったんだから、間違いなく俺が行ってらいねえ」あの時見た鮮やかな手並みは栄さんの技だったのだ。昔を思い出しながら一気に話の花が咲いた。

暖かい炬燵に入って話を聞いた。

栄さんは高校を出てすぐに羊の毛刈りを始めた。毛刈りはカネボウの請負で、日の沢に代理店があった。昭和二十九年から始めて、昭和四十一年までの十二年間がこの地方で栄さんが毛刈りをした期間だった。私が一歳から十三歳までの子供時代と重なる。

栄さんが刈った羊の毛はカネボウが買い上げた。栄さんは家々を巡回してサービスで羊の毛を刈り、毛の重さ分で決められたウール地や毛糸と交換をするのが仕事だった。この時代はまだ衣服は粗末なもので、栄さんが持っているウール生地見本帳は家々の女性達には垂涎の的だった。四月から五月にかけての年に一度の栄さんとの交渉が女性達の大きな楽しみでもあった。「今年はおねえちゃんの服だから、あんたの服は来年だよ」というような会話があちこちの家で交わされていた。

　交換の他に純粋な買い上げもあったようだ。私の家などは貧乏だったので、たぶん現金に換えていたのではないかと思う。しかし、我が家にもウール地のサンプル帳があったのを覚えている。綺麗なチェック柄の五センチ角の生地見本帳はまるで宝石のような輝きを放っていた。姉が大事にしまっておいたのを夏休みの工作に使ったのがばれて、大目玉をくらったことを思い出す。あのウール地の鮮やかなチェック柄と、しなやかな感触は別世界への誘惑にも似ていた。

昔を思い出しながらいろいろな話をしてくれた栄さん。

　ウール地や毛糸だけでなく「みやこ」という毛糸の腰巻きと交換する人も多かったそうだ。羊一頭で約四キロの羊毛が取れる。カネボウはそれを百五十円で買い上げた。

　当時、山仕事のボサまるきが一日やって二百五十円くらいにしかならなかったから、すごい副業だったことになる。タバコが一箱四十円の時代だった。カネボウとの請負は独占で、誰でも出来るものではなかった。栄さんの実直な人柄が認められて、この地区の代理店になれたのだと、つや子さんは誇らしげに言う。

　栄さんは当時の四Hクラブ（Head、Heart、Hand、Healthの頭文字を取って名付けられた農村青年クラブ）の会長をやるなど、今で言う若手オピニオンリーダーでもあり、演説なども上手かった。まだみんなが自転車に乗っている時、栄さんは自転車オートバイに乗って軽やかなエンジン音を野山に響かせていた。たいそう格好良かったそうだ。

　自転車オートバイに乗る前は自転車で山奥まで行っていた。三田川の最奥、坂本地区まで行くと帰りはもう真っ暗になった。当時は舗装もされていないデコボコ道だったので、夜の自転車はたい

奥さんのつや子さんがにぎやかな合いの手を入れる。

そう難儀だったそうだ。自転車オートバイに乗るようになってずいぶん楽になったと栄さんは言う。それでも中津川の奥まで毛刈りに行くのは大変だった。朝早く出かけても、帰りは夜中になってしまった。

羊の毛刈りは四月から五月にかけてやらなければならなかった。作業服に手っ甲を付けて長靴を履き、自転車オートバイで家々を回った。一日に十軒から十五軒くらいしか回れなかった。アルマイトの弁当箱に米の飯とおかずを詰め、昼はあうんの呼吸でお茶などを出してくれる家で食べた。たまに温かいみそ汁などをごっつおになることもあった。栄さんに言わせると、歩いていれば休ませてくれる家は自然と分かるのだそうだ。顔なじみだし、待っている家も多かったし、楽しい副業でもあった。

羊の毛は多くはムシロの上で刈った。私の家では戸板で囲いを作ってその中で刈っていたように記憶している。まず、羊を座らせるようにして胸の毛から刈り始める。羊も心得たもので暴れることはなかった。胸を刈って腕、足、腰、背中と刈る。素人と違い、栄さんが刈った毛は、まるで羊がセーターを脱いだかのようにひとかたまりになっていた。

この毛を丸めて重さを計る。重さによって交換の内容が変わるから、この時だけは双方真剣になる。「何貫目だから何にする？」と交渉が始まる。年に一度の交渉は時間がかかる。決まると、内容を三枚複写の伝票に書き込む。栄さんと客とカネボウが同じ伝票を保管することになる。多い時で二百軒の家と契約を結んだという。それだけ羊がいたのだ。

毛刈りをしていた頃、弟とくつろいでいる栄さん（右）。

刈った羊毛は南京袋に詰めて懇意の家で預かってもらった。「これ、後で持ちに来るから取っといてくんない」と頼むのが常だった。毛刈りが終わってから、その南京袋を集荷して自宅の二階に運んだ。羊の毛は汚れたままなので、大量に集めると、その匂いが凄かった。日の沢の代理店からオート三輪が来て運んで行くまで、その匂いは家にまとわりついた。つや子さんによると、仕事柄とはいえ結構きつかったらしい。

当時はほとんどの家が羊や山羊や牛や豚や兎や鶏を飼っていた。その餌の確保はだいたい子供達の仕事だった。毎朝四時頃に起きて、カゴを背負って山に入り、草刈りをしてくる。早く起きないと近場の草がなくなり、遠くまで歩く羽目になる。だから自然と早起きになる。その当時は田や畑の畦などはきれいなものだった。山道も裸足で歩けるほどきれいだった。羊は羊毛を、牛や山羊は乳を、鶏は玉子を、兎は毛皮を、豚は肉を与えてくれた。それぞれの糞は堆肥となって畑を豊かにした。何もかもが循環していた。

　結婚のいきさつについて聞いてみた。栄さんは毛刈りの仕事を始めてから三年後につや子さんと結婚した。つや子さんによると、栄さんはずいぶん積極的で強引だったらしい。自転車に乗っていたつや子さんを見初め、追いかけてきたのだそうだ。羊など飼っていないのに、家に来て、縁側でお茶を飲んでいることも多かったそうだ。つや子さんには当時好きな人がいた。その人は遠く千葉の自衛隊に入隊していた。その彼氏がいない隙に「誰かさんにやっつけられたんさあ」とつや子さんは笑う。「そんなことまで言うことたあなかんべや……」栄さんも一緒に大笑いする。親の反対など押し切っての結婚だったらしい。当時としては珍しい事だ。見合い結婚が普通で、恋愛結婚という概念はまだ一般に浸透してなかったと思う。栄さんの進取の気質が分かろうというものだ。

　昭和三十八年、カネボウは防府ナイロン工場を稼働させた。時代が大きく変わろうとしていた。薪炭は石油やガスに変わり、竹ザルはプラスチックに変わり、絹やウールの天然繊維はナイロンやテトロンの合成繊維に変わっていった。また、外国産の安い羊毛が大量に輸入されるようになった。高度経済成長という大きなうねりが日本中を包み込んでいった。全ての価値は「いくらになるか」で判断されるようになり、新三種の神器が脅迫のように宣伝され、人々の物欲をかきたてた。子供達は金の卵ともてはやされ、都会の工場へと送り出されて行った。

　そして昭和四十一年、カネボウの羊毛買い上げが終了となり、羊の毛刈りの仕事が終わった。残された羊の毛を刈ってくれと頼まれることも多かったが、契約終了と同時にバリカンも返納してしまったので、栄さんにはどうすることも出来なかった。

　そして山里から羊の姿が消えていった。何もかもが変わり始める前兆のように。

外は今にも雪が降り出しそうな天気だった。

わらぞうり作り

◆二〇〇七年三月一〇日取材

三月十日小鹿野町原町の、とある農家のガレージで、小学生の為のわら草履《ぞうり》作り教室が始まろうとしていた。作り方を教えてくれるのは、近所に住む中村徳司さん（七十五歳）。四月の小鹿神社《おしかじんじゃ》例大祭で子供達が履くわら草履を、自分の手で作ろうという主旨で行われる教室だった。

事前に取材したい旨を連絡しておいたので徳司さんに挨拶すると、徳司さんはすぐに私の為にわら草履を編んでくれた。いろいろ説明しながら鮮やかに両手を操り、あっという間にひとつのわら草履が出来上がった。

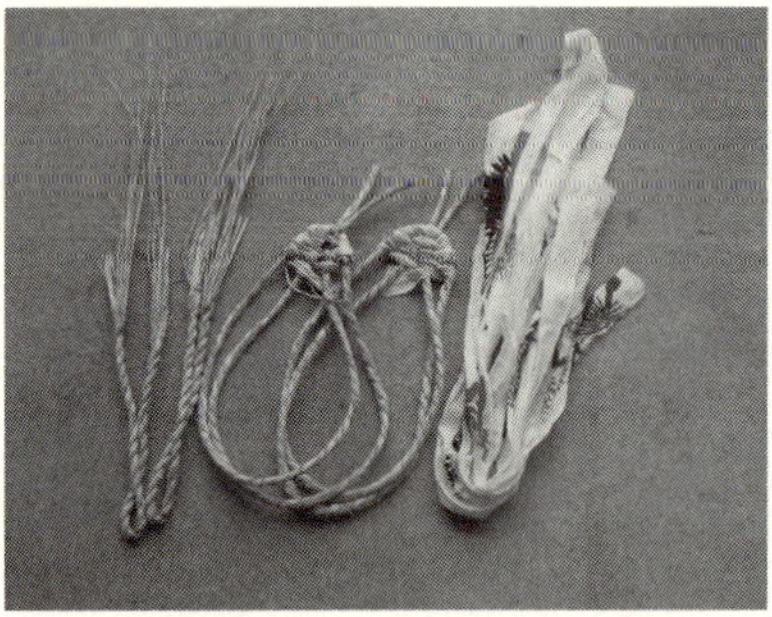

徳司さんが準備した、子供達のぞうり作りキット。

まるで手品を見ているかのようで、実際のところ作り方はちんぷんかんぷんだった。

これは実際にやってみるしかない、と思い徳司さんにお願いして、小学生と一緒になってわら草履作りに参加することにした。

草履作りに使うわらは事前に湿らせて、わら叩きでよく叩いておく。こうすることでしなやかに編むことができる。昔はトウモロコシの皮（実を包んでいる皮）や笹の葉で草履を編むこともあったそうだ。これらは軽くて、とても具合が良かったらしい。トウモロコシの皮で作った草鞋《わらじ》や草履だったら、ふかふか柔らかくて履き心地も良さそうな気がする。

わら叩きと、あっという間に作ってくれたわらぞうり。

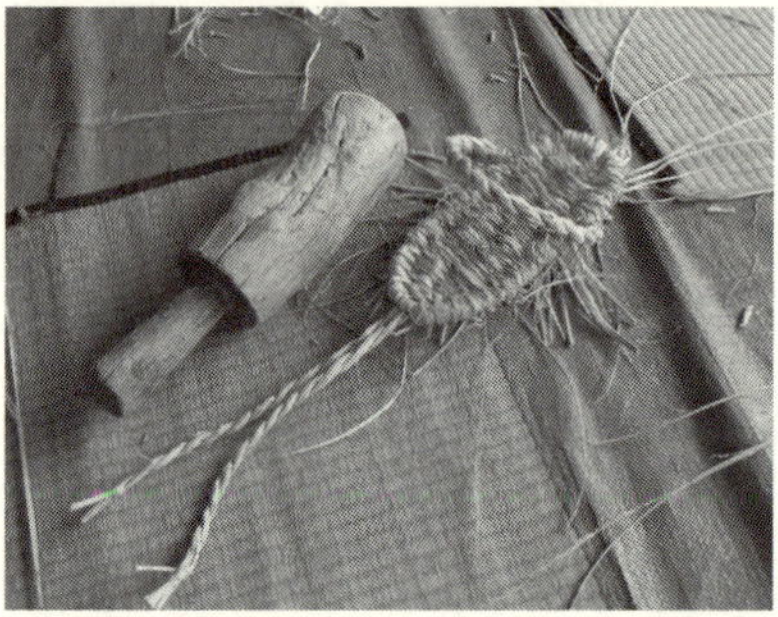

子供用に爪先だけは先に編んでおいてくれたもので作り始める。爪先部分は補強の為に布をわらと一緒に編み込んである。さて本番、わらを三本揃えて編み始める。四本や五本でも良いらしいが、三本が一番きちんと出来て具合がいいらしい。

両足の親指にかけた四本の縄を縫うように編み込み、わら尻は底側に行くようにし、すぐに新しい三本を加えて編み続ける。わらの頭部分もかならず底側に行くように編み始める。
四本の縄の間に左手の指を入れておき、わらを一往復させる毎に機織りの要領で手前に強く引いて締め込む。わらを編み込む時に強く引くと草履の幅が狭くなってしまうので、左の指は幅が狭くならないようにするためのガイドでもある。

みんなでワイワイ言いながら作り始める。

私の足に合わせると十四センチくらい編んだところで鼻緒付けをする。鼻緒用に作ってある縄を爪先センターで合わせ、自分の足のサイズに合わせ、鼻緒の長さを決める。決めた位置まで縄をほぐし、ほぐした縄でわらを編むように編み込み、最後の部分で鼻緒の元部分を締め込んで強化する。左右を同じ要領で止めて鼻緒の原型が出来た。

更にわらで五センチくらい編み、かかと部分の補強のためにわらと布を合わせて編み込む。この布は手ぬぐいを裂いたものを使っているが、色を好みの色にすると爪先とかかとにおしゃれな色を付けることが出来る。

編み終わったら、中央に折り返していた二本の縄を強く引いてかかとを作る。この時、かかと中央に当たる部分が凹むようにして引き締める。こうすると歩きやすさが格段に違う。底のバリをハサミで切り揃えて、わら草履の原型が完成した。

この原型を焚き火の火で焼いて、表面のバリを滑らかにする。ハサミで切ると足の裏に刺さったりするので、足に当たる側は火で焼いて滑らかにするのが良い。裏の畑にドラム缶を切った焚き火場があり、そこに火を起こす。

寒いガレージでの作業が続いていたため、子供達は焚き火に群がり、歓声を上げながら暖を取っている。炎が立ち上がったところで徳司さんが一つずつ焼いてバリを取ってくれた。草履本体に火が付かないようにサッと炙る程度で焼く。わらが湿らせてあるので本体には火が付かない。

コンクリートの上にシートとゴザだけなので冷たい。

さて、作業はいよいよ佳境に入る。鼻緒付けだ。ここがきちんと出来ないと草履の意味を為さない。ここで登場するのが「緒通《おどお》し」だ。竹を薄く裂き、滑らかに研ぎ、上部に挟めるような部分を作った道具だ。これを使って鼻緒をすげる。

鼻緒になる布を中央で二つ折りにして、緒通しで裏に通し、輪を作る。

草履爪先の二本の縄を十センチくらいに切り、半分くらいの量を根元から削り取り、かかとに向かって折り返し、鼻緒の布で出来た輪に通す。

鼻緒になるヒモを上に強く引き、底の縄を固定する。ヒモを縄をなう要領で三〜四回ねじり、鼻緒になる縄の中央にかけて止める。縄をねじって裏側に再度縄をなう要領で三〜四回ねじる。これを緒通しで底に抜いて、先の固定した縄に通して止めれば完成だ。

書くのは簡単だが、やってみると難しい。緒通しがうまく通らない。通ったのはいいが、縄をなった事がないので、縄のようになうことが出来ない。両手の平をこすり合わせるのだが、滑るばかりでねじれてくれない。

子供達からやいのやいのの囃し声や笑い声を浴び、最後は指でねじって止めてしまった。縄をなう練習もしておかないとまずい。子供達は先生が作るのを見てるだけ。この部分は肝心要の部分なので、子供達に任せる訳にはいかないとのこと。飾って置くのではなく、実際に使うのだから当然のことだ。

ただ、先生と私しかやっていないものだから、私の下手さがそのまま子供達の笑いを誘うことになってしまい肩身が狭かったが、最後は開き直った。

鮮やかに手本を示してくれる徳司先生。

九時から始まった教室はちょうど昼で終わった。その間、徳司さんから色々な話を聞くことが出来た。

こうして作った草履やわらじも実際に履くと三日間くらいしか持たないそうで、ずいぶんたくさんの草履やわらじを作り置きしたそうだ。慣れると一足作るのに一時間くらい。草履もわらじも同じくらいの時間で出来る。わらじは鼻緒がないので手間がかからないが、構造が複雑なので時間がかかる。結局どちらも同じ時間がかかるとのこと。

わらは湿らせて作るのがコツだが、急ぐ時はお湯に浸して作った。使う前にも湿らせる事が長持ちさせるコツのようだ。特に渓流で釣り人が使うわらじは、履く前に必ず湿らせる事が必要だと言っていた。

昔は学校にもわら草履で行った。通学に靴を履くようになると、今度は上履きとして使っていた。学校の廊下にロウを塗り、わら草履で滑り比べに興じ、先生によく怒られた。怒られても怒られても、廊下での滑り比べは続けられたという。

小鹿野小学校には四年生の時に「名人に聞く」という授業があって、地元のもの作りの名人が登場して実技や話をしてくれる。

わら草履作りの名人とか、門松作りの名人だとか、様々な名人が小学生と交流している。これはじつに素晴らしいことだと思う。小学生が昔の技に触れる機会はどんどん減っている。小鹿野や秩父といえども東京と同じ生活が出来る現在、昔の技が残っているうちに見せておく事が、どれだけ大事なことか。

ほんの三十年前に行われていたことが、次々に無くなっていく時代だからこそ、大切な授業だと思う。ただ、参加する小学生がどう思っているかは聞きそびれた。

今回の、お祭りで履くわら草履を作ろうという話もそういう一環で行われていることだと思う。

「なにもわら草履でなくてもいいと思うんだけどねえ……」と徳司さんは言いながらも嬉しそうに話してくれた。小学生が自分で作ったわら草履を履いてお祭りに参加する。これが恒例化すれば、わら草履作りの技術が継承されることになる。にぎやかに、楽しそうにわら草履作りに興じる小学生に混じって元気をもらった一日だった。

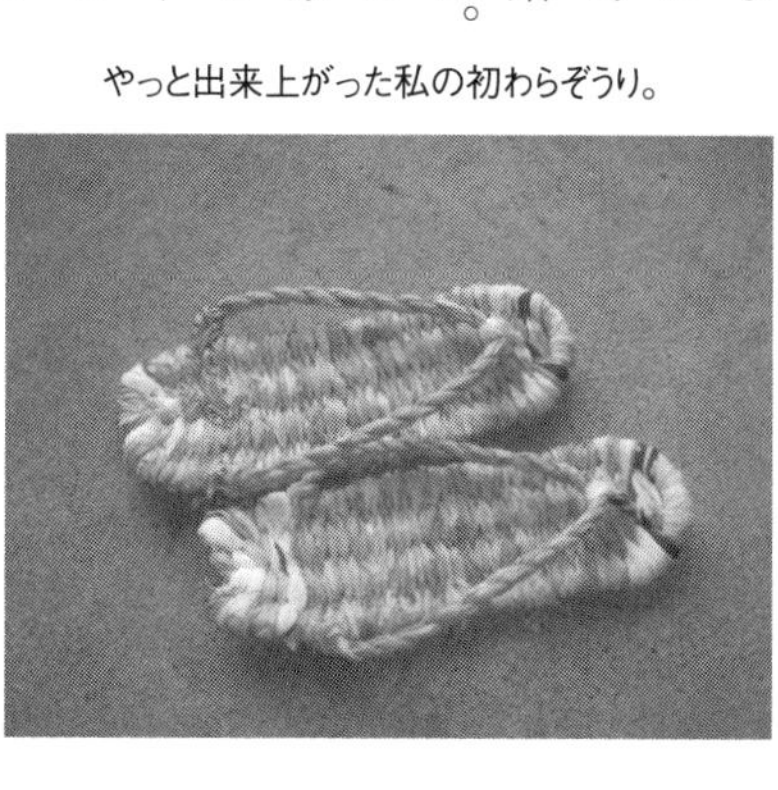
やっと出来上がった私の初わらぞうり。

最後に、先生に向かって全員で感謝の挨拶をしたところ、徳司さんは満面の笑みで
「悪かったいねえ、ちょうきゅうな（秩父弁：ちゃんとした）事が出来なくってねぇ……」と応えてくれた。
まだまだ現役、元気な先生だった。

百年ヒノキの間伐

◆二〇〇七年三月一三日取材

西川材と呼ばれる材木がある。その昔、江戸時代から伝わる奥武蔵で産する材木の呼称で、別の言葉で言えばブランド材だ。

高麗川《こまがわ》、名栗川、越辺川《おっぺがわ》流域から産出され、江戸の西の川から送られてくる良質の木材として西川材と呼ばれるようになった。当時は主に足場丸太の材木で有名だった。西川材の林業家を取材したいと思い、西吾野《にしあがの》の知人に聞いたところ、紹介されたのが田中喜久蔵さん（七十五歳）だった。

江戸時代からの優良材である西川材の産地。

喜久蔵さんは田中材木店の代表で、現役の林業家だ。お宅にお邪魔して話をするうちに、西川材の中でも高級な百年ヒノキの間伐をしているとのことで、その現場に行かせてもらえる事になった。林も見事な林らしいので楽しみだ。

いろいろな話をする中で、例に漏れず木材価格の話になった。今現在リュウベ一万二千円なのだが、せめてリュウベ二万五千円にならなければ林業は成り立たないと絞り出すように言っていた。西川材というブランドを持つ林業地であっても、林業の現実は非常に厳しい事を知った。

約束の日、朝七時に伺うと喜久蔵さんがすぐ出てきて軽トラで先導してくれた。車は正丸トンネル手前から刈《か》場坂峠《ばさかとうげ》を越え、奥武蔵グリーンラインへと続く尾根の道で止まった。ここからは軽トラでなければ入れない施業用の林道に入る。山肌を最小限削っただけの狭い林道を作業地へ下って行く。はるか下の方にユンボが見えた。そこが今日の間伐作業地だった。車から降りて周囲を見わたすと、そこは見上げるような素晴らしいヒノキ林だった。

百年生のヒノキが適度な密度で林を形成している。下生えもしっかり生えているし、太さも揃っている。

樹高はどのくらいあるのだろうか。二十メートルはあるだろうか。遠くで見ると普通のヒノキ林に見えるのだが、木に近寄って触ってみるとその太さに驚かされる。堂々たる百年のヒノキだ。喜久蔵さんが地面を蹴り掘って言う。

天高く見上げる百年生のヒノキ林。太い優良材。

「これが黒ボックだいね。この土がヒノキには最高なんだいねぇ……」

豊かな黒土の斜面に、百年間育ったヒノキがすっくと立ち並んでいる様は圧巻だ。

喜久蔵さんはすぐに身支度を整えて作業にかかる。現場ではすでに若い部下二人が間伐作業をしていた。間伐する木には全てテープが巻かれており、指示されるまでもなく作業は進められている。若い二人のキビキビした動きが頼もしい。

喜久蔵さんが使うチェーンソーはコマツ製。大きいのはスチール製で、ハスクバーナやシンダイワは使っていない。倒したヒノキの枝払いで三人のチェーンソーがエンジン音を響かせる。

間伐する木はこれ以上育たない木、間が詰まっている木を選木する。勢いの良い木は残す。木の勢いは枝ぶりで分かる。枝が太く四方に張っている木は勢いがある。

ここの間伐は高級材という事もあり、丁寧に行われるので一日に二人で四十本くらいの間伐数になる。面白いのは林道上に交差するように倒すこと。これは後の処理を人手ではなく、バックホーがほとんどをやってしまうから。考えてみれば分かるが、三人で百年生のヒノキを相手にしているのだから機械を使わなければ出来ないことは誰でも分かる。では、その機械とは。

バックホー。ユンボのアームにグラップルという拳骨状の掴む機能を付けたもの。このグラップルを自在に操って、丸太を掴み、持ち上げてチェンソーで玉切りし、そのまま集材までしてしまう。

遠くに倒れた丸太はワイヤーで引っ張って林道上に運び、グラップルで掴んで玉切りをする。枝払いした枝などはグラップルがまとめて掴んで遠くまでぶん投げてしまう。これ一台で何役もこなしてしまうのだ。

人手がないだろうから手伝おうなんて考えていたのだが、私の出る幕など何処にもなかった。この機械があるからこそ、たった三人

グラップルで丸太をつかんで、道まで引っ張る。

で百年生のヒノキ間伐が出来る訳だ。

喜久蔵さんが次の間伐に入った。通常、近くにある木をまとめて四～五本切って、まとめて玉切りなどの処理をする。受け口を切り、その正面に木を背にして立ち、股の間から切り口をのぞき込み、倒れる方向を確認する。ここで少しでもずれていたら修正する。

木にワイヤーを掛け、滑車で角度を変え、バックホーに乗った渡辺さんが引く。追い口は確実に両側から見ながら水平に切り進み、決して切りすぎないようにする。バックホーで引いて倒す方向を確実にするので安全だ。バックホーを中心にシステム化された作業進行で、我々がボランティアで行う間伐とはまったく違っていた。

倒す方向は上。道を横断するように倒す。

喜久蔵さんは同じ手順でまたたく間に四本のヒノキを切り倒した。周辺にはヒノキの香りが強く漂う。山の中で嗅ぐヒノキの香りはとてもすがすがしい。

倒したヒノキの年輪を数えてみた。九十八までは数えられたがハッキリとは分からない。本当に百年生のヒノキだった。

作業をしている喜久蔵さんに付いて歩きながら、西川材について色々な話を聞いた。

ワイヤーを掛け、バックホーで引きながら倒す。

西川材は目が揃っていて加工しやすく、適度な固さと柔らかさを併せ持っている。遠くは三重県の松坂からも買いに来ていて、買った材木は吉野に運ばれ、吉野材として売られるものもあるとのこと。

喜久蔵さんに言わせると、西川材は吉野材よりも品質が優れているという。特に杉の赤身部分の色が違うという。また、西川材のヒノキは油気が多く、年数を経るにつれて吉野材は黒くなるが、西川材は照りが出るのだそうだ。奥秩父の材木は冬が厳しいためか、冬目の部分が固く加工しにくいので、やはり市場では西川材の方が好まれる。

この地域の温暖多湿な気候が木材生産に合っているのだろうと言う。温暖といっても、奥秩父と比べたらという話だが。

一本のヒノキの前で喜久蔵さんがメジャーを取り出した。

「これが目通り三尺六寸（百十センチ）ちゅうヒノキだい。これなら注文されてるログハウスの材が取れそうだ……」

原木市場からヒノキのログハウス材を頼まれているのだ。普通は杉が多いそうで、ヒノキのログハウス材の注文は珍しい。九メートルの長さで、末口《すえくち》で直径二十四センチというヒノキは今では少ない。百年生のヒノキならではのサイズだ。

十時になったので休憩。部下の青年二人に話を聞いた。渡辺さんは所沢から通っている。喜久蔵さんの技術と人柄に惚れて通っている。バックホーの運転やグラップルの使い方など、まだまだ未熟だと謙遜していた。

石川さんは理工系の大学を出ているのにこの道に入った。そのきっかけは「空師《そらし》」。有名な熊倉さんの人柄と技術に惚れてその門下に入った。熊倉さんの仕事がないときにこちらの手伝いをしていて、大宮から通っている。

二人とも二十代前半で、林業の世界にも新風が吹き込んで来たようだ。この二人のように地元ではなく都会から林業の世界に入る道が出来つつあるのは、とても楽しみな事だ。彼らに続く人がどんどん出てくれば、林業の世界にも新しい可能性が開けそうだ。

ゴウゴウと音がして、ずんぐりした車が降りてきた。名前を聞くと「リュウシン号」という。玉切りした重い丸太を上の道まで運ぶ力持ちの車だ。登りで二トンの丸太を運ぶ。上まで運んだ丸太はユニックでトラックの荷台に乗せる。

当たり前だが、ここでは人の力に頼ることはない。プロの世界は安全と効率が常に追求される。

これ以上の邪魔も出来ないので十時休みが終わったところでお礼を言って場を辞した。

林道をしばらく歩いて振り返って見たら、背の高いヒノキの根元にポツンと人の姿が見えた。何という高さかと、改めて百年のヒノキを下から上へと仰ぎ見た。ヒノキの上に見える晴れた空がやけにまぶしかった。

リュウシン号は力持ち。二トンの丸太をゆっくり運ぶ。

炭焼きの話

◆二〇〇八年三月一六日取材

三月十六日、炭焼きの話を聞きに、栃本の小河友義さん（八十四歳）の家を訪ねた。とても暖かく、黄砂と花粉で山が霞むような天気だった。

友義さんの家は民宿「ふるさと」をやっていて、旧道の急斜面にそびえるように建っていた。栃本は平地が少ない場所なので、こういう家の建て方がどうしても多くなる。挨拶をしてストーブの部屋に上がらせてもらう。奥さんのつねさん（八十二歳）も一緒だった。

この日は黄砂と花粉の舞う空模様だった。

大滝村の炭焼きは、江戸時代の享保年間から始まったと言われている。文政年間には年五万俵を生産した。明治時代から大正時代に隆盛を極め、昭和になってからも年十万俵を焼き出した。しかし、燃料革命で炭の役割が石油に取って代わられると、瞬く間に生産は減少し、産業としても消滅していった。栃本で今、炭焼きをしているのは友義さんだけだ。

お父さんが炭焼きで、友義さんは子どもの頃から炭焼きの手伝いをしていた。山を転々とするのを追いかけて手伝っていた。「炭焼きは小屋をしょって動き回るんで、でんでん虫って言われてたんさあ」と笑う。

二十歳になった四月に同じ村のつねさんと一緒になった。しかし、そのわずか八ヶ月後の十二月、徴兵の通知が来て中国に出征することになってしまった。帰られるかどうか分からない出征。友義さんは不思議と死ぬような心配はしていなかったと言う。そして三年後、無事に帰ってきて再び炭焼きを始めた。帰ってきたその時、友義さんの目に故郷の山々はどう映ったのだろうか。

友義さんは演習林を元締めで払い下げてもらって炭を焼いた。主にワサビ沢周辺で焼いていた。ゴゼの滝奥に五～六人の焼き子がいた。演習林全体では五十人くらいいた。炭焼き小屋は山全体を見て、木を運ぶ位置なども考えて作った。沢の周辺に粘土が多いので、特に粘土に困ることはなかった。豆焼沢に作った窯は四十俵も焼ける大きなものだった。小屋の屋根はシオジの皮を干したものを使って葺いた。周辺を切り尽くすと窯はそのまま放置し、次の場所に移動して新しく窯を作った。窯作りは二～三人で一週間から十日かかった。窯の天井上げは

自宅から一キロほど離れた場所にある炭焼き小屋。

大勢の人が助けにやってきて、作業が終わると酒が出て宴会になるのが常だった。時には天井上げが終わらないうちに酒が回ってしまい、天井が上がらない事もあった。酒が入るとそんなもんだった。

焼くのはほとんどシロケシ（今でいう備長炭）だった。シロケシとは、堅く、火持ちが良く、早く焼ける炭で値段も高かった。当時、奥山で焼くのはほとんどがシロケシだった。少しでも割の良い炭を焼くのが、炭焼きの仕事だった。四日から五日で炭を焼き出した。木を伐って運び、割り、窯に立て込み、焼き、掃き出し、俵詰めと休む暇などなかった。忙しくても現金収入になる仕事だったし、毎日米の飯を食べられたし、何の不満も無く充実していた。木を伐るのは伐り子を雇った。自分で伐るよりも効率が良く、鋸の目立てなども含めて専門家にまかせた方が効率が良かった。普通の木は四尺から五尺で、太い木は六尺から七尺に玉切りした。中にはシオジの大木で直径四尺くらいの木もあった。

こういう太い木を割るのは大変だった。一寸ボウトという手回しドリルで四十センチくらいの穴を開け、中に火薬を詰めて、導火線を使って火をつけ、爆破した。火薬は買ってくるだけでは足りず、自分でもよく作った。オッカドの炭を細かくしたものと硝石、硫黄を調合して作った自作の火薬は、売っているものより強力だった。

一寸ボウト（手回しドリル）。これで大木に穴を空ける。

当時、火薬を買うには免許が必要だった。免許を取っても一人四キロまでしか買えず、導火線もそれに見合う分しか買えなかった。鉱山用の導火線は質が良かったのでみんなが欲しがったが、なかなか手に入らなかった。

買った火薬や導火線は、バスなどでの持ち運びは禁止されていた。導火線を買うにも「足場が険しいので長い導火線が必要だ」とか、火薬を運ぶにも「トラックを手配してる」とか警察に言って許可してもらった。もちろんウソだった。「しょうがねえやねえ、こっちも生活かかってたかんねえ」と友義さんは笑う。

導火線も自分で作った。和紙をコヨリ状にして火薬を擦り込んで、細く、固く、切れないように作らなければならなかった。導火線が途中で切れると本当に危険だった。当然事故も起こる。つねさんのおじいさんがその事故に遭った。導火線に火を付けても爆発しなかったので穴を覗いて「消えたのか?」と吹いてみたら、次の瞬間火薬が爆発して木の破片が右足を直撃し、大腿骨を砕いてしまった。おじいさんは鴻巣の病院に百日も入院したが、一生足が不自由になってしまった。仕事とはいえ、火薬を使うのは命がけだった。

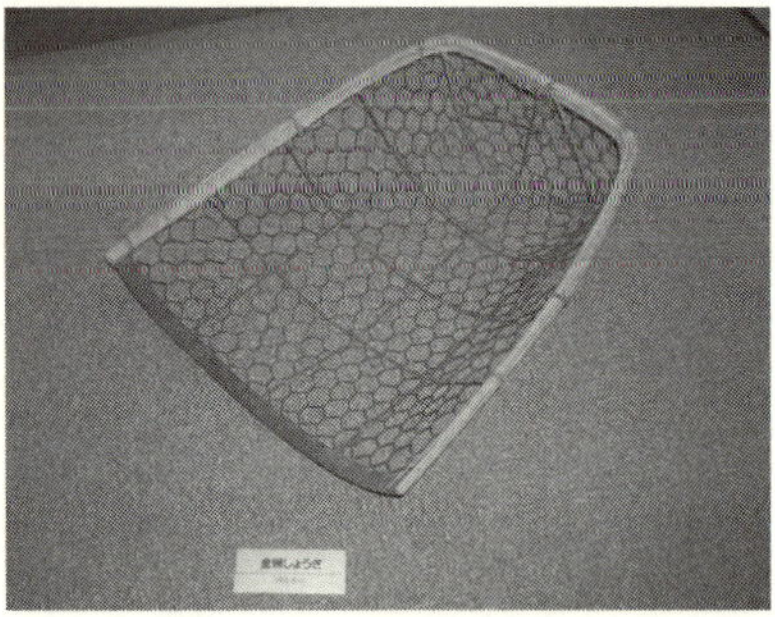
金網しょうぎ。炭の灰をこれで落として製品にする。

割った木は窯に入るものは何でも焼いた。コナラやブナの枝、ミズナラの枝は良い炭が焼けた。メグスリノキやアワブキも良い炭が焼けた。ブナもミズナラも太い木は柔らかい炭になってしまった。サワグルミやオニグルミはフカフカの駄目な炭しか出来なかった。

疲れてつい窯の口を空けてしまうと「窯の口空け」と言ってバカにされた。とにかく窯を空けないように、木を伐って、割って、運んだ。思えば充実した日々だった。

大きな窯は四日か五日毎に炭出しをした。真っ赤に焼けた炭をエブリという長い鉄の棒で掻き出し、ゴバイという灰をかけて消火する。ゴバイは細かい土をフルイで振ったものに灰を混ぜたもの。こうして一晩で消火した炭は丸い炭俵に詰められ、持ち子によって山から運ばれた。大滝の炭俵は持ちが良く、炭崩れが起きにくかった。茅の質が良かったことと「物を作る時は使う人の身になって作れ」という伝統的な気質によるものだった。友義さんは元締めということもあり、奥州俵を問屋から仕入れて使っていた。炭俵は持ち子が下から背負い上げた。元締めの持ち子は上げ荷が多いので、他の持ち子よりも実入りが良かった。

持ち子は朝早くからカンテラを掲げて山を登り、明るくなる頃には炭俵を背負って下ってきた。友義さんは十人くらいの持ち子を使っていた。普通、男衆《おとこし》で十八キロの炭俵を五俵から六俵背板で運んだ。中には六俵を背負って、義太夫をうなりながら歩く強者もいた。女衆《おんなし》でも四俵は運んだ。妊娠した時でも大きなお腹で担いだし、小さい子どもを炭俵と一緒に担いであやしながら運んだ

炭俵を編む「編み台」。これで炭俵を作っていた。

りもした。問屋があったので季節に関係なく、一年中炭を焼き出していた。

持ち子達はトロッコ道の終点あたりに小屋を作って住んでいた。同じ場所に大きな倉庫があって時には芝居が上演されたりした。お酒を売る店もあった。給料は月払い。普通の人で一日（今のお金で）五千円くらいの稼ぎになっていた。大勢の人が集まっていたのでばくち場も立ったし、ロマンスもあったし、修羅場もあった。中には他人の奥さんと出来ちゃって、そのまま消えていった人とかもいた。

山での食事は豪華とは言えないまでも充実したものだった。必要なものは問屋に言えば山に届けてくれた。野菜などは木を伐った場所に種を蒔いておけば何でも採れた。ジャガイモ、サツマイモ、白菜、カボチャが良かった。インゲンや小豆も作った。原生林の土は最高で、どの野菜も成りが良かったし、味も良かった。小屋ではニワトリも飼っていて、産みたての卵を食べられるのが嬉しかった。その頃は鉄砲打ちが多かったので、小屋のニワトリを狙う動物もいなかった。山での生活は快適だった。釣りはしなかったのか、と聞いたところ、そんな悠長な事はしなかったと笑われた。

年に一度、山の神祭りが一月十七日に行われるのが楽しみだった。山の小屋でやるのだが、人望のある人のところに大勢の人が集まった。つねさんは「おじいさんのところにはずいぶん人が来たったいねえ……」と懐かしそうに話してくれた。山の神祭りにはお酒が出され、ご馳走が振る舞われた。ご馳走といっても、鹿の肉、芋の煮付け、けんちん汁、キンピラなどだった。それでも山の宴会はじつに楽しいものだった。

楽しい想い出ばかりだが、友義さんの山での炭焼きは二十五歳くらいまでで終わった。燃料革命が炭焼きの仕事を山から消した。そして、二人は栃本で民宿を始めた。

納屋で様々な道具の説明をしてくれた友義さん。

椎茸つくり

◆二〇〇七年五月四日取材

　里山という言葉がある。「人里近くにある生活に結びついた山」と説明されることが多い言葉だ。昔から我々の周りには里山があった。その山から炭焼きの材料を採り、椎茸のホダ木を採り、燃料の粗朶や堆肥を採ったりと生活に欠かせない場所だった。

　子供達はそこで遊び、自然体験をし、四季折々の風景や花や虫を楽しみ、日本の文化や自然観の形成をしてきた。

　山菜やキノコ、木の実など懐かしい味の宝庫でもある。里山は、くり返しくり返し人々によって利用され、独自の生態系を持つ場所へと変貌してきた。

　小鹿野町・長留《ながる》、山と川と畑と民家が美しいランドマークを形成し、里山と呼ぶにふさわしい場所に坂本徳治さん（七十一歳）の作業する山がある。

　徳治さんの話では、三十年ほど前は民家がほとんど藁葺き屋根で、今よりももっと自然と同化していたそうだ。自然が濃いということは、そこに棲む動物たちと多くのトラブルを抱えることにもつながる。徳治さんが言う。

「山に人が入らなくなったいねぇ。山に人が入らないから動物が里まで出てくるようになっちゃったんだいね……」

　イノシシは言うに及ばず、ハクビシンやタヌキも出て、農作物を荒らす。中でもたちの悪いのが猿だ。猿は椎茸にも悪さをする。食べる訳でもないのに、椎茸を引っ掻き荒らすのだ。なぜそんな事をするのか分からない。

　ある時、伐採した山の脇に大きなスズタケの根が山積みになった場所があった。何だろう？　と覗いてみたら、中からイノシシが飛び出してきた。イノシシの巣だったのだ。

　去年は熊と猿にイネを荒らされ、一つかみの種籾分くらいしか採れなかった。今年からイネ作りを止めた。

新緑が輝く明るい林でホダ木作りの作業を手伝った。

徳治さんもこの季節の山は大好きだと言う。

「残念だけど、仕方ないやねぇ……」

里山は徐々に野生が濃くなっている。


里山は人に利用されることで活性化し、独自の生態系を育んできた。

最も大きな環境の変化は、高木層が十数年に一度伐採されることだ。全ての雑木を伐って利用する。萌芽しやすいコナラやクヌギが長い間に淘汰されて残っていく。草木が一斉に萌えだして、昆虫や動物のエサ場となる。多種多様の生物が活発に生活する場となる。今、理想とされる循環型再生産システムが確立し、生物の多様性が保たれていたのが里山だった。


徳治さんは笑いながら「ご先祖の残してくれた山はちゃんとしておきたいやねぇ……」と言う。ちゃんと利用できるものは利用し、再生するものは再生させてこそ里山の自然は保たれる。椎茸のホダ木を作りながら、これこそが本来の里山維持の姿なのだと納得していた。


里山の高木構成樹はコナラ、クヌギ、クリが圧倒的に多い。もう少し北へ行くとこれにミズナラが加わる。この木々は十年から十五年周期で伐採され、椎茸のホダ木や炭焼きの材料となる。

徳治さんの山は約十五年で伐採した。椎茸の原木にするなら十年周期で伐った方が良い。十五年になると太い木は運べないほど重くなる。今回もだいぶたくさんの太い部分を山に残してきた。

伐るのは十二月が良い。春の暖かい時期に伐った原木はホダ木にしても十二月のものよりも含水率が高く、原木として使える期間が短い。

九十センチに玉切りした丸太を山から運び、積み上げて乾燥させる。二ヶ月ほど乾燥させてから、コマを打ってホダ木に加工する。


コマを打つ為の穴は、九ミリビットのドリルで原木に穴を開ける。ドリルの刃は専門の店で買うものが良い。ホームセンターなどで売っている刃はすぐに切れなくなってしまう。

徳治さんは刃物についておじいさんから言われていることがあった。それは「刃物を買うときは金の出し惜しみをするな」ということ。

安い刃物を買うと、その刃物を使っている間中、後悔することになるからだ。高い刃物でも作業効率を考えれば最終的に得をする。何より、後悔しながら作業するのは精神衛生上も良くない。

穴は一列に四個開ける。次に、五センチ回して三個の穴を開ける。それを連続させると全体に均等に菌が回る

直射日光が射さない杉林にホダ木を伏せ込む。

太いホダ木を伏せ込むのに適しているむかで伏せ。

ように植菌できる。五センチ×十五センチくらいが一つのコマから菌が伸びる範囲だ。

　コマは桐生の森産業から買ってくる。三センチほどの円柱くさび型に加工されたブナ材に菌糸が埋め込まれているもので、これを左手で穴に差し込み、右手のハンマーで打ち込む。木肌と面が平らになるように丁寧に打ち込む。コーン、コーンという乾いた音がリズミカルに緑の林に響く。

　今回は暖かくなってからの作業だが、本来は冬の間の仕事だ。地下足袋で立っていると足が冷たくなってしまうので、安全靴のようなものを履いてやっていたという。植菌したホダ木は杉林の中に伏せ込んで二年間放置する。乾燥が大敵なので直射日光の射さない杉林が良い。

　二年後、菌の回ったホダ木をクロールカート（運搬機）で運び、水槽で浸水させてからハウスに積み込む。水に浸けることで、菌を窒息させ、菌糸に命の危機を与え、次世代を残すためのキノコを作らせることが目的だ。

クロールカート。これで五百キロの原木を運べる。

　キノコの実体はホダ木に繁殖した菌糸であり、目に見えるキノコは子実体《しじったい》と呼ばれる繁殖器官だ。胞子嚢《ほうしのう》を持ち、胞子を飛散させるための器官なのだ。そのまま放置して、キノコの実体である菌糸を伸ばすだけではキノコは出来ない。子孫を残そうと思わせなければダメなのだ。ハンマーで叩くとか、雷に当てるだとかの方法は全て同じ効果を狙ったものだ。

　椎茸は、傘が開ききらず、丸く、厚いものが優良で、良い値が付く。一度最高に優良と判定され、有線放送で流されて近所から「儲かったなあ！」などと言われた事もあったが、その時は量が少なかったので大した所得にならなかった。

乾燥椎茸はバーナーを使って乾燥させる。少ないときは天日で乾かすこともあるが、品質的にはバーナー乾燥のものの方が良かった。最近の感覚では天日乾燥の方が高値になるような気もするが、そうでもない。天日乾燥の方が、見た目の椎茸らしさが損なわれるからかも知れない。

椎茸栽培の初期には色々な事をやった。畑を一段低く掘り、両側に麦わらを列にして立て、その中にホダ木を伏せ込んだこともあった。浸水ショックを与えるために、川をせき止めて、その中にホダ木を投げ込んだこともあった。

ハウスの中に池を作ったこともあるが、それは温度が下がってしまい、失敗だった。

ハウスのパイプが雪でつぶれた事もあった。安いからという理由だけで農協から買ったパイプだったが、安いものは安いなりだった。補償を求めることもなく、農協の甘い言葉を信じた自分を反省した。

いろんな失敗はあったが、まあ「馬鹿ぁみた」と思うだけだった。当時は農協も試行錯誤の連続だったのだと思う。

孫の利也《としや》君が山に来ていた。徳治さんに教えられて、おぼつかない手つきでコマうちを手伝っている。徳治さんは嬉しそうに笑いながらそれを見ている。「誰かが継いでくれりゃあいいんだが……」ポツリと漏らした言葉には、今まで先祖伝来の山を守ってきた自負と未来への思いが交錯していたような気がする。

九時半から夕方五時までかかり、二百本の原木に約三千五百個のコマ打ちをした。

爽やかな新緑の中での作業は最高に気分の良いものだった。里山という自然はこういう人の手で、こうして維持され、残っていく。そんな事が実感できた一日だった。

伐採した山も、十五年たてばこんな美しい林になる。

石垣積み

◆二〇〇八年五月一一日取材

五月四日の朝、家を出て秩父に向かう。石垣積み（石垣とりとも言う）の取材が出来ることになったのだ。天気は上々、五月の爽やかな風が山々を渡っている絶好の取材日和だ。取材をお願いしたのは強矢《すねや》乾一《けんいち》さん（八十歳）で、あらかじめ聞いていたので場所はすぐに分かった。真新しい白い壁の家が建っており、庭先の石垣が今まさに積まれているところだった。

乾一さんはニコニコ笑いながら、石垣積みについて色々話してくれた。その間、手と体は休まずに動き続けていた。石垣積みの勾配の話から始まって、基礎の作り方、積み方、やってはいけない積み方などに及んだ。それにしても細い体で見事に石を操るものだ。大きな石をコロリコロリと転がしてきて、のり面に合わせた瞬間にピタリと位置が決まっているのだから驚く。乾一さんは四十歳の頃から石垣積みの仕事をしてきた。その熟練の技が力に頼らない石の動かし方に出る。

手伝いたかったので言われた石を持ち上げて運ぼうとした。持ち上げようとした瞬間バランスを崩し、あっけなく尻餅をついてしまい笑われてしまった。大きな石を動かすのは簡単な事ではなかった。

石の上に石を積む。石を積み上げれば石垣ができる。簡単に出来そうな気がしたのだが石垣積みはそんなに甘くなかった。土木工事の基礎に当たる訳で、基本を守り、きちんと積まなければ、家も畑も崩れ落ちてしまう。

乾一さんに聞いた石垣積みの手順。まず石垣を積む斜面の整備、そして最下段の根石を埋める溝掘り。深さ五十センチくらいまで掘る。根石はなるべく三角の石を平らに並べる。杭を打ち、石垣の勾配を決める「やり方」をする。宅地や畑などは三分勾配（一メートル上がって三十センチ削る勾配）、道路などは四分勾配で決め、水糸を張る。水糸は勾配と水平を同時に表し、石垣の「のり面」はこの水糸に合わせるように積み上げる。

石垣に積む石は長い方を「控え」と言い、必ず長い方を奥に向けて積まなければならない。ひとつひとつの石は三点で固定するようにする。石尻の下に置く石は「ともがい石」といい、石を安定させるために重要な役目を持っている。のり面か

石垣には「やり方」を施し、水糸が張られている。

ら幅三十センチ以上、裏込め石やグリ石を詰めて排水を効かせる。

石を積むのは根石の間から斜めに倒すように積み始める。平らに重ねるように積むのは最悪で、後で石抜けや崩れを誘発する。石垣のまずい積み方としては次のような例がある。面《つら》を積む時の「あぶり」。面の方が控えよりも長い石や平たい石を貼り付けるように積むもので、土圧に負けて石が飛び出してくる。「逆石」も良くない。胴長の大きな石を小さな石の上に据えたもので、石組みが不安定になる。一般的にダメな積み方と言われているのは「四ツ巻」と「八ツ巻」。一つの石を四個の石で囲む「四ツ巻」と、八個の石で囲む「八ツ巻」。どちらも石抜けが起きると言われている。その他にも、等大の石を縦に何個も積み重ねる「芋串」、等大の石を重箱のように重ねる「重箱」、目地が通ってしまう「目通り」などが忌み嫌われる。

上から見ると石垣の裏側がどう作ってあるかわかる。

石がピタリと合わないときは、ハンマーで割り削る。石の目を読みながら削るようにハンマーで叩くと、あら不思議、石はピタリと収まった。乾一さんは石の性質を見ながら削り、自然石でありながら「のり面」をピタリと揃えていく。高い石垣にはエンビパイプで水抜きを作る。昔は竹を入れていたそうだ。竹が腐ると自然に穴になって、水抜きをしてくれる。乾一さんは、あの穴は水だけではなく「土圧」も抜いてくれるのだという。土木の専門家ではないので、土圧を抜くことがどれだけ大切なことかは分からないが、石垣師が忌み嫌う「孕《はら》み」の原因を除くとのこと。乾一さんが今まで積んだ石垣はどれ一つとして崩れたものはない。

今は裏込め石の代わりにコンクリートを流し込むことが多いが、昔はコンクリートなどなかったのでグリ石を突き込んだ。それでも石垣が崩れることはなかった。石と石の相性を見極めながら、ひとつひとつ積んでいく職人の技が強度を保つ。

全体を見ると基本に忠実な石の組み方がよくわかる。

作業を中断してタバコを一服、目は石を見ている。

仙台城の石垣を修復する石工の話を本で読んだことがある。その名人はひとつひとつの石に「崩れるなよ」と語りかけながら石垣を積むという。自然石を積み上げる穴太《あのう》積みという昔ながらの石垣がある。大小の石が有機的に組み合って、どんな地震でも崩れることはないという。

コンピューターでも正解など絶対に出ない自然石の組み合わせ。経験と勘と信頼でひとつひとつの石に語りかけながら積む石工の技。昔の人はすごかった。ユンボやコンクリートなどなかった時代の石垣が輝いて見える。

五月十一日、小鹿野町三山の乾一さんの自宅に伺っていろいろ話を聞いた。五月とはいえ寒い日だったので、乾一さんはすぐに炬燵に招き入れてくれた。炬燵でお茶を飲みながら四方山話が始まった。お蚕の糸で投網を作った話や、漁協の監視員をやっていた頃の話だとか、土木の仕事の前にやっていた木を切り出す仕事の話など、とても面白く興味深い話が続いた。もっといろいろ聞きたかったのだが、目的の石垣積みの話に戻って、改めて聞いてみた。乾一さんはニコニコ笑いながら話してくれた。

ユンボのなかった時代に、大きな石をどうやって運んだのか。小さい石は背板で背負って運んだ。一人二十五貫（約九十四キロ）を運べれば一人前と言われたそうだ。

重い石はマフジの根で作ったネンベエというモッコを荷棒《こぼう》という杉丸太で担いだ。普通は二人で担いだが、ヨテンと言って四人で担ぐ場合もあり、ヤテンと言って八人で担ぐこともあった。

モッコで石を担ぐとき、モッコのヒモは閉じていなければならなかった。開いていると石が動いて危険だった。ヨテンもヤテンも担ぐときに息を合わせないとバランスが崩れて危険だった。マフジで作っていたモッコは、時代が移るとワイヤー製のものに替わった。

平らな場所はコロを使って大きな石を動かすこともあった。コロの上に修羅《しゅら》と呼ばれる木ぞりを乗せ、その上に石を乗せて引くこともあった。

小鹿野町の自宅。玄関で亀が出迎えてくれた。

大きく重い石を動かしたり、吊ったりするのには「かぐらさん」という道具が欠かせなかった。「かぐらさん」は芯棒を回転させて縄を巻き付け、重い物を動かす人力のウインチだ。縄はマニラ麻の縄を使っていた。角度を変えるための木製のワッシャーをセミと言って、これを使って角度を変えたり吊り上げたりした。吊るときは金《きん》車《しゃ》という滑車を使って吊り上げた。この「かぐらさん」は昭和になっても使われていた優れものだった。今でも諏訪の御柱立てや古墳の修復などに使われている。

現在はユンボという万能の機械があるので出番はなくなったが、昔の人の知恵には本当に感心する。

乾一さんは四十歳くらいから石垣積みを始めた。最初の三年は先輩の言うことを聞くだけで精一杯だった。見て覚えようにも、何も解らなかった。「らっきょう石持ってこい」などと言われ、あたふたしていたそうだ。

三年くらい手子《てこ》で手伝っているうちに「そこ、積んでみな……」と言われるようになり、経験を積むことでやっと解ってきたという。経験してわかったことは「言葉じゃあ上手く言えないやねえ……」ということだった。

分析して法則を割り出して記録した技術を伝える事が科学的だとすれば、石垣積みにはそれが当てはまらない。

基本はあるが、どの石とどの石をどう組み合わせるかの判断はその人の勘と経験による。

乾一さんによると、基本に忠実に積み上げた石垣はどんな高くても崩れることはなく、いつまでも「のり面」を守るそうだ。山里の美しい石垣は未来に伝えなければならない財産であり、地域の誇りでもある。その石を一つ一つ積んだ先人の「崩れるなよ」という思いとともに、今も山里を守っている。

秩父に限らず、山里の暮らしは石垣なしにはあり得ない。平地はほとんどなく、平地を作るためには石垣を積まなければならなかった。先祖は営々と石垣を積み続け、膨大な平地を確保してきた。まさに石垣積みが暮らしの始まりにあったのだ。

山里に今残っている美しく膨大な石垣は、先祖が一つ一つ石を積み上げて作ったものだ。何百年も崩れない技がそこに積み上げられている。

炬燵でいろいろ話をしてくれた乾一さん。

昔の渓流釣り

◆二〇〇七年五月二二日取材

謹厳実直という言葉がまさにピッタリの廣瀬利之さん（八十四歳）から、昔の渓流釣りについて話を聞いた。利之さんは大滝の生き字引と言えるような記憶力抜群の人で、話題が多岐に渡るのは楽しいのだが、今回は昔の渓流釣りに限って話を聞かせてもらった。

自宅の炬燵に上がらせていただき、昔の話を聞くのは、とても楽しい時間だった。

大滝、栃本集落から見る荒川のV字谷。

利之さんは子供時代から足が達者で、小学六年生の頃には栃本→十文字峠→三宝山→甲武信岳→下山というコースを営林署の人と競争して一日で歩いた事がある。

当時そのことが話題になり、新聞にも載った。およそ三十キロくらいの距離になるそうだが、普通の道ではないし、山慣れた大人でも一日で歩ける距離ではない。私から見ると達者とかいうレベルではなく、まるで天狗か仙人かの話としか思えない。

その達者な足を使って、若い頃からよく釣りに行っていた。月に三～四回は釣りに行き、たまに山中で泊まる事もあった。栃本から暗いうちに提灯を持って歩き出し、四時間で柳小屋に着いたというからその健脚ぶりに驚く。

昭和二十年代にはまだ山釣りをする人は少なく、いくらでも岩魚が釣れた。昭和三十年代後半から釣りブームで釣り人が増え、徐々に釣れなくなってきた。

大きな魚の記憶では、四十センチくらいの岩魚が上限だったそうだ。中でも記憶に残っている魚が二つあって、一つは曲沢《まがりさわ》で何回掛けてもハリが伸びてバレてしまう大物で、結局自分では釣れず他の人が釣ってしまった岩魚。釣った人に見せてもらったところ四十五センチの大岩魚だったそうだ。

もう一つはこれも結局釣れなかったのだが、千丈の滝下の淵で掛けた二十センチくらいの

川の流れは昔と変わらないが、魚は少なくなった。

岩魚に向かって襲いかかってきた大岩魚。背びれを見せて追い回す姿はゆうに五十センチはありそうだった。その後何度もその淵に通って狙ってみたが結局釣れなかった。

かつて奥秩父にはそんな岩魚が棲んでいた。

昭和二十年代の釣り支度について聞いた。

服は普通の作業着。脚絆《きゃはん》で膝下を固め、足には地下足袋を履き、その上から草鞋《わらじ》を着けた。草鞋は必ず濡らしてから着けた。草鞋は自分で編むのだが、布を裂いて混ぜたりして長持ちするよう工夫をした。一日履いてもすぐ取り換えるのではなく、減り具合で使えるものはダメになるまで履いた。

雨具の合羽は三十年代に入ってから出来たもので、その前は雨が降ってもビニール風呂敷を背中にかける程度で済ませていた。当時あった雨具の蓑《みの》は嵩張って釣りには向かなかった。

魚篭《びく》は竹で編んだものを使っていた。魚篭の無い時や急に入れ物が必要になった時は、山の中でサワグルミの皮を使って作ることもあった。サワグルミの皮を二十五センチ×六十センチくらい縦にはぎ取る。皮はクルリと内側に丸くなるので、それを二つ折りにしてツルで上と下を縛って腰ひもを付ければ出来上がる。使い終われば焚き火で燃せるという優れものだった。

サワグルミの皮を使って魚籠《びく》を山の中で作る。

釣り竿は篠竹の四〜五本つなぎの竿をよく使ったが、それ以前では三メートルくらいの一本竿を二つに切り、トタン板で作った「つなぎ」で繋ぐ竿が具合良かった。

ヤスなども同じように三メートルくらいの柄を二つに切り、繋いで使っていた。ヤスは三本刃と四本刃があり、刃の長さは十五センチくらいあった。刃には返しの付いたものと付いてないものがあった。返しの付いたものは肉をえぐり、魚が傷みやすかったので、これを敬遠する人もいた。

餌入れは空き缶でボロ靴下を蓋にして使っていた。中に入れる餌は沢虫（川虫）で、湿った芝やコケを入れておくと長持ちした。沢虫は釣りに行く前の日に近くの川で捕っておいて使った。餌入れにメンパ（ヒノキで作った弁当箱）の小さいのを使っている人もいた。

利之さんが四十代のころ釣りをしている写真。

ミミズ餌は梅雨明けからよく使ったが、沢によって釣れる沢と釣れない沢があるので使いづらかった記憶がある。例えば赤沢谷では釣れるが本流では釣れなかった。

弁当は基本的に握り飯で、塩むすび、海苔むすびなどが一般的だった。あとは漬け物を付けるくらいで済ませていた。握り飯の具に梅干しだけはタブーで使わなかった。理由はなぜか分からないが、梅干しを食べると魚が釣れないと言われていた。梅干しを見るのも、梅干しの話をするのもタブーだった。これは狩猟の場でもそうで、さらに狩猟の場合は「猿」と「兎」の話題もタブーだった。

釣った魚は傷まないように午前中に一回、帰り際に一回まとめて腹を出して魚篭《びく》に入れた。魚篭《びく》の底に草の葉を敷いておくと持ちが良かった。魚篭に入りきらない時は、袋に入れて背負っていたリュックサックに入れて運んだ。

注文を受けて釣りに行くこともあった。大《おお》輪《わ》や秩父の飲食店から注文を受けたり、病気の人から滋養強壮にといって頼まれたりした。二十五センチくらいの岩魚を揃えて、竹串に刺して囲炉裏で焼き、三十センチくらいのブリキの缶に詰めて送ることもあった。

放流について詳細に記録したノートを見せてくれた。

また、串焼きのまま「べんけい」という麦わら造りの「さんだわら」に刺したものや、五尾くらいを串のまま剣山のように作った草筒に突き立てて、見映えを良くしたものを箱に入れて送ったこともある。生のものをそのまま送ることはなかった。

子供の頃はガラス箱とヤスで岩魚を捕った。カジカもよく捕った。カジカ釣りというのはヨモギの株を引き抜き、その中の茎一本と長い根一本だけを残して取り去り、根を輪っかにしてそれでカジカを引っかける遊びで、小学生時分には夢中になったものだった。浅い川でカジカもたくさん居たが、それを見ながら引っかけるのはなかなか難しく、楽しいものだった。

大人になって夜の網打ちをするようになった。その頃は本当に魚捕りが面白く、役場の仕事が終わったあと、四キロの投網を担いで柳小屋まで入り、真っ暗な中で網を打って岩魚を捕り、その夜のうちに帰って来て、翌朝そのまま役場に行ったりしたものだった。

ずいぶんと無茶な事もしたが、好きだったから出来たことだと思う。

昭和二十五年頃から、夜に網を打って捕った岩魚をヤカンに詰めて、上流に運んで放流するようになった。金《かな》山沢《やまざわ》や槇《まき》の沢《さわ》や真《しん》の沢《さわ》、股《また》の沢《さわ》などずいぶん放流を繰り返したものだった。魚のいなかった沢でも釣れるようになってきたのは、その頃の魚が定着したためだと思っている。

一泊で槇《まき》の沢《さわ》に入り、ローソク岩の穴に泊まったことがあった。焚き火で濡れた地下足袋を乾かしていたのだが、翌朝起きたら、何と乾かしていた地下足袋が片方燃えてしまったことがあった。この時は難儀した。幸い草鞋《わらじ》は無事だったので、素足に草鞋だけで帰ってきたが大変だった。

ほとんどの釣りが一人だったが、幸いなことに怪我などしたことはなかった。怪我をしないように細心の注意を払っていたと思う。

酒は強い方だったが、山に入って酒を飲むことはなかった。

利之さんの話はどこまでも続くが、狩猟の話などはまた別の場所で取り上げたいと思っている。百二十キロの熊を背負って運んだ話とか、昔の鉄砲の話だとか、これもまた魅力たっぷりの話が満載でじつに興味深い。

狩猟を一緒にやっていたという扇家山荘のご主人が利之さんの事をこう言っていた。

「利之さんは本当に真面目に釣りをしていたいねぇ……」

利之さんは八十四歳になった今でも釣り年券の更新は怠らず、時々近くの川で釣りをしている。いつまでも元気で、我々にいろいろな事を教えてもらいたいと思う。

川を指さして「今でも気が向いたら釣りに行くよ」

養蚕（おかいこ）

◆二〇〇七年六月七日取材

秩父での養蚕の歴史は古い。埼玉県の資料によると、紀元前後、崇神天皇の御代とおぼしき時期に、知々夫彦命が国造として秩父に来任、養蚕と機織りを教示したと書かれている。歴史と共に養蚕は連綿と受け継がれて来たことになる。

秩父の養蚕は作物の育たない土地で収入を得る唯一と言っていい産業だった。家々は桑畑の改良にいそしみ、研究を重ね、良い繭《まゆ》を生産することに没頭した。鎌倉幕府は「桑代」と称して養蚕に課税した。秩父事件を生んだ時代背景も秩父の養蚕の歴史そのものだ。

戦後、復興した養蚕事業は、昭和四十三年に埼玉県最高の繭生産量一万三千二百トンを記録し、以後徐々に減少に転じてきた。昭和五十五年には七千二百トン、平成五年には千トンを割り込み、平成十三年には百トンを割り込んだ。

そして平成十六年には生産戸数百七十七戸、繭生産量五十六トンにまで落ち込んでいる。平成十九年の今現在、いったい何戸でどのくらい生産しているか分からないが、相当少なくなっていることは間違いない。

戦後最高を記録した昭和四十三年に、私は十五歳、中学三年生だった。どの家も二階はカイコ部屋になっていて、どこにでも桑畑があった。学校に行く前に桑を刈ってきて、学校から帰るとまた桑を刈りに山の畑に行ったものだった。

家と生活は常にカイコと共にあった。カイコの成長がそのまま家の収入につながり、繭の出来不出来が食卓に直結していたのだから、手抜きは許されなかった。

カイコに「お」を付けて、なおかつ「様」まで付けて「お蚕《こ》さま」と呼んでいた。「お蚕《こ》さま」のご機嫌取りが、どの家でも最優先事項だった。

秩父市寺尾の養蚕農家、小池満喜子《まきこ》さん（七十五歳）を訪ねたのは午後二時頃だった。ちょうど桑をくれ終わった満喜子さんはタタキの土間に我々を迎え入れて、いろいろ話を聞かせてくれた。

蚕室は昔の匂いで満ち、蚕が桑を食べる音がする。

満喜子さんの家のカイコは五齢《れい》に入ったところで、あと一週間くらいで「おこあげ」になるところだ。今は一日に三回桑くれをしているところで、ちょうど休み時間だったそうで助かった。

稚蚕《ちさん》は二齢《れい》で専用の飼料と一緒になっているのが農業試験場から入ってくる。昔は自宅で掃き立てて毛蚕《けご》から飼育していたが、今はもっぱら農業試験場から入ってくるものを使っている。五月二十四日に入り、六月十三日くらいから順に「おこあげ」となり、その十日後くらいに繭の出荷となる。

ちなみにカイコは昔から家畜として分類され、一頭二頭と数える習わしになっている。

この時期の養蚕を春蚕《はるご》と呼ぶ。昔は一年で五回も六回も繭を出荷した。春蚕、夏蚕《なつご》、秋蚕《あきご》、晩秋蚕《ばんしゅうさん》、晩晩秋《ばんばんしゅう》蚕《さん》、初冬蚕《しょとうさん》などと呼ばれていた。

初冬蚕と言っても、六回目だからそういう呼び名になるだけで、十一月や十二月に養蚕をやっていた訳ではない。第一、その頃には桑の葉がない。蚕室の温度管理などをきっちりやって、効率よくカイコ作りを回転させていたということだ。それほど昔は養蚕に力を入れていたのだが、今は春、夏、秋の三回が精いっぱいだと、満喜子さんは笑いながら言う。

この寺尾地区でも養蚕をやっているのは五～六軒になってしまった。出荷した繭は山形の製糸会社に送られる。今、製糸会社は全国で二軒だけになってしまっている。

満喜子さんに蚕室を案内してもらった。タタキの土間の隣が土間の桑置き場となっていて、外からすぐ二階に登れるようになっている。二階への広い階段を登ると、そこに蚕室があった。二階全体が蚕室で、柱しか立っていない広い空間がそこにあった。

カイコは二列に並べられ、与えられた桑の葉を一生懸命に食べていた。じっと耳を澄ますと懐かしい音が聞こえてくる。「サワサワサワ……」カイコが桑の葉を食べる音だ。「おこあげ」近くなるとザーザーとまるで雨が降っているような音がしたことを懐かしく思い出した。「今は少ししか飼ってないからこんなもんだけど、一杯の時はすごい音がしたもんだいねぇ……」と満喜子さんも言う。

見上げると天井から回転まぶしが下がって

桑を食べ続ける蚕《かいこ》。繭《まゆ》を作るのはまだ先。

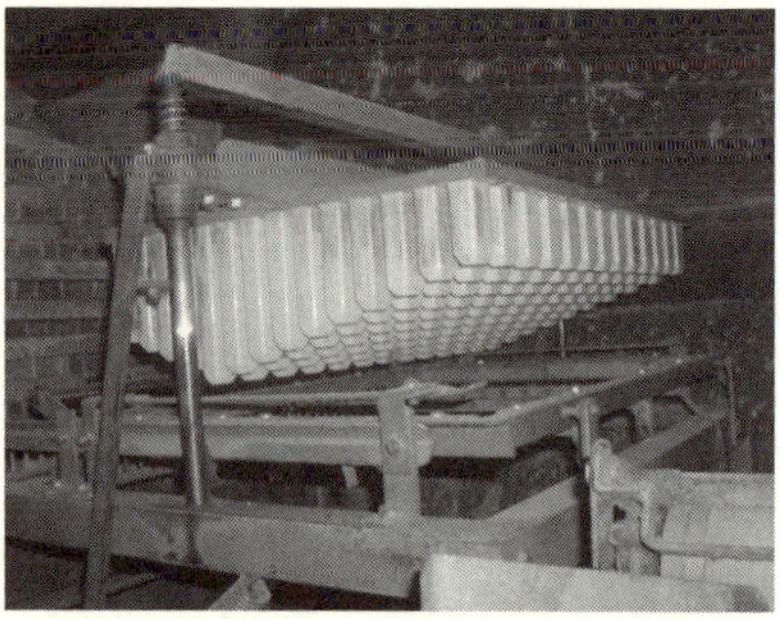

まぶしから出来上がった繭《まゆ》を押し出す機械。

いる。満喜子さんが「昔は三段吊ったけど、今は二段だいねぇ」と言う。上に吊ってあるのはこれから吊る「まぶし」の支柱になっている。そっと手で触り、力を入れたらクルリと回った。

この手触りも、この匂いも、何もかもが懐かしい。「まぶし」を組み立てたり、分解したり、川で枠を洗ったりした感触が鮮やかに蘇ってきた。

満喜子さんが小学五年の時にこの「回転まぶし」が出来た。その前は藁の「まぶし」を使っていて、棚に入れたり出したりが大変だった。蚕室の梁の上にはその「藁まぶし」がまだ残されていた。

今でも桑を採りに行くのは朝と夕方の二回だ。昼間に採るとしおれてしまうからだ。雨が降り続くときは大変だ。濡れた桑をカイコにやるとウミコ（むくんだカイコ、膿が出て繭にならない）が出来てしまう。桑の葉を濡らさないように、または乾かしてカイコにやり続けなければならない。

桑置き場から二階に上がる階段の幅が広いのは桑の葉を運びやすくするためだ。

満喜子さんは足を悪くしてしまい、今は桑を二階に運ぶのは夫の武作《ぶさく》さんの仕事になっている。武作さんは写真嫌いで、取材の話には応じてくれたが、カメラを向けると横を向いてしまうので困った。

同行してくれた吉瀬さんも興味津々で写真を撮る。

大きな蚕室の隣には少し成長の遅れたカイコを育てている部屋があった。遅れているといっても、私にはその違いが分からない。遅れてもキチンと育てられている。

満喜子さんが「おこあげ」の仕方を教えてくれた。ネットを掛けるとカイコがネット上に這いだしてくる。それを五～六キロまとめて「回転まぶし」に移すのだが。専用の器具を使って効率良く出来るようになったという。簡単な器具だが、見たら「なるほどなあ……」と感心した。効率よく、カイコを傷めないで手早く「おこあげ」が出来る器具だった。

下にネットを張って、この機械で蚕をふるい落とす。

満喜子さんの家で育てている「春蚕」は種で十グラムだった。それが約六十キロの繭になる。多いときは種百グラムを掃き立てたというから、繭では六百キロ以上にもなった。本当に夜も昼もない状態だったと思う。武作さんも「ほかにやる事もなかったから続けてきたけどねえ、はあ、大変だったいねぇ」と笑いながら昔を振り返る。

家の近くの桑畑を見せてもらった。通称「げんこ」と呼ばれる桑の株がたくさん立っていた。今朝、桑の葉を採ったところだ。枝の切り口から大量の水が流れ出ていた。脇の小さい芽は、すぐに大きく育って新しい桑の葉を付けるようになるはずだ。

ドドメ（桑の実）を食べながら桑畑の下を覗く。雑草も生えていない素晴らしい桑畑だ。葉の色が目に鮮やかに飛び込んでくる。枝先へ行くほどに薄くなる緑のグラデーション。その葉と葉の間には赤や紫色のドドメが鈴なりになっている。

小学生の頃おやつ代わりにむさぼり食べた味がそこにあった。帽子やポケットに詰め込んで、実がつぶれて紫色に染まり、洗濯しても落ちなくて、よくおふくろから怒られたものだった。

ハウスの台には桑を乗せて移動する器具がある。

養蚕農家が少なくなっている現実はどうしようもないかも知れない。しかし、産業としてではなく、家内制手工業として残す手だてはないものだろうか。

昔、くず繭を使って作った秩父銘仙は素晴らしい産業だった。糸紡ぎや染色、機織りなど昔ながらの技を使って、新しい絹の世界を作れないものだろうか……ひとしきり懐かしさに浸った後で、ふとそんな事を考えた。

大滝いんげん

◆二〇〇八年七月二〇日取材

七月二十日、梅雨明け翌日の暑い日、大滝の強石《こわいし》地区にある千島啓之助さん（七十六歳）の家を訪ねた。秩父農林振興センターで大滝いんげんについて聞いたところ、啓之助さんを紹介してもらった。この日は、植え付けが一段落した日だった。啓之助さんは土間で作業をしていたが、挨拶をすると笑顔で中に招き入れてくれた。資料がいっぱい並んだ居間で、大滝いんげんについて色々な話を聞くことが出来た。

資料写真でサヤと豆の形を見せてもらった。大滝には大滝いんげんの他に『滝ノ沢いんげん』と『ほだか』という地いんげんがある。以前は大滝いんげんとほだかを合わせて『三峰いんげん』と呼んでいたが、今はその呼び方はしない。

強石《こわいし》地区の急斜面に建つ啓之助さんの家。

大滝いんげんは白の丸豆で、滝ノ沢いんげんはウズラ模様の平豆で、ほだかはウズラ模様の丸豆。サヤで食べるのは大滝いんげんが一番美味しい。豆として煮て食べるのは滝ノ沢いんげんが美味しい。ほだかはその中間くらい。

どのいんげんも美味しいが、五～六年前から大滝の特産品として定着させようと、農業委員会が中心となり『大滝いんげん』の栽培方法などを確立してきた。振興センターで三年の講習があり、強石地区が大滝いんげんの特産指定地区になった。啓之助さんは、みんなに作り方を教えたり、種を配ったりして大滝いんげんの栽培を広めてきた。

大滝いんげんは筋がなく、豆やサヤが大きくなってもサヤごと食べられ、柔らかくて美味しいいんげんだ。何で食べても美味しいが、柔らかいので煮すぎないようにすることが肝心だ。煮豆も美味しい。栽培の要点は、三十度以上の高温にさらされると花が落ちてしまい、実がつかなくなること。従って、秋作専用のいんげんという

庭では梅の土用干しをしていた。

ことになる。霜が降りるまで食べられ、昔から大滝で作られてきた。美味しいけれど問題も多い。病気に弱く、連作がきかない。病気に強い外国産のいんげんを栽培したあとでは、多くが病気にやられてしまう。収量が少ないので敬遠されることも多い。

そんな大滝いんげんを十五年以上も作り続けて、種を守ってきた啓之助さんに、種を守る苦労を聞いた。「大滝いんげんは本当に交配しやすいいんだいね……」一番の難点は交配しやすさにあるという。

種の状態でチェックして苗を作って植えるまではいい。問題は花が咲いた時だ。交配が起きるとサヤの形が違うものが出来る。啓之助さんは変なサヤが出来た株は切って枯らしてしまう。よく交配するのは短くて広いサヤで種が三つのもの。「今はいろんな種をあちこちで売ってるし、誰でも簡単に作るんでどうしても交配が多くならいねえ……昔はこんなじゃあなかったんだけどねぇ……」純粋な種を残すのは本当に大変だ。

種用に株を栽培するのではなく、サヤを採って出荷したあとに残った豆を種用に確保する。少しでも食べてもらって、安くても売れた方が良い。大滝でも百人以上の人が作っていて、自分で種も取っている。交配してしまった種で作り続けていることも多いだろうと言う。交配してしまった大滝いんげんが売られている可能性もある。

まずは良い種を取ることが一番大切なことだ。このままでは大滝いんげんはじり貧になってしまうだろう。啓之助さんは淡々と語るが、その内容はとても厳しいものだった。

お茶を出してくれた奥さんの次子さんが話を引き継ぐ。「種がなんともなんで、良い種を作ることが肝心だいねぇ」大滝いんげんとか『ほっかむり小豆』とか、貴重な種は大切に保管する。大滝いんげんは豆が大きく育ってからの方が、サヤを食べるのも豆を食べるのも美味しい。「何で食べてもおいしいよ」という。

お茶を飲みながら、昔の話を聞いた。啓之助さんの若い頃は養蚕全盛期で、他の家と同様、養蚕に精を出した。養蚕をやりながらエノキダケの栽培もやった。その頃、この強石地区にはまだ道路が開通してなくて、資材は国道から全部背負って持ち上げなければならなかった。「えら、大変だったんだよぉ……」と次子さんが合いの手を入れる。エンジンネコで木屑を上げて、ガラス瓶でエノキダケを栽培する。その作業で瓶を持つために、小さい手の次子さんは大変な苦労をした。今、その時の後遺症で指の関節が外側に曲がってしまっている。十年続けたエノキダケ栽培も、値段が十年間変わらない状態で、これ以上やっても仕方ない、とやめた。

その後は東大演習林の造林の仕事を二十年くらいやった。足腰は達者で長持ちした方だった。当時は機械は無く、大きな鎌で下刈りや除伐をやった。両肘に大きな負担が掛かる作業で、そのうちに両肘がやられてしまった。「大きな鎌でスズタケを刈るのはえら大変な仕事だったいねぇ……」演習林を辞めてから本格的に農業に精を出すようになった。啓之助さんは六年前に肺気腫を病み、今も酸素を吸入しながら働いている。「これなんで、力仕事が出来なくなったけど、畑仕事なら何とか大丈夫なんでねぇ」動かないと体が弱ってしまうと、出来るだけ動くようにしている。自分でいろいろ工夫して、栽培した作物を農協や道の駅で売る。その真摯な姿には本当に頭が下がる。

啓之助さんが庭に置いてあるポット苗を見せてくれた。太い茎で大きな葉の立派な苗だった。種が貴重な大滝いんげんはポット苗で育てて、本葉が出たら移植する方法が一番だ。何より種がムダにならない。

豆で蒔くとヨトウムシに食害されることあるし、天候によっては芽が出ないこともある。病気に弱いこともあり、苗で大きく育てて移植する方がリスクが少ない。しかし、長くポットに置いておくのは問題で、根が成長を止め、大きく育たなくなることがある。本葉一枚で移植するくらいがちょうどいい。

「ほいじゃあ、畑へ行ってんべえ」啓之助さんが畑へと誘ってくれた。畑は家のすぐ上にあった。綺麗なお茶畑の奥に大滝いんげんが植えてあった。長い竹の棒が頑丈に支柱として組んであった。気温が高くなる夏に成長する大滝いんげんはツルの先が支柱に触れて焼けることがある。市販のビニールを巻いた支柱は特に高温になるので使わず、竹を支柱にする。支柱の長さは二、七メートル。畝幅は一メートル三十センチ、株間は六十センチから七十センチ。このくらい広くしないと葉が茂ったとき、風通しが悪くなり病気にかかりやすくなる。今は二本の苗が植えてあるが、いずれ一本にする。一本でも収量は変わらない。

元肥は入れない。豆科のいんげんは根に根粒菌があり、空気中の窒素を根に蓄えることが出来るので無肥料でよい。畑の土作りは主に堆肥をスキ込むこと。落ち葉堆肥が中心だが、堰堤下の落ち葉を主に使っている。堰堤下の

きれいなお茶畑を抜けると、斜面に畑が広がる。

順調に育っている大滝いんげん。草ひとつない畑。

竹で組んだ頑丈な支柱。台風でも倒れないように。

落ち葉には草の種が含まれている率が低いからだ。

他には製材所から針葉樹のチップを買ってきて敷いている。これは畑の乾燥予防だ。腐れば立派な堆肥になるし、草が生えるのを防ぐマルチング効果もある。

畑の土はサラサラでじつに良い土だった。何より驚いたのは雑草がまったく生えていないこと。夏に雑草の生えていない畑を見るのは初めてだ。聞くと、毎日畑で草を抜いているとのこと。じつに素晴らしい。

畑の周囲には網が張ってある。鹿が出るのだ。鹿はツル先の柔らかい部分を好んで食べるため、今侵入されると大滝いんげんは全滅してしまう。毎日畑に行くのはその予防の意味もある。いんげんが大きくなって実が成ると、今度はサルが来る。サルの侵入対策で電気柵が張られていた。乾電池六本で一ヶ月もつ電気柵だ。触ってみたら肘まで衝撃が走った。鹿やイノシシにも効くそうだ。

畑で汗を拭きながら、大滝いんげんを作り続ける楽しみを聞いてみた。啓之助さんは

「大滝いんげんは売るのが面白いやねぇ、大変だけど……」と笑って答えてくれた。

納涼祭りや秋のイベントで売る。豆が大きくなった方が美味いことを教えながら売る。名前も徐々に知れ渡ってきて、どうしても欲しいと前日に買いに来る人も多くなった。

二日間の秋のイベントで売り切れて、畑に採りに戻ったこともある。まるでかわいい子を世に出す親のような顔で啓之助さんは微笑んでいた。

山の畑から見える秩父の山並み。空が狭い。

ログハウス建築

◆二〇〇八年八月九日取材

　横瀬町にある正丸オートキャンプ場、オーナーの杉田宗助さん（七十九歳）は三階建てのログハウスを自分の手で六年かけて作った人だ。他にも、木工家として作品を作り、彫刻家として仏像や木像を彫り、県の博物館に依頼されて俵を編んだり、おかめ笹でザルを編んだりもする。ケヤキの丸太で臼を作っていたこともある。

　宗助さんに炭焼き窯作りを教えてもらったこともあるが、残念ながら天井が落ちてしまい、炭焼きをすることは出来なかった。最近ではモーターパラグライダーで秩父の空を飛び回っている。そんな秩父のスーパーおじいちゃんとも言える宗助さんに、三階建てログハウスを作るきっかけや建築の苦労話を聞いた。

ログハウスの建っている正丸オートキャンプ場の看板。

　ログハウス作りのきっかけはテレビドラマ『北の国から』だった。テレビで見ているうちに何となく自分でも出来るような気がしたという。木工家として木材加工に精通していたから自然にログハウスに興味を持つようになった。

　テレビドラマでやっている場所を見たくて、北海道の富良野まで出かけて行った。ラベンダーの丘に建っているログハウスは、カナダから材木を運んで作ったもので、とても立派なログハウスだった。『北の国から』ロケ現場の、『五郎さんの家』は「こんなもんか」という貧弱なものだった。三間半の細い丸太で組んであった。自分ならもっと立派なものが出来ると思った。二十五年前、五十四歳の時だった。

管理棟になっている、三階建てログハウス。
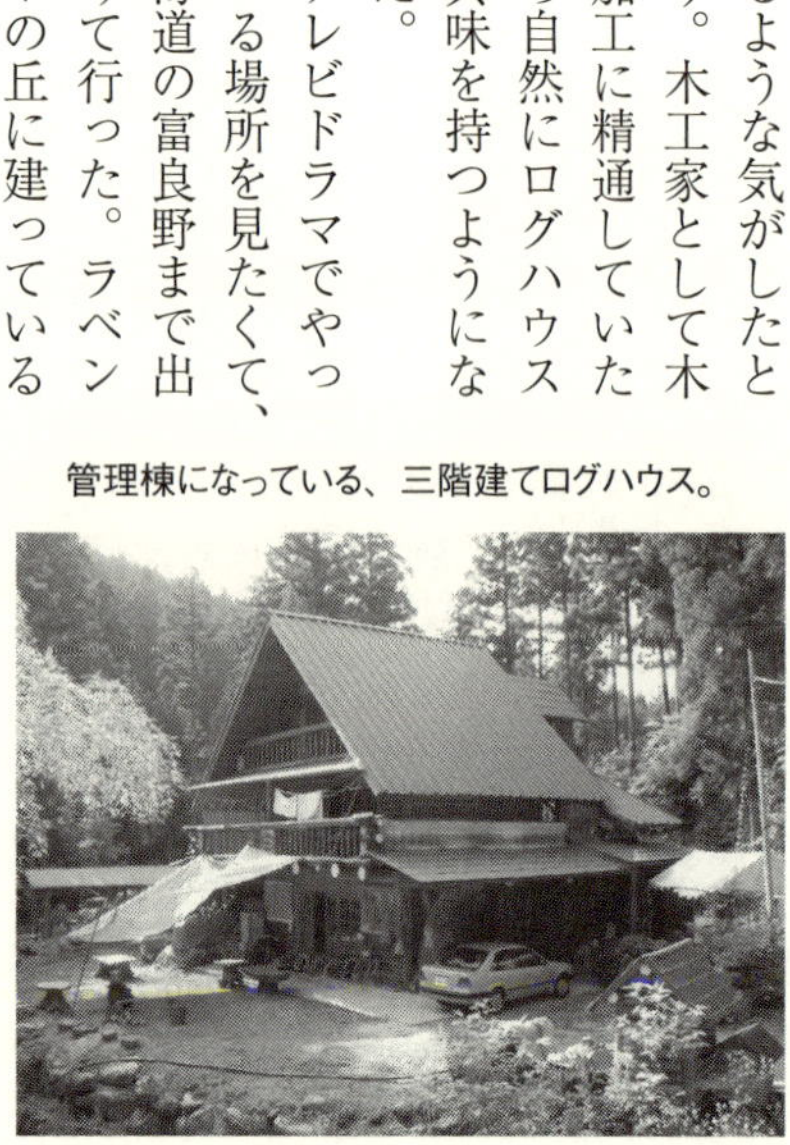

　その「思い」が具体的に動き出したのは、ゴルフ場の代替地として、この山林が手に入ったことからだった。今はオートキャンプ場として整備されているが、当時は単なる杉林だった。宗助さんは最初にこの場所を見た時から「ここにログハウスを建てよう」と思った。ログ材料の杉はいくらでもある。しかし、橋がない。まずは橋

作りから第一歩が始まった。土木工事会社の友人に助けてもらい、車が通れる橋を作ったところから夢への挑戦が始まった。

六十歳の夏だった。日光の高原にある「アランマッキーログハウススクール」に十日間泊まり込んで、ログハウス作りのノウハウを勉強した。アランマッキーは当時最先端のログハウスビルダーとして大人気だった。主にスクライバーの使い方を勉強した。材料が杉という事は決まっていたので、他の人と違い勉強内容も絞られていた。木工家としての知識や技術の裏打ちも、スクールを十日で終わらせることが出来た要因だった。アランマッキーは「材料が杉ならノッチを組むのではなく、ピーセンピースがいい」と言ってくれた。これは宗助さんの考えと一致するものだった。

建築前に作ったミニチュアのログハウス。

スクールから帰り、まずやったことはミニチュア作りだった。出来上がりのイメージと作業進行のイメージを掴むために、ログビルダーは設計図ではなくミニチュア作りを推奨する。ミニチュアとはいえ、実際にログで組むのだから、真剣に作る。そのままサイズを拡大すれば実際のログハウスになるくらい真剣に作る。

宗助さんはお孫さんと楽しみながら真剣にミニチュアを作ったという。この時作ったミニチュアは今でも現ログハウスに保管されている。このミニチュア作りでどのくらいの大きさ、太さの杉が何本必要になるかが分かる。数えてみると膨大な数の杉が必要になることが分かった。使う杉は全て皮をむかなければならない。

杉の皮をむくために宗助さんが取った方法は画期的なものだった。杉の木が立ったままの状態で皮をむくことだった。根回りをチェーンソーで薄く切り、皮を持って上にまくると皮が簡単にむける。九月から十月までこの作業で皮をむいた。

皮をむかれた杉は枯れるが、枯れる前に樹幹の水分を上で生きている枝が吸い取ってくれる。立ったまま含水

ログハウスの前で話を聞かせてくれた宗助さん。

率が低くなり、乾燥が進むことになって一石二鳥だった。
　こうして枯らした杉は重さが半分以下になっていた。立ち枯れさせた杉を、良い杉から順番に必要な分だけ切って使った。倒して一箇所に積んで、必要な分だけ使う。大きく重い丸太を動かすにはユンボやユニックの力が欠かせなかった。

ラウンドノッチで組み上げたログハウスのトイレ。

　ログハウス建築の第一歩はラウンドノッチで組み上げた小さな家だった。これは当初お風呂場にしようと組み上げたもので、今はキャンプ場のトイレになっている建物だ。チェーンソーだけで刻んだとは思えない正確なノッチ加工が素晴らしい建物だ。本格的なログハウスを組む前に、この小さいログハウスを作った意味は大きかった。手順や加工方法を確認するための試験的な意味もあった。実際にラウンドノッチで組んでみて、その問題点を確認し、本番はピーセンピースでやろうと決めた。

　次に取り組んだのが、現管理棟の三階建てログハウスだった。この巨大なログハウスは全て自分の山の杉を使って作ることにした。工法はピーセンピース工法。ピーセンピース工法とは、柱や梁に丸太を使った木造軸組構法、いわゆる在来工法で、柱に溝をつけて柱と柱の間にログ（フィラーログ）を落とし込んで壁面を構成する工法だ。

　様々な工法を検討したが、材料が杉であること、一人で加工する時間などを考えてこの工法にした。ピーセンピース工法については、所沢の日高さんからも話を聞いた。結果的にはこの工法がベストだったと杉田さんはいう。ピーセンピースという工法は日本の風土に合うものだった。雨の多い日本では屋根を早く葺けるという大きな利点があった。しかし、半端でない大きさのログハウスだったから、そこまでの工程は大変だった。

　杉を切り、ユニックで運び、加工して組み上げる。一日に五本も動かせればいい方だった。このログハウスは最初は二階建てだった。今の一階部分は床下で、そこにユンボや工事車両を格納していたのだ。雨対策からも屋根を早く葺くことが必要だった。

　その屋根葺きが最大の難関だったと、宗助さんが思い出しながら話してくれた。屋根の大きさは、片面縦八メートル、横八、五メートルの六十八平方メートル。トタン板の長さは八メートルで、幅は九十センチ。このトタン板を全部で二十二枚張らなければならない。屋根は金勾配《かねこうばい》という角度四十五度の急勾配。不安定な足場に登りトタン板を張る。冬の寒い日に連日緊張の作業が続いた。

トタン板はユニックのアームに四メートルのヒノキ角柱を固定し、先に付けた滑車を使って屋根に上げた。ユニックがなければ出来ない作業だった。屋根が出来上がれば、雨の心配なく壁の工事にかかることができる。文字通り、屋根の工事が山だった。出来上がった屋根はブルーのトタン板がまぶしい巨大なものだった。

屋根が出来上がり、壁に組み込むログを加工する日々が続いた。何本もの杉を切り刻み、組み上げる。杉は良い木から順番に伐り、全部で二百本くらい使った。曲がった木は残したのだが、あれから何十年も過ぎた今、曲がった木も真っ直ぐに育っている。自然の修正力はすごいものだ、と宗助さんは感心する。

宗助さんがひときわ気に入っている柱がある。建物正面の右下に据えた巨大な曲がり杉だ。倉尾《くらお》の山奥で見つけた根曲がり杉。山の神の裏に生えていたその杉は、両側を巨大な岩に挟まれた狭い場所に生えていた。

伐り出して、年輪を数えたら、ゆうに三百年を超えていた。根が十メートルくらいあって、その張りも見事だった。幹はシンボルとして柱に加工し、根はテーブルの足や、上がりかまちに加工して使った。

こうしてログハウスを作りながら、水源を探した。裏の山の奥に石灰岩の間から湧き出している水を見つけ、ホースでタンクに落として使うことにした。石灰岩からの湧水はどんなに雨が降っても濁ることはなく、日照りでも渇水することがなかった。温度も一定していて、ここで使うには最適だった。電気は橋の向こう側までは引いてあった。そこから先は自分で引かなければならなかった。専門の工事を頼み、こちら側に電気を引いた。

二階三階が出来上がってから一階部分を作った。今見ても、後から作ったとは思えない一階部分の出来上がりは素晴らしい。ログハウスの完成は建築開始から六年後、宗助さん六十七歳の時だった。

「まだ出来上がっちゃあいねえんだいね……
……」と宗助さんは言うが、よくこれだけの建物を自分一人で作り上げたものだ。その知識と技術には驚嘆するほかない。

新しく作ったロフト付きログハウスコテージ。

武甲山に暮らす

◆二〇〇七年八月一六日取材

秩父盆地を見下ろす武甲山。秩父の名山である。その武甲山も石灰岩の採掘で山肌を大きく削られ、痛々しい姿を炎天下にさらしている。

表参道を生川《うぶかわ》沿いに車で走ると武甲山が目の前に圧倒的な迫力で迫ってくる。カーブを曲がると道はいきなり石灰工場の中に迷い込み、しばらく大きなトラックと一緒に工場の中を走る。

工場地帯を抜け林道に入ると、山深い緑に覆われひんやりと空気までも変わる。杉林の中に湧き出す冷たい名水「延命水」を過ぎ、さらに林道を上ると表参道登山口の鳥居が見える。鳥居の両側には一対のお狗《いぬ》様《さま》が出迎えてくれる。ここが武甲山登山の起点で、ここから頂上まで丁目石が置かれ、山頂が五十二丁目となっている。

武甲山表参道にある「延命水」は甘くて美味しい。

守屋恒治《もりやつねじ》さん（七十六歳）の家はまだこの上で、林道は傾斜とカーブを急にして武甲山の懐深く入り込んでいく。林道の終点が恒治さんの家で、家の前には「八丁目」の丁目石が置かれ、登山届けを入れる箱が設置されている。

武甲山麓で最奥の人家がここだった。家の横を生川《うぶかわ》の渓流が白く流れ、ケヤキやミズナラの巨木に囲まれた池が段々に並んでいる。奥には手入れされたお茶畑が広がり、家の裏はワラビの畑が広がっている。庭の木々はまるで盆栽のように枝ぶりを競っている。山深く薄暗い杉林の中を走り、ここに辿り着くと、まるで別世界だ。そこには、宝石のような空間が広がっていた。

恒治さんはここで六十年間暮らした。

八月十六日、武甲山の懐深くにある旧武甲鱒釣り場の自宅で恒治さんに会った。恒治さんは長くここに住み、武甲山と共に暮らしてきたが、二年前に足を悪くして息子さんのいる八王子に引っ越していた。今日は家族でお盆のお墓参りに来ていた。事前に連絡を取って、ぜひこ

登山道入り口の鳥居を守るお狗様《いぬさま》（オオカミ）。

家の前にある登山道標。登山届けのポストもある。

こで会って話を聞かせて欲しいという願いを聞いて頂き、何度も通った懐かしい家で昔の話をたっぷりと聞かせてもらった。

この家はもともと恒治さんの親戚の家で、恒治さんは昭和二十年（終戦の年）十四歳の時に養子に入った。もともと家は近くだし、ちょくちょく遊びに来ていたのでそれほど違和感なくここで暮らし始めた。

子供の頃にはすでに石灰工場が出来ていて、武甲山には削岩の音が響いていた。仕事は主に林業や炭焼きなどの山仕事だった。個人の山や三百五十町歩ある県造林の下刈りや枝打ちが大半で、毎年仕事に困ることはなかった。五～六人が組になり、十町歩ずつくらい伐ったり、植えたりして日当で何人分といってもらう形だった。

炭焼きは冬の仕事で、雑木ならどんな木でも炭に焼いた。何軒かの商店と問屋に出荷していた。出荷するときは連絡すると下の鳥居の所までオート三輪で取りに来た。その時に米や酒を運んでもらうのが常だった。

鳥居からは自分の足で何でも担ぎ上げた。当時まだ家までの林道はなかったので自分で背負うしかなかった。セメント袋五十キロを二袋担いだこともある。百キロくらいの荷物は普通に背負った。家の資材も、池の資材も、道具も全部自分で背負って運んだ。

八年前、炭焼きを教えてもらった炭焼き小屋。

秩父に映画を見に行くこともあった。当時まだ自転車がなく、歩いて秩父まで行った。映画が終わって帰る頃には真っ暗になっていた。この集落には八軒の家があり、生川部落と呼ばれていた。当時はお祭りからお葬式まで何でも集落内でやっていた。

二十八歳の時に横瀬のヨシエさんと結婚し、三人の子供に恵まれた。子供達は小学に上がると八キロの山道を歩いて学校に通った。三年生くらいになると安心して送り出すことが出来たという。当時まだ給食がなかったので、毎日お弁当を持たせて送り出した。

先生が家が遠いので心配してくれたが仕方ないことで

この日は家族で八王子から先祖のお墓参りに来た。

「ちっちゃい時でもけっこう帰ってきてたもんだよ……」と恒治さんは笑う。山では逞しくないと生きていけない。

　三十歳のころ鱒釣り場用に池を掘り始めた。ユンボなど無い時代だから全て自分の手で掘った。大きな石を丸太のテコで動かすのが大変だった。底のコンクリートも自分で張り、生川《うぶかわ》沿いに四枚の池を掘るのに二年もかかった。鱒釣り場の小屋も東屋も全部自分で作った。昔は何でも自分でやるしかなかった。鱒は成魚を漁協から買って入れていた。その後三センチくらいの稚魚を買ってきて育てる方法も併用した。

　釣り堀には二棟の店も建てた。六つの部屋があり、飲食を提供する立派なものだった。客は近在の人が多かった。夏休みなどは涼しさを求めて、結構な人出があった。何度も通ってくれて顔見知りになる人も多かった。登山客はあまり釣りをする人がいなくて期待外れだった。

　当時高校三年生だった皇太子殿下がこの家に立ち寄ったことがある。武甲山への登山だった。横瀬村長や県の偉いさんもたくさんやって来た。前日には警察が店の床下まで調べていた。見えない道にもずいぶんたくさんの警察がいたようだった。

　皇太子殿下が店に立ち寄って、奥さんが打った蕎麦を食べ、「おいしい……」と言ってお代わりしてくれたのがいい思い出だという。家の欄間にはその時の写真が二枚、誇らしげに掲げてある。

　この頃はまだ生川《うぶかわ》でも川のりが採れていた。大きな岩があちこちにあり、淵も三メートルくらいの深さがあった。「石屋がめった青石を採っちまうもんだから川のりも採れなくなったし、川も浅くなったいねえ、いい川だったんだよ」と恒治さんは昔を懐かしむ。今、生川では川のりは採れない。

　畑ではアワ、ヒエ、小麦、大麦、ジャガイモ、蕎麦、野菜などを作っていた。ほとんど自給自足で、充分食べられるものはあった。蕎麦の花が咲いたときに全部鹿に喰われた事があったが、今ほど獣の害はなかった。終戦後食糧不足だったこともあり、山岸に住む人はみんな鉄砲を持っていて、何かが出てくるとすぐにズドン！と鉄砲を撃った。下の村で猿が出たと大騒ぎしている時でも、ここには猿も鹿も何も出なかった。

　何でも撃って食ったが、カモシカが一番旨かったという。まだカモシカがご禁制になる前の話だ。その頃作ったカモシカの尻皮は暖かくて、山仕事で重宝したという。当時は狩猟期間の決まりもなく一年中撃っていたから、獣が家や畑に近づくことはなかった。

何頭しか撃ってはいけないとか、何々は撃ってはいけないとか、いつまでしか撃ってはいけないとか変な規制が始まってから山がおかしくなった。

「動物愛護だとかは都会もんの言うことで、ここら山岸じゃあ、そんな事言ってたら生きてけないやね。ばかげな話で本末転倒さあ」と強い口調で言う。

各地の畑が動物に荒らされ、何十万円もかけて畑を囲む柵を設置しなければ収穫すらおぼつかない現実。恒治さんの言葉が染みる。この家の周囲も鹿除けのネットが張られている。それでも鹿が入り、植樹したケヤキを喰って枯らした。野菜をここで作っても完全に覆ってやらなければ収穫できない。収穫した蕎麦を猿に全部喰われた事もある。昔と違って動物は遠慮しなくなった。それでも足が悪くなりさえしなかったら、ここで暮らしていただろうと言う。

登山客とのトラブルも増えていた。恒治さんの家の庭に平気で車を停め、一日置いておく人。集団で来て庭で休憩し、食事する人々。平気で庭に立ち小便して行く人。「あら、ワラビが生えてる」と言ってワラビ畑のワラビを盗って行く人。話を聞いているだけで情けなくなる。

武甲山は荒廃し、石灰石を取り尽くされ、やがて人々の視界から消える日が来る。最終的に石灰岩の残壁は高さ八百メートル、長さ五キロに達するそうだ。半分以上削り取られた山がそのまま立っているとも思えない。いずれ崩れて「昔、武甲山という山があった跡」になってしまうのだろう。

武甲山の山懐深く、六十年の歳月をかけて手入れされた家、庭、畑、池、樹木、その宝石のような空間が主を亡くし茫然としている。

人の手で造られたものは人の手が入らなくなった瞬間から茫漠とした自然に飲み込まれていく。

武甲山が人の手によって削り取られて破壊されていくその中で、人の暮らしの痕跡が消えていく。

武甲山のふところ深く、宝石のような空間があった。

竹カゴを編む

◆二〇〇八年八月二〇日取材

竹カゴを編む人を取材したいと思って探していたら、知人から秩父市内の新井正子さん（六十七歳）を紹介された。正子さんは市内の矢尾百貨店で竹細工の展示会を開いたりする人で、とても良い作品を作る人だと聞いた。

電話で取材を申し込み、色々話を聞いていたら、正子さんの家は秩父でも有名な「新井竹細工店」だった。夫の武夫さんは名人と呼ばれる竹細工職人で、一度話を聞いてみたかった人だ。

お店に伺うと、ちょうど正子さんが商品の竹カゴや竹ザルを店頭に並べているところだった。挨拶をしてお店の中に入る。テーブルの横手が作業場になっていて、様々な道具や材料が並んでいた。正子さんと話しているうちに、夫の武夫さんがやってきて話に加わった。武夫さんの話はじつに多岐に渡り、興味深いものだった。

ミューズパークへ向かう赤い橋の先に店がある。

正子さんに竹カゴ編みの実演をしてもらう。実演は、まず竹を切るところから始まった。切断用の箱台に竹を乗せ、弓張りノコギリで節を切り落とす。

節には溝があり、両側が盛り上がっている。この山の高い方が下になる。そして割るときは「木元竹末」と言われているとおり、末から割る。節の低い山側が末なので、そちらから割る。割るには割りナタを使う。刃が中央で曲がっている両刃のナタで、その根元部分を上手に使って竹を割る。

店の奥にある作業場。材料と道具が所狭しと並ぶ。

最初の割り口は枝の生えていたスジに出来る窪みを目安にする。竹の中に射し込んだナタの刃をその窪みの中央に当て、ナタの背を叩くと刃が竹に食い込む。竹は外側が固く、内側が柔らかいことを利用した確実な割り方だ。

半分に割った竹の切り口に欲しい幅の印をつけ、全体の中央から割る。竹を割るのは常に中央で割ることが肝心だ。目印に合わせて、真ん中、真ん中と割っていく。割るのは割りナタで、正子さんは少しずつ少しずつ割り進む。ナタの刃ぎりぎりの所を指で押さえてブレーキをかけながら少しずつ割り進む。決して「エイヤ！」と力まかせに割ったりしない。

こうして割って細くなった竹を、今度は半分に薄くする。左脇で締め付けて安定させ、割りナタを上手に使って半分の薄さに竹をはぐ（へぐとも言う）。作務衣の左脇は、この作業のせいで、すぐに穴が空いてしまう。はいだ竹を再度割る。そして再度はぐ。この時は右足に皮の履き物を付けたかかとで押さえつけ、左手で微妙に力を加減して上下させることで均等に竹を二つにはぎ分ける。こうして出来るのが、材料になる竹ヒゴだ。竹ヒゴは水に浸けて柔らかくさせてから、カゴ編みに使うことになる。

次は微妙に違う太さを揃える作業だ。専用の幅削り器に先ほどの竹ヒゴをセットして、右手で押さえ、左手で引っ張る。これだけで幅の揃った竹ヒゴになる。

この幅を削る道具は竹細工仕事には欠かせない道具で、幅に合わせて何種類も揃っている。カンナの刃を二枚縦に立てたような形で、切れ味は鋭い。職人の世界は道具の世界でもあり、こういう専門の道具を見ると嬉しくなってしまう。他の道具で代用が出来ない専門性が素晴らしい。こうして竹ヒゴの幅は揃った。次は厚さだ。

竹ヒゴは元と末では微妙に厚さが違う。それを均等な厚さに削らなければ、竹カゴ編みは出来ない。膝に広げた厚い皮の上でヒゴをナタで削る。微妙な作業が続く。

指先の感覚が全てなので、必ず素手でやらなければならない。手袋などしていたら微妙な感覚は判断できない。竹細工と言えばトゲが刺さる心配もあるのだろうが、手袋をすることはない。膝に広げた皮の上に、クルクルっという削りクズが溜まっていく。

内側と外側の二枚の竹ヒゴが出来た。正子さんがその二つの違いを説明してくれた。同じように見えるが、当然外側の方が固い。製品の外に当たる部分にそのヒゴを使う。内側の編み込みや、力の掛かり方が少ない場所に内側のヒゴを使って編む込む。

丸い台の上に正子さんが立ち、そのガイドラインに沿って竹ヒゴを並べ始めた。竹の編み目は幾何学模様になっているが、最初の基本はこの丸い台にあった。ここできちんと編み始め、寸法もきちんと測らないと模様がずれてしまうことになる。

二本並べる場合は元と末を互い違いに置いて作業する。こうすると出来上がった時に強度が高く、安定した形になる。底を編み上げて、正確に寸法を測る。そして三本

竹カゴを編む正子さん。指が手品のように動く。

の「尻ん棒」を射し込んで固定する。この棒は途中で外し、最後に安定させるために再度使用する。

底が編み上がったものを腹に当て、うまく竹を湾曲させながら胴の編み込みに入る。何段か編むと、そこから先は様々な形に編み込む事が出来る。実演はここまでで終わった。伸びたヒゴ先を色々な形で正子さんがつまむと、様々な竹カゴになることが分かる。まるで手品のように形を変える竹カゴ。蓄積されたノウハウが様々な形にカゴを作り上げる。今日見せてもらったのは、そのほんの一端だ。じつに奥の深い、興味深い世界の入り口だった。

昔からカゴ屋では「竹割り三年」と言われている。カゴの種類によって使う竹も違うし、加工の仕方も違う。竹を割る作業だけでも奥が深く、三年はやらないと材料の竹ヒゴすら作ることはできない。五年必死にやって、やっと基本の編み方が修得でき、十年やれば一人前と言われている。

正子さんは「基本が大事だいねえ……基本さえしっかりしてれば、応用はどうにでもできるかんねぇ」と言う。やはり技術の習得には基本が一番大切なのだ。素人の真似事で形ばかり出来ても、強さや美しさは比べようもない。ましてや実用品として使う事になればその差は歴然で、素人の作品など使い物にならないのが竹製品だ。

正子さんが編んだ竹の花カゴ。

正子さんに結婚のいきさつを聞いてみた。なんと驚いたことに正子さんの方からアプローチした結婚だったという。正子さんは中学を卒業して東京に行っていたが、父親が亡くなる不幸があり、秩父に戻ってきた。

秩父で暮らすようになり、青年会で子供会を指導する役員会に出席したところ、そこに武夫さんがいた。「何だかまじめそうな人だったんだいねえ……」とその時の印象を語る。市民グラウンドで行われた運動会の時、武夫さんがトイレに行く機会を利用して声をかけた。

「自分から言ってダメだったら仕方ないんで、言っちゃったんさあ。待ってたってしょうがないもんねえ……」
正子さんのストレートさと行動力に驚く。

武夫さんも気分が悪かろうはずもなく、二人は四年くらいつき合って一緒になった。相生町《あいおいちょう》の家で武夫さんがカゴを作り、正子さんはたくさんいた職人の食事を作ることで目が回るような忙しさだった。

当時、市役所のごみカゴや屑カゴ、秩父セメントの袋カゴ、東電の腰カゴや竹梯子、機屋《はたや》の弁当カゴなどの仕事で、まさにてんやわんやの状態だった。慣れない仕事も正子さんは何とも思わなかったという。別所《べっしょ》から市内に来たことだけでも良かったのだ。

店には正子さんの作品と武夫さんの作品が並ぶ。

その後、時代が移り二人で日本橋の高島屋、浦和の伊勢丹、東京ドームなどで全国職人展・物産展などで実演販売を行うようになった。二人の息のあった連携で様々な場面を乗り切ってきた。

正子さんには子どもが二人いる。二人とも男の子で今は会社勤めをしている。どちらかが家業を継いでくれればと思うのだが「生活の保障がない」と今の仕事を辞める気配はない。間近で名人の技を見ていた正子さんは、少しでもこの技を残せればと思い、店の移転をきっかけに竹カゴ編みを始めた。

「店番してるだけじゃ、もったいないなかったんで始めたんだいねぇ……」

「門前の何とやらで色々編むようになったけど、あたしのはまだまだだいねぇ……」

「お父さんは少しの事でやり直すんさあ、あたしはそれくらい大丈夫だよって言うんだけど絶対聞かないんだいねぇ。だから次も仕事が来るんだろうけど……」

手を動かしながら問わず語りに語ってくれた言葉の端々に、武夫さんへの尊敬の念がにじんでいる。二人の作品が並んで店先を飾っているのを見ると、何だかうらやましい気持ちになる。

ベランダで荒川を眺めながら話を聞いた。

魚篭《びく》を作る

◆二〇〇八年九月二〇日取材

新井武夫さん（七十二歳）は埼玉県で唯一人、一級竹工芸技能士の資格を持つ竹細工職人だ。秩父市久那に新井竹細工店を構え、様々な竹道具の制作を行っている。今回は武夫さんに魚篭《びく》を作ってもらい、その作り方と過程を取材させてもらった。

作業場に一本の青竹が持ち込まれた。ナタで節の山を削り落とす。こうしないと節が強くなり、編んでいるときに折れてしまうことがある。

「カゴ屋は何だって目見当なんだいね……」と言いながらその竹を割る。

青竹を切る。ここから魚篭《びく》作りが始まった。

日本刀から造り出した割りナタを使って、二つに割り、必要な巾を決めて細かく割る。これをコマ割りと言う。コマ割りした竹を半分の厚さにはぐ。割りナタではいだ片方を右足で押さえ、左手の指をテコにして手加減しながらはぐ。これは素人には出来ない技だ。終わると、そのヒゴをさらに半分の厚さにはぐ。これでヒゴの厚さは〇、八ミリくらいになった。

この時、はいだヒゴの表面はササクレだっているので、ナタの刃でこそいでササクレを取っておく。次は「巾決め」というカンナの刃を二枚並べた道具を使ってヒゴの巾を揃える。この時、つい細い方から入れて揃えたくなるのだが、ひと手間かけて、元側の広い方から削る。こうした方がササクレがきれいに取れて、あとの作業がやりやすい。

このカンナの刃も特注品だが、最近は作ってくれる鍛冶屋さんが少なくなってきた。

出来上がったヒゴは両端を切り出しナイフで細く削る。扇子などのように大量に削る場合は揃えて並べてカンナで削って形を整えるのだが、今回のように少ない場合は一本ずつナイフで削る。

そして最後のはぎ。

出来上がった立竹を点検する武夫さん。

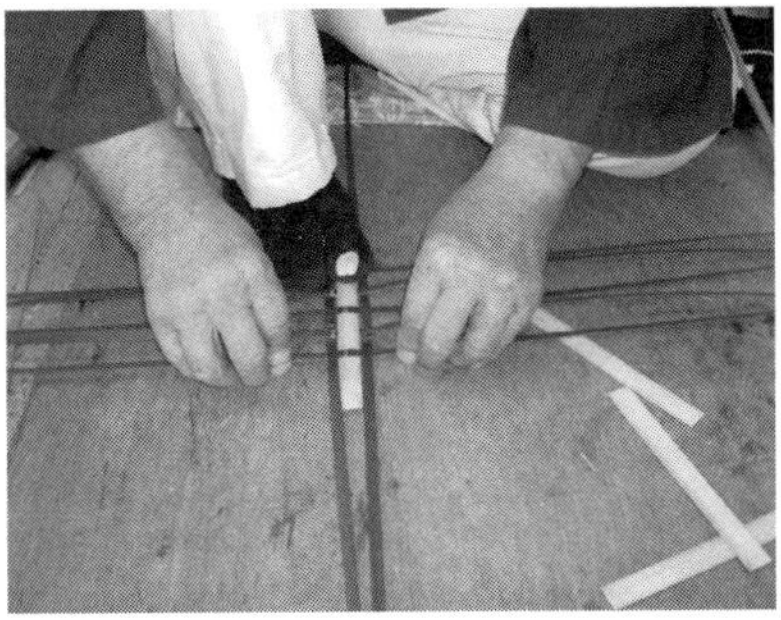

魚篭の底にあたる部分を「イカダ編み」で編む。

さらに半分の厚さには
ぐとヒゴは〇、四ミリ
ほどにも薄くなる。こ
こまでのヒゴ作りが大
変で、武夫さんも「材
料が出来れば半分以上
終わったようなもんだ
いねえ」と言う。

　体全体を使っての材料作り。五体全部が道具になって竹を割り、刻み、はぎ、削る。とにかく、編む前段階のヒゴ作りが大変で神経を使う。このヒゴは立《たて》竹となり、魚篭の骨になる。編み込む細く長いヒゴは丸めて水に浸けて柔らかくしてある。

　武夫さんは魚篭の底に使うコマ作りをしている。短い四本の幅広いヒゴだ。これをイカダ編みにして魚篭の底を作る。

　ここまでやって昼になった。奥さんが用意してくれた昼食を頂きながら、色々な話を聞いた。「黒沢さん、どうして秩父にカゴ屋が残っているか分かるかい?」武夫さんが言う。秩父は盆地だから、山を越えなければ外に出られなかった。外にカゴを売りに行かないし、外から売りに来ないから中のカゴ屋が残ったのだ。

　そうして残ったカゴ屋さんだが、昭和四十年に竹が一斉に枯れた時、ずいぶん転業してしまった。ちょうどプラスチックが出始めの頃で、実用品は竹の製品から型を取ったプラスチックに変わっていった。材料の竹がなければカゴ編みは出来ない。竹屋から買う竹の値段が倍くらいに上がった。カゴ屋受難時代の始まりだった。

　今、竹カゴは中国産の製品がホームセンターなどで安く売られている。値段にして約十分の一くらいだ。中国に竹問屋が行って作らせているもので、中にはベトナム産やフィリピン産の製品も混じっている。

　材料はハチクで、日本のものより弱く、特に継ぎ目部分が弱い。肝心な部分が弱い安かろう悪かろうの製品だが、中にはそれを修理に持ち込む人がいて困るという。一二千円で買った中国産の魚篭を、修理してくれと言って来た人は、修理代を告げると目を丸くしたという。本来の竹製魚篭とは値段が一桁違う。

　中国産の安物がはびこると、本来の値段が忘れられていく。しかし、こういう時代だからこそ本物を求める人がいて、ずいぶん遠くからも注文があるという。

　竹割り三年と言われる修業から始まり、武夫さんは、五十年以上この仕事を続けている。父親の跡を継いでこの世界に入ったのだが、父親が亡くなってからは様々な職人仲間が師匠となって仕事を教えてくれたし、自分でも勉強した。

竹細工の本場大分県に行って、あちこち見たり聞いたりしたが、二十代の他所の人間に教えてくれる人はなく、手の内は見せてくれなかった。今考えれば当たり前の話で、のちに問屋を介してお願いしたところ、快く指導してくれたものだった。

二十七歳で二十二歳の正子さんと結婚した。相生町《あいおいちょう》の店は大忙しで猫の手も借りたいような状況だった。商売は順調だったが、徐々に需要が少なくなってきた。竹枯れ、プラスチック製品の台頭、最近の外国産竹製品の増加など竹細工店にとって前途が不安になる問題が起きるたびに将来を考えるが、今、武夫さんはこの道を一筋に歩こうと決めている。

五十一歳の時に国家試験の「一級竹工芸技能士」の試験に合格した。秩父市役所の市長室で授与式に臨んだ。その時の師匠（全日本竹製品振興協同組合の理事長）から「竹仙《ちくせん》」の号をもらった。また、もう一人の師匠からもらった色紙が店にかけてある。そこには『ひとすじにひとすじの道　我の竹　　華雲斎』と記されている。どちらも武夫さんの心の支えとなっている。

午後の作業が始まった。縦七本、横五本の立竹ヒゴの間に、短く幅広い四本のコマヒゴを入れ、イカダ編みにして魚篭の底を作る。細い編みヒゴは四隅に節が当たらないように事前にチェックしてから編み始める。

立竹を指でころし（曲げてくせをつけること）徐々に膨らむように編み上げていく。この時、底に二本の尻ん棒を刺して、底が丸くならないようにしておく。

底から広がるように編み上げ、魚篭の膨らみを出す。ヒゴを繋ぐのは重ねて繋ぐ。四隅の角や力竹の部分で繋いではいけない。ある程度編み進んだら「腰絞め」をする。立竹を強く引っ張りながら編んだヒゴを左手で絞め込む。こうすることで全体が堅く締まる。武夫さんは正座して作業する。正座して編むのが一番力がうまく案配される。

ここから編み込み作業はつぼめる方向に向かう。魚篭の膨らみを決定する大事な工程に進む。武夫さんの左手が激しく忙しく動く。微妙に力を加えながら、出来上がりの形を指で確かめるかのように編

くびれた部分から広げるために立竹を指で「ころす」。

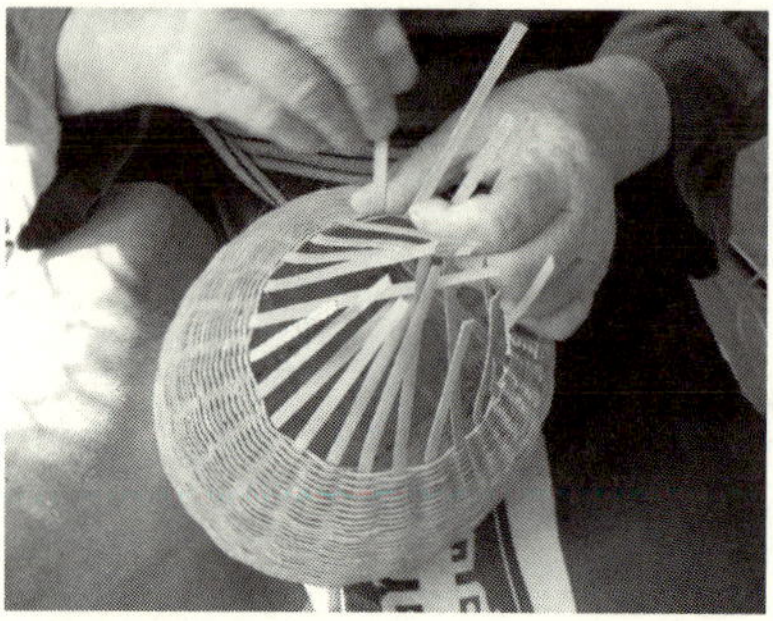

み進む。

全体がつぼまり、徐々に栗の実のような形になっていく。両手の感覚だけで形が作られていくの見ていると、何だか不思議な気持ちになる。図面がある訳ではなく、元になる型がある訳でもない。手の中で出来上がっていく曲面は何故か思う形になっていく。

熟練の技と言えば簡単だが、実際に目の前で見ると手品を見ているような気分になる。

出来上がった魚篭《びく》。柔らかなフォルムが素晴らしい。

栗の形になった魚篭はこれからが難しい部分に入る。一端くびれて細くなった首が今度は開いて大きくなる。首の部分の立竹を丁寧にころし、尚かつ水に浸けて柔らかくする。ある方法で型を決め、広くなるように編み上げていく。きっちり編まないとこの部分は緩みやすいので大変だ。神経を使う編み込み作業が続く。

魚篭は水に強くなければいけないので、竹の皮部分だけを使って編む。強度は強いが作業は滑るので大変だ。しかし、皮だけの製品は値段も持ちも倍になる。魚篭は水に浸かるので身のヒゴを使うとすぐに腐ってしまい使い物にならなくなる。

首が出来上がりの長さに編み上がった。立竹を七センチほど残して切り、割りナタで二つに割る。縁に沿って折り曲げ、組み込んで最後を止め、余った部分を切り落とす。

こうして編み上がった魚篭は最後の仕上げの当《あ》て縁《ぶち》作りに入る。竹製品の縁には「当て縁」と「巻き縁」がある。魚篭は、口が狭く強度と耐久性が求められるので、しっかりした「当て縁」で仕上げられる。飾り竹を添えて当て縁が銅線で止められて、魚篭が出来上がった。

とうとう一本の青竹が名人の手で魚篭へと生まれ変わった。素晴らしい出来映えに、ただただ見とれていた。触ると、堅牢な作りが弾くように手に伝わってくる。柔らかいフォルムが熟練の技とぬくもりを感じさせる。これは最高だ。


並んでもらって写真を撮った。お似合いの二人。

木鉢を作る

◆二〇〇八年九月二八日取材

九月二十七日と二十八日の二日間、秩父市中津川の「彩の国ふれあいの森・木鉢作り体験教室」に参加して木鉢作りをした。以前から木地師の仕事に興味を持っていたので機会があったら木鉢作りをしたいと思っていた。参加者は四名で、木鉢作り体験教室が開催された。この日講師として指導してくれたのが山中誠二さん（六十七歳）だった。

木鉢作り体験教室の会場、中津川森林科学館。

五個の材料が準備されていた。私は四十八センチの材料を選び、作業場所へと運んだ。各自の作業場所には道具箱が置かれており、中には丸ノミ、金槌、手斧《ちょうな》（ツボウチともいう）、平打ち（ヒラクチともいう）、鑓鉋《やりがんな》（ササガンナともいう）などが入っていた。使った事のない道具が多い。

重いイチョウの生木は丸く荒木取りしてあり、すでに縁の丸い線が引かれていた。その内側にはチェーンソーで浅く格子型に切れ目が入れてあった。

「まずは縁の内側五ミリくらいをノミで丸く打ち込んでから削ってくださいね。そうしないとうっかり縁が割れることがあるんでね」

誠二さんの声がかかり、それぞれの作業が始まった。

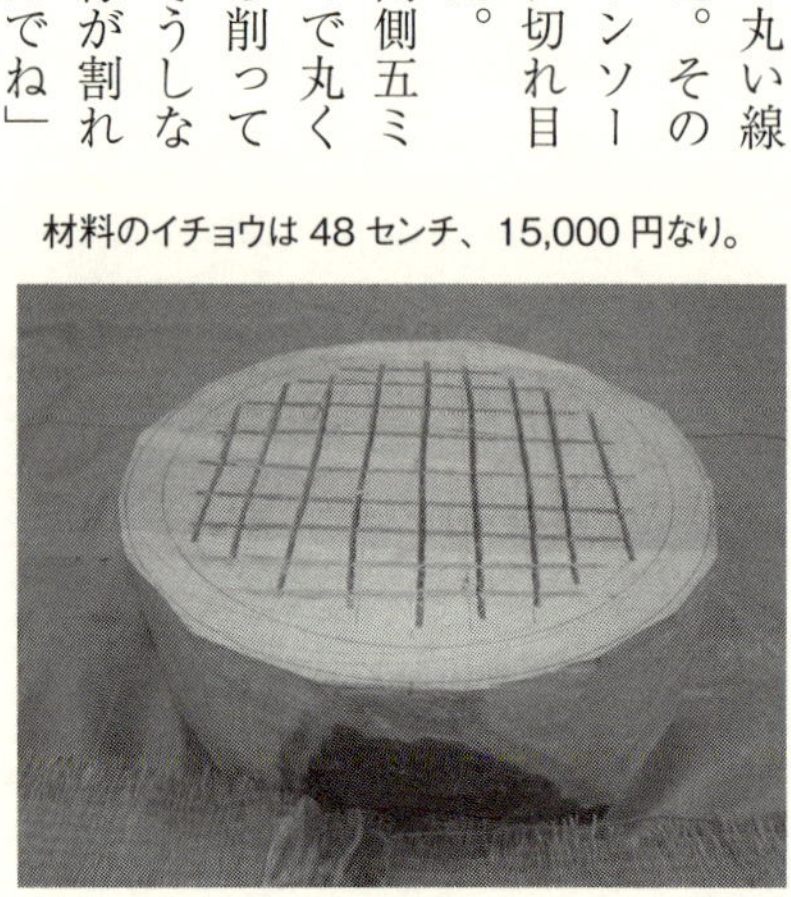
材料のイチョウは 48 センチ、15,000 円なり。

縁を線に沿ってノミで打ち込み、その内側を削る中ぐりの作業が始まった。最初は緊張したが、すぐに慣れてテンポ良く削る作業が進む。生木なのでノミの刃が気持ち良く入る。ノミも良く研いであって切れ味がいい。チェーンソーの削り跡はすぐに削りきり、その後はノミではなく平打ちを使って彫り進む。音が金槌の音から斧の音に変わった。

ノミも平打ちも木の逆目《さかめ》にならないように気をつけ、常に順目になるように打ち込む。夢中になって彫っていると額から汗が落ちてくる。バンダナを巻いて汗止めにして作業を続ける。平打ちは片手で使う唐鍬のような感覚で、打ち込んでこじる。深く彫るには最適の道具だ。打ち込む時のコーン、コーンという高い音が室内に響く。

あっという間に時間が過ぎ、誠二さんから「十時休みにしましょう」と声がかかった。

お茶が入れてあって、お茶請けにアカンボウ（マスタケ）の油味噌炒めが出された。これは本当に美味しくて何度もおかわりした。お茶を飲みながら聞く誠二さんの話が面白い。都会の人を相手に話が出来るというのは、地元でも貴重な存在なんだと思う。

ここには「こまどり会」という地元ボランティアガイドの団体があり、こうした体験教室などの指導員として様々な活動をしている。誠二さんもその一人だ。

休憩のあと誠二さんが手斧《ちょうな》の使い方を実演してくれた。さっそく真似をしてやってみる。初めて使う道具だが、その切れ味と使い勝手の良さに驚かされた。木の内側を丸く削るには最適の道具だ。面白いように内側が削れていく。

中ぐりを進めていくうちに赤身部分と白太部分の違いが大きいことに気づかされる。赤身の部分は芯材で、これが多いとひずみが出るので嫌われる。削るのも堅くて大変だ。材料選びは慎重にしないと、こうして作業が大変になる。午前中は中ぐりの途中までで作業が終わった。

昼食は宿泊する「こまどり荘」の食堂で食べた。誠二さんと一緒になったので色々話を聞くことが出来た。木地師は昭和四十年くらいまで中津川で活動していた。作った木鉢などは栃本とは別の卸に出していたようだ。誠二さんが木鉢作りを教わったのは「こまどり会」の先輩からだった。色々話しているうちに、ふと滝沢ダムの話になった。

手斧《ちょうな》の実演をする誠二さん。

「滝沢ダムが出来て道が良くなったいねえ。若いもんにはいいことなんだろうけど、年寄りにはどうなんだかねえ。下《しも》へ出ちゃった人は早死にするったいねえ。年寄りは土地から離れたら生きちゃあいけねえかんねえ。知り合いがいなくなって、生まれ育った場所がなくなったら死んだも同然だいね……」

「ダムだって、試験湛水の時点であちこち地滑り起こしてるしねえ。いったいどのくらい金がかかるんだか……まったくバカなことをやってらいね……」

滝沢ダムが出来て、中津川はダムの奥の村になってしまった。

午後の作業が始まった。誠二さんが鑓鉋《やりがんな》の使い方を実演して見せてくれた。鮮やかな手さばきで内側が削られていく。削られた木屑がクルクルときれいだ。

さっそく真似してやってみたが思うように削れない。堅い赤身の部分ではまるで削れない。白太の部分で削って鑓鉋《やりがんな》に慣れる。何度も削っているうちにコツが分かってきた。削り慣れてくると、シュッ、シュッという音が出て、刃が進む時に木の水が飛ぶようになる。生木なのだということが良く分かる瞬間だ。削れるようになると、これもじつに面白い。

やりがんなの使い方を実演してくれた。

誠二さんは女性参加者の木鉢を削っている。力の弱い女性には木鉢作りは大変だ。誠二さんの手伝う場面が多くなる。次は外側を電気鉋《かんな》で削り始めた。電気鉋のモーター音が室内に響き渡る。木屑が見る見る溜まってすごいことになっていった。どんどん木鉢の形になっていくのが面白い。回しながら少しずつ削って形を整えていく。

私も電気鉋を持ち出して外側を削り始めた。一日重いものを振り回しているので腕も肩もバリバリになってきた。鑓鉋《やりがんな》を使っているときに出来た両手のマメが痛い。電気鉋を使うのは緊張するので、休みながら使う。腕と腰が痛く限界に近い。

「もう今日はこのくらいにしましょう」という誠二さんの声が聞こえた。午後四時半で本日の作業終了。いやあ、疲れた。道具を片づけて掃除をする。木屑にまみれた体を払い、腰を伸ばす。脇腹と腕と腰が痛い。木鉢作りがこんな大変な作業だったとは思わなかった。宿泊するこまどり荘にチェックインして、すぐに着替えて温泉に浸かってやっと人心地ついた。

翌朝八時に作業場の鍵が開いた。さっそく中に入り、昨日の続きの作業を開始する。誠二さんはまだ来ていないが、待っていられない。今日は裏側の削りが主になるので、きちんと底から削り始める。中心点からコンパス定規で丸く線を引き、底の縁を決める。

丸ノミで糸底を作る感覚で削り始める。底は今は平らだが、乾燥してゆがむと修正が大変なので先に中心を削っておく。どうせ削るなら丸ノミで鎌倉彫のように削り跡を残して削っていると、そこにやってきた誠二さんが「おお、甚五郎だねえ……」と声をかけてくれた。底の縁が出来た後は、縁に沿って電気鉋で全体を整える。

十時になったので休憩し、お茶を頂く。今日は中津川芋の味噌炒めときゅうりの漬け物、こんにゃくがお茶請けに出てきた。どれも美味しい。この料理だけで取材したいくらいの美味しさだ。休憩中に色々な話が出た。

誠二さんはむかし土木関係の仕事をしていた。埼玉副都心の建設工事現場では大型ユンボを扱い、毎日二百台のダンプカーを相手に残土を積み込むという大変な仕事をしていた。中津川に帰ってきて森林組合の仕事を始め、今年で定年になるという。都会で働いていた経験が、都会の人を相手に指導することに生きる。

休憩中の参加者。出されたお茶請けがおいしかった。

「先生はおいくつなんですか？」という参加者の問いに「八十歳さあ」と答える茶目っ気も併せ持っている。様々な人が集まるイベントや企画にうってつけの人だと思う。

「道具の手入れが大変なんだよ」と言う。特殊な道具ばかりで、どれも切れ味が素晴らしいのは、日頃の手入れがきちんと出来ているからだ。我々がすぐに使えるということは、その前に研いでもらっているからだと知らなければならない。

大きな60センチ木鉢の削り方を相談する。

休憩後は仕上げに入った。私は誠二さんの「甚五郎だねえ」の言葉に励まされて、丸ノミで全体を刻むことにした。どうせ作るなら自分のオリジナルをと考えていたので、ひとノミ毎に神経を使い、全体を鎌倉彫りのように彫り上げた。

一日半で出来上がった私の木鉢は自分でも納得できる出来上がりだった。誠二さんの指導の賜物だ。生木のイチョウは特殊な臭いがするが、この臭いは一年間乾燥することで消える。出来上がった木鉢は新聞紙などに包んで日陰で一年間乾燥させ、その後、仕上げの削りと塗りに入ることになる。漆塗りが最高だそうだが、まだ一年先の話なので、ゆっくり方法を考えようと思う。

竹炭工芸品作り

◆二〇〇八年一〇月二八日取材

十月二十八日、小鹿野の高田実さん（七十五歳）に会うことができた。実さんは竹炭で工芸品を作り、秩父の矢尾百貨店で行われる手作り作品販売会などに出品している。

竹炭で工芸品を作るのはものすごく難しいものだと思っていたので、お願いして取材させてもらった。

実さんの家は黒海土《くろかいど》の交差点近くの和田地区にあったのだが、家が分からず、車で行ったり来たりして、最後は電話で確認してやっと辿り着いた。ピンポイントで家を探すのは難しいものだ。

竹炭の工芸品。竹を削ったものを炭に焼き上げる。

実さんは焼き上がった竹炭を製品にする作業をしているところだった。挨拶を交わして作業場の中に入って話を聞いた。実さんの生まれたところが、私が育った耕地の隣だったこともあり、知り合いのことで話が弾んだ。

実さんは若いときから瓦を焼いて屋根を葺く屋根屋として生計を立ててきた。お兄さんが始めた屋根屋を一緒にやり、役場の屋根を葺くほど盛況だった。

そんな順調だった状況が一変したのが事故だった。野《の》上《がみ》の建前でのことだった。梁の上に置かれていた浮き板に足を乗せ、そのまま落下してしまったのだ。落下中、無意識に伸ばした腕が何かを掴んだが、そのまま落下してしまい、肩を脱臼してしまった。激痛に耐え、野上から自分で車を運転して家に帰ってきた。

ところが、家の座椅子に座ったとたん、激痛で動けなくなってしまった。そのまま小川の日赤病院に運ばれ、一ヶ月間の入院になってしまった。激痛の原因は肩の脱臼ではなく、脊髄の損傷だった。ひたすら静かに治るのを待つだけの生活になった。退院する前に医者に言われた。「もう屋根屋は無理だ……」実さんはそれを聞いて、仕事を辞めた。六十九歳の時だった。

何か家にいながら出来る仕事を……と考えて「竹炭」を焼くことにした。当時竹炭ブームで、良質の竹炭が焼ければ、道の駅などで良く売れたものだった。幸い、実さんは瓦焼きの経験があったので、使える道具類も多く、焼きの経験も素人では分からない感覚を身につけていた。しかし、始めてみると竹炭焼きは難しく、試行錯誤の連続になってしまった。

竹炭を焼く窯は自分で作った。耐火レンガを耐火セメントで固め、蓋はクレーンのように持ち上げる形にした。蓋と窯の縁は密閉し、熱が逃げないようにした。三年前に作ったこの窯はバーナーが付いている。このバーナーで火力が格段に上がるようになり、良質の竹炭が焼けるようになった。

この窯で十五時間以上かけて竹を炭に焼く。

この窯の前はドラム缶で焼いていたのだが、ロスが多いのと、出来上がりの品質にバラツキがあり、とても商品には出来ない炭だった。窯の温度は竹が燃えてしまうと一定以上に上がらなくなる。ドラム缶ではどうしても竹が燃えてしまい、温度が上がらなかった。出来た炭は練らしが足りなくてソッケない炭（ガサガサ、フカフカの炭）ばかりだった。

新しい窯になって竹炭はきちんと焼けるようになった。しかし、実さんはそこで満足しなかった。「作るんが面白れえんだいなあ、いろんなもんを作るんが好きなんで、色々試すんだいなあ」と今度は、竹炭で工芸品が出来ないかと試行錯誤し始めた。

「秩父じゃあ、こうゆうやり方で焼いてる人はいねえんだいなあ」と工夫の一端を披露してくれた。詳しくは書けないが、いわゆる「花炭」を焼く方法と原理は同じだった。蒸し焼きにするのだ。この方法であれば、どんな形の竹でも炭に出来る。あとは、その出来上がりの状態が一定になればいい。

しかし、ここからがまた難しかった。火力の調節の微妙なこと。材料の状態によって出来上がる炭が変わること。バーナーの火を何処に当てて、どこに回すかで出来上がりがまったく変わってくる。

まったく竹炭を焼くのがこんなに難しい事だとは思わなかったと笑う。「元なんか考えてたら出来やあしねえやい。売る以前に、気に入ったもんが出来ねえんだから嫌んならいなあ……」目指すのは備長炭のような竹炭。キンキンと高い音が響くような堅い竹炭だ。様々な形の竹細工が備長炭のような炭に焼き上がることを目指している。

今、実さんが焼いている竹炭は孟宗竹を使っている。一窯で十尺の青竹を五～六本使う。長さを揃えて切って

黙々と袋詰めに精を出す実さん。品質が良い竹炭だ。

割り、窯に詰めて焼く。焼くのはバーナーを使って十五～六時間かける。石油を約十リットルも使う。焼き上がった竹炭は揃えて切り、電動ブラシで微細な汚れを磨き取る。ここまでで五日かかる。

磨き終わった竹炭を不織布の袋に詰め、さらにビニール袋に詰めて口を締める。

「ちょうきゅうにやれば、一日百個くらい出来るんかさあ……」一窯の竹を焼いて、製品にするだけで一週間かかる。「炭だけで食ってけりゃあいいんだが、遊びでやってるようなもんだかんなあ」「作るんは好きだけど、売るのは本気じゃねえんだいなあ」と手を動かしながら実さんが言う。

実さんの竹炭は「秩父産（一）イオン竹炭」という名前で販売されている。不織布の袋に入っているため、そのまま使用することが出来る優れものだ。

風呂に入れたり、部屋の空気清浄、冷蔵庫の脱臭、タンスや車の脱臭、虫除け、飲み水の浄化などに使うことが出来る。飲食に使用することも出来る。炊飯の場合、一枚を良く水洗いして炊くときに入れる。飲み水の場合、水一、八リットルに二～三枚を良く洗って入れ、一晩置けば浄化出来る。

一週間くらい使ったら煮沸して天日で乾かせば再利用出来る。煮沸すると、竹の導管に吸着していた匂いの成分が湯に溶けだし、色が変わるほどになるという。三ヶ月くらい使ったら新しいものと交換するのがいい。二個の竹炭を交互に使うと効率的だ。

きれいな色の竹酢液。木酢液よりおだやかな効き目。

竹炭を焼いているということで、あちこちから問い合わせが来る。青森の十和田市から竹炭について問い合わせがあり、現物を送ったこともある。長瀞の人が竹炭焼きの写真を撮りに来たこともあった。

どこかの役場の人が「竹が増えてきたのでそれを利用して竹炭に焼きたい」と竹炭の焼き方を尋ねてきたこともある。

「無理な話だいなあ、竹炭に焼ける量なんて、たかが知れてるかんなあ……」

竹炭作りで里山いっぱいの竹を処理出来ると思うのが間違いというものだ。設備投資と手間が尋常なものではない。これには私も同感した。

作業場には丸ノコ三台、穴開けのボーリング一台、ノミ多数、電動ドリル多数と道具に溢れている。道具代だけで百万を軽く超える。

竹炭を焼くときに出来る竹酢液《ちくさくえき》も売る。五百ミリリットルのペットボトルで二百五十円から三百円だ。昔は同じものが千円で売れたという人がいるが、そんなのは昔話だ。

竹炭ブームが去ったともっぱらの話だが、竹炭の工芸品だったらまだ売れる可能性があると思っている。実さんの挑戦は、工芸品を竹炭で作ることなのだ。

ストーブで木を燃やし、この窯でいぶし作品を作る。

実さんは竹炭だけでなく「燻《いぶ》し」製品作りもしている。簡単に言えば「竹の薫製作品」とでも言えるだろうか。

様々な形の良い竹を加工して成形し、窯に入れて木を燃した煙で燻す。煙に含まれるタール成分が付着し、黒光りした重厚な竹の作品が出来上がる。燃やす木の種類によって出来上がりの色が微妙に違って面白い。煤竹《すすたけ》製品のような感じの作品が、収蔵庫に沢山並んでいた。

燻し作品は煙の香りというか、木酢液の香りが強い。

「この匂いがイヤだってえ人が多くってねえ、こればっかりは何ともならんしなあ」

また、生竹を使うので乾燥具合でヒビが入ることもあり、その対策も頭が痛い。こちらもまだまだ改良の余地ありで、まだまだ試行錯誤の日々が続きそうだ。

形が面白い竹の根が作品の材料として大量に保存されている。この材料達が製品になるのはいつの日だろうか。形あるものを作り上げるのが大好きな実さん。その試行錯誤が止まることはない。

いぶし作品がズラリと並んだ収蔵庫。

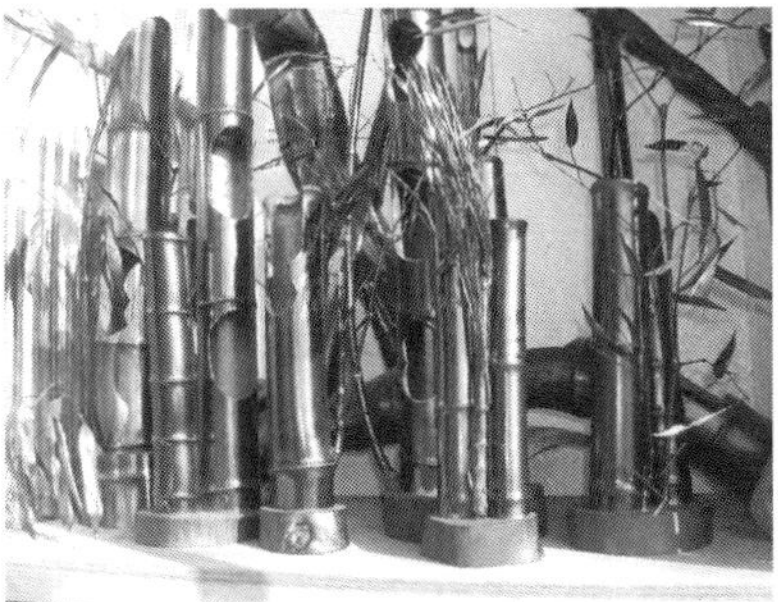

道具を作る

◆二〇〇七年一二月六日取材

十二月六日、武州日野駅前の久保鍛造所《たんぞうじょ》へ伺った。注文しておいた腰鉈《こしなた》が出来上がったという連絡が来たので、それを受け取る為だった。

秩父出身の人間なら秩父で作った鉈を使うべきだと、秋田の若い鍛冶屋さんに言われてその気になって、九月に注文したものだった。当主の久保槌男《つちお》さんは八十歳、座敷に案内されて炬燵に入って話を伺った。「まあ、お茶でも飲んでゆっくりしてくんない」と、勧められるままにお茶を頂き、野鍛冶の仕事について話を聞いた。

「そうさねえ、昔はどこの村にも鍛冶屋があってねぇ、トンカン、トンカンやってて、珍しいモンでもなかったけんど、今じゃあハァ秩父でうち一軒だけになっちゃったいねぇ。昔は鍛冶屋にも、うちみたいな野鍛冶から刀鍛冶、ノコギリ鍛冶、蹄鉄《ていてつ》鍛冶とか色々あったけど、今じゃあ無くなっちゃったいねぇ。うちじゃあ畑道具、山仕事道具、職人道具なんぞで二百種類くらいの道具を作ってるよ」

野鍛冶の仕事範囲は想像以上に広い。鍛冶屋が鉄工所に変わっていく時代にあって、農具の製造や修理、工具の製造や修理を依頼できる場所はなくなってしまった。道具は作ってもらうものから、買って使い捨てるものへと変わった。昔ながらの農具や道具を使いたい人は、秩父地方で唯一となってしまった野鍛冶の元へと自然に集まってくる。今では話を伝え聞いて各地から注文が入るようになった。

本来、農具や工具は使う人に合わせて作られるものだった。槌男さんが言う

「昔から、道具は使う人に合わせて作らなきゃあいけねえ、と親父にいつもうるさく言われたもんだった……」

例えば鍬《くわ》の刃の角度を決めるのは使う人の身長だ。四尺八寸の柄がおへその位置に来るように角度を決める。この位置に柄がないと作業するのに無理が働く。それ以外にも、石の多い畑か、急斜面の畑か、若くて力のある人か、腰の曲がったおばあちゃんか等々で鍬の大きさや重さを変え、刃先の形や鋼《はがね》の硬さを調整する。

ひとつひとつ自分の手で作るからこそ出来る道具で、まさにカスタムメイドを実践していたのが野鍛冶の技だった。大量生産で作られる道具とはそこが違う。

秩父の農具は平地の農具と著しい違いがある。鍬と唐《とう》鍬《ぐわ》・万能《まんのう》の形状が著しく違う。山間地用は幅が細く、先が鋭く尖っている。丘陵地から平地に行くに従って鍬の

幅が広がり、先が平らになっていく。万能は刃の数が二本から四本へと増えていく。土が深く柔らかい平地では、一回で幅広く耕せる鍬や万能が効率よく使える。しかし、この幅広の鍬や唐鍬では秩父の畑は耕せない。

豊富な種類の山仕事道具も秩父ならではのものだった。中でも「鳶口《とびぐち》なら日野に頼め」と言われたほど、先代左門次の評判は高かった。キヤンボウと呼ばれる山仕事の達人が使う竹鳶は、ほとんどが久保鍛造所の製作だった。

キヤンボウは七尺七寸の竹鳶に命をかけた。全身の力を込めて鳶を打ち込み、丸太を動かす。その鳶口は次の瞬間にスッと抜けなければならない。鳶口の先、米粒ほどの大きさに命がかかっていた。先が欠ければ自分が死ぬ。毎朝、キヤンボウは自分の金床を使い、焚き火で焼いた鳶口を叩いて鍛えたという。他人が触ることすら許さなかった。そんな鳶口を独自の工夫で作り上げたのが先代だった。土佐で買った鳶口を、先だけ持ち込んで、打ち直してくれという人も多かった。

鉈《なた》は打ち下ろした時に切れやすくするため、柄に角度が付いている。鋸《のこぎり》も引きやすくするために柄に角度がついている。東大演習林から頼まれた、木に登る為に足に着ける器具も作った。冬の間は枝打ちの鉈の注文が多く、夏になると下刈り鎌の注文が多かった。他にも皮剝ぎ鎌、押し切り、ヤス、蕎麦包丁なども沢山作った。しかし、山に入る人が少なくなり、チェーンソーや草刈り機が主流になるに従って山仕事道具の注文は少なくなっていった。道具は大手メーカーの分業製作による大量生産ものに変わっていった。

蕎麦包丁に関して槌男さんは二つの製品についてよく覚えている。一つは注文の厳しい人からのもので、寸法や形を厳しく注文され、柄は使う都度洗えるように分解できる形で、出来上がった重さがちょうど一キロでなければならない、というもの。注文を受けたものの、途方に暮れ、二年くらい音沙汰を無くし、そろそろ諦めただろうと連絡したら「久保さん、注文主が撤回しない限り注文は生きてるんだよ」と言われ、覚悟を決めて作ったそうだ。もう一つは十万円で蕎麦包丁を作ってくれ、と言われたもの。先に値段を決められるのは困ったもんだった、と槌男さんは苦笑していた。

槌男さんに工場を案内してもらった。工場の入り口には注連縄が張られている。工場の中も注連縄で囲まれている。野鍛冶は一般的に金山様を祀っている。金山様とは鍛冶の守護神、金山彦命《かなやまひこのみこと》のこと。不浄を嫌う神様なので四方を注連縄で囲み、常に清浄な場にしている。

工場を案内してくれた久保さん。

工場に祀られた「金山様」鍛冶の守り神。

入り口から入ると左手にスプリングハンマーが据え付けられており、その先に横座が作られている。横座は主人が座り、焼き入れ、成形を行う鍛冶の中心部だ。横座を中心に野鍛冶の仕事が動く。ふいごには金山様のご眷属（お使い）と言われるムカデを藁で作ったものが飾られている。

見上げると神棚に金山様が祀られ、梁にはおびただしい数の剣が貼り付けられている。これは、毎年一月二日に行われる仕事始め行事で作られる「初打ちヒナ形」を金山様へ奉納したものだ。「これがうちの歴史だいねぇ……」槌男さんが誰に言うともなくつぶやいた。錆びて形もおぼろげな刀達がズラリとならんで見守っている。その数を数えようとしたがやめた。数えるまでもなく、見ているだけで久保鍛造所の歴史が伝わってくるのだから数がいくつかは意味がない。

ふいごに金山様のご眷属であるムカデの藁人形が。

工場の外に出て日当たりの良い縁側で話を聞く。縁側はショーケースにもなっていて、様々なサンプルが掲げられていた。その中の一つに槌男さんの指が向けられた。それは小さな両刃の鎌だった。

「もともとは江戸時代に始まった流派で、初代が二連三《にれんみつ》星流《ぼしりゅう》って名乗ってたんだいねぇ。あの刃のところに紋が打ってあるでしょ。二代目が一つにして三星流になったんだけど、あの竹割り鎌がうちの何とも元なんだいね……」

三星流では槌男さんで五代をかぞえる。そして「左文《さもん》

玄関横の縁側はショーケースになっている。

字《じ》」の銘についても話してくれた。「親父の名前が佐門次でそれを銘にしても良かったんだけど、ある人の助言で易やなんかで「左文字」がいいっていうんで、それにしたんさあ。書いて見ると座りもいいんで良かったいね……」

槌男さんは生まれた時から鍛冶屋を継ぐと決められていた。名前もその期待を込めて付けられた。本人は子供の時から嫌で嫌でしょうがなかったと笑う。冬はあかぎれが出来るし、どこもかしこも炭の粉で真っ黒になるし。本当は絵が好きで、学校を出たら上野で映画看板の絵描きになったらどうかという話もあったそうだ。「何の因果かそのまま鍛冶屋になって、もう八十だからねえ」と笑う。しかし、絵が好きなのは今の仕事にも生きている。鉈の地金部分にタガネを筆のようにして絵を描くのだ。タガネで強弱を付けて打ち込み、老松の絵を描くのが得意で、皇太子殿下に造納した剣鉈にもその技が生かされている。

槌男さんがＮＨＫの三十分番組で、親子三代で鍛冶屋をやっていると紹介された。今の時代に野鍛冶という地味な仕事を継いでくれた息子さんに感謝していると言う。

跡継ぎがなく廃業していく多くの鍛冶屋さんと比べて、自分は幸せだと満足そうに微笑んでいた。

鳶口の名人初代「左文字」。皇太子殿下への造納剣鉈を作った二代「左文字」槌男さん。後を受けて今活躍中の三代「左文字」利美さん。利美さんが平成の名工と言われるようになる日もそう遠くなさそうだ。

皇太子殿下に造納した「剣鉈」の写真。

二代左文字作、秩父仕込み鉈。これが私の腰鉈。

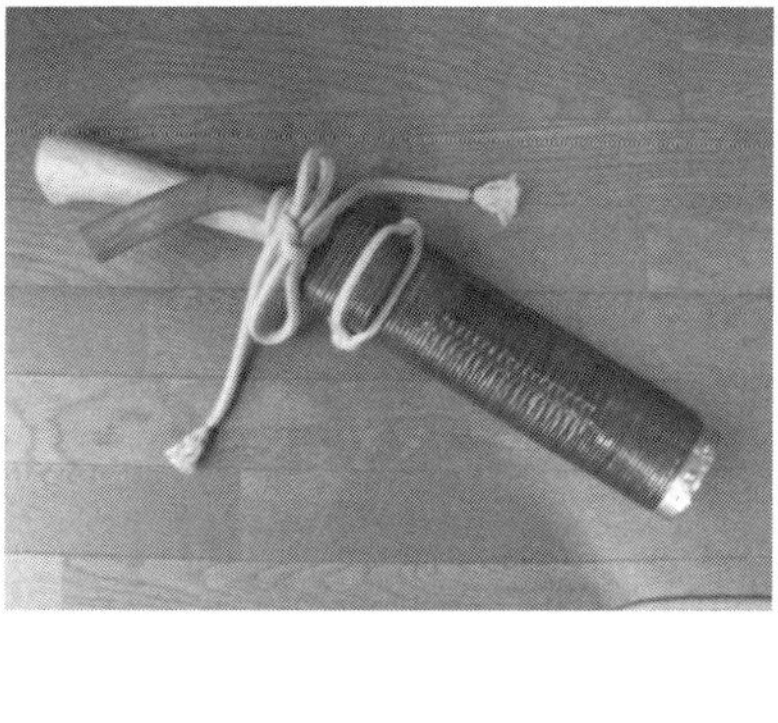

スカリ作り

◆二〇〇七年一二月一四日取材

スカリとは山仕事をする人が荷物を背負う為の袋のこと。様々な形や編み方があるが、作る手間の大変さに最近はすっかり見かけなくなってしまった。

スカリは、カンスゲというカヤツリグサ科の多年草（福島以西太平洋側の林内渓谷岩場に育つ。秩父ではテギレスゲ、イワスゲとも呼ばれている。）の葉を細く裂いて、縄にない、それを縦縄・横縄にして編んで作る編み袋。縄をなうことが全ての始まりで、縄をないながら編み進むので、出来上がるまでとても長い時間がかかる。

貴さんが作ったスカリ。これがスゲで出来ている。

スカリを作ってみようと思い立った六月に、山でカンスゲを採取し、鍋で煮て水洗いして乾かし、三ミリほどに裂いてスゲ縄をない始めた。三ミリほどの太さの縄が二百メートル以上必要になるという事だったので、暇な時間にスゲ縄を必死でない続けた。

その間に、スカリ作りを教えてくれる人を捜したのだが、なかなか見つからなかった。さいわい、栃本の廣瀬利之さんが知り合いの千島貴《たかし》さん（六十九歳）を紹介してくれたので、スカリ作りを始めることができた。

二百メートルのスゲ縄を持って貴さんの家に伺ったのは十二月五日だった。さっそくスゲ縄を見せると、すぐに作り方を教えてくれた。物置からゴザと材料のスゲ、木枠、スズタケの束、手カギなどが運び出された。「これだけ縄がなってあればすぐに出来らいね」などと言いながら手がテキパキと動き続けている。スカリにはいろいろなタイプがあり、様々な作り方がある。ここでは、貴さんのスカリの作り方を書く。縦四十二センチ、横三十五センチの型枠（木製）の上部にスズタケ十六本を輪ゴムで束ねて乗せる。この型枠がリュックサックの大きさになる。

まずは縦糸になる縄を五ミリ間隔で型枠に

木枠に縦糸を巻く貴さん。きつく巻くと後が大変。

巻いていく。この時に上部のスズタケをぐるりと巻いて折り返してくるのがポイントだ。この、ぐるっと巻いている部分が、リュックサックの開口部になる。縦縄は等間隔に片面五十六〜六十本（縄の太さによって本数は変わる）をセットする。

横縄は残った縄を二つ折りし、二本にして編み始める。型枠の底から縄編みで編み始める。縦縄ひと目ずつ交互に織り込み、縄をなうように編むので縄編みという。一列編んだら、ぐるりと周囲を編み進み、回りながら上へ上へと編んでいく。この部分がリュックサックの底になるので頑丈な縄編みが適している。こう文章に書くと簡単だが、ひと目、ひと目長い縄を通しながら進むのは何とも時間のかかる作業だった。

遅々として進まない作業に貴さんと奥さんから励ましの言葉がかけられる。外での作業が寒くなってきたので玄関の中に移動する。玄関の中は温室のように暖かかった。ただ、暖かくなるとスゲ縄が乾燥するので、霧吹きで霧を吹きかけながら作業を続けた。

昔からスカリ作りは冬の間や雨の日の仕事だった。貴さんは子供の頃からおじいさんに教わってワラジやぞうりを編んでいたという。スカリ編みは近所の人に教わった。材料のカンスゲはお彼岸の頃採集するのがいい。それより前だと柔らかく弱い。それより後だと固くなり、色も悪くなる。採集は一本一本抜くように採集する。この時に手袋をしていないと鋭い鋸歯で手を切ることがある。テギレスゲの呼び名はここから来ている。干して乾燥したカンスゲは、スゲ縄をなう時に水気を与えて柔らかくする。スカリの横縄は二本のスゲ縄をないながら編み進むことになるので、大量のスゲが必要になる。

この日は底部分に当たる縄編みを終え、網代《あじろ》編みで模様を作る方法を教わって終了となった。昼から四時半までかかって五センチくらいしか編めなかった。背中と腰がガチガチに固まり、動くのが大変だった。炬燵に入り、四方山話をしながらやっと人心地つくような有り様だった。貴さんが笑いながら「スカリ作りは根気がいらいねえ。何たって時間がかかるかねぇ……」奥さんも「今まで何人も教えてもらいに来たっけが、最後まで出来た人は無かったいねえ」と笑いながら相づちを打つ。こんな有り様でも、どうやら「やる気」だけは認めてもらえたようだった。この日は、リュックサックの胴部分を編み終えるという大きな宿題を抱えて貴さんの家を後にした。

それから毎日、会社から家に帰ってスカリ編みをするのが日課になった。一メートルのスゲ縄を二本ない進んで編み上げても二段にしかならず、わずか五ミリしか進まない。まるで何かに取り憑かれたようにスゲ縄をない続け、網代編みを続けた。網代編みとは縦縄を二本またぎ、二本くぐる編み方で、次の段に一目ずらすことによって斜め模様を出す編み方だ。これを続けることで全体に斜めの線が走る模様に見える。単純な作業をひたすら繰り返す。

スゲ縄をなうのがだいぶ上手になってきた。最初の頃の縄目が未熟で恥ずかしくなる。

単純に網代編みだけでは面白くないので赤と黒のヒモを買ってきて編み込んでみることにした。胴の中央部分に二本のうちの一本を黒ヒモにして網代編みを五段編み、次に赤いヒモに変えて五段編み込んだ。そこからは逆方向の網代編みに編み進んだ。胴部分の上半分は斜めの線が反対向きになる。こうして自分で模様を工夫しながら作るのがスカリ作りの醍醐味かもしれない。胴部分を編み終わったら、上部のすかし編みを五本、縄編みで編んで宿題が終わった。ここまでに一週間かかった。

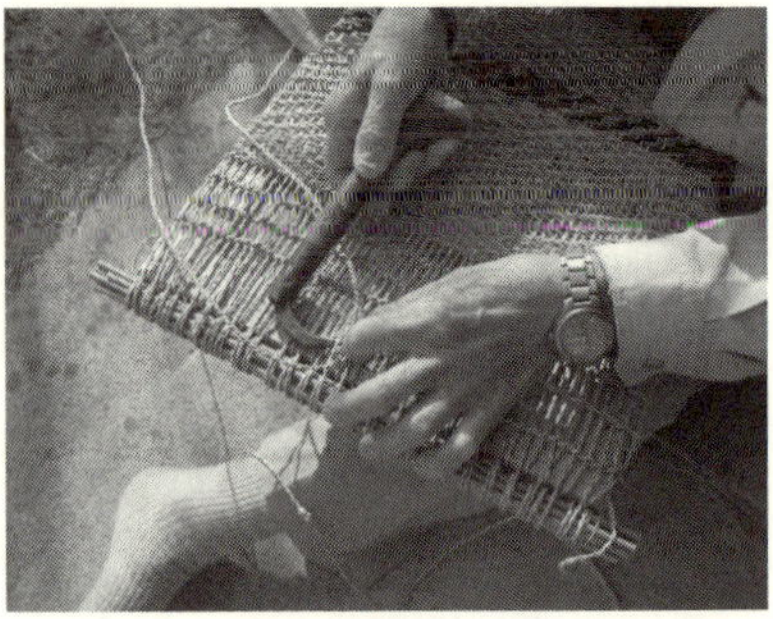
手かぎを使って最後の透かし編みをしてくれた貴さん。

次に貴さんの家に伺ったのは十二月十一日の午後だった。作業が思いのほか早く進んでいるので貴さんも驚いていた。早速玄関先にゴザを出してスカリ作り教室が始まった。編み上げた胴部分を型枠から外し、裏表をひっくり返す。こうするといきなり編み上げたスカリが丸く膨らみ、袋の形になった。「ほら、こうすると袋になっちゃうんだいねぇ～、不思議なもんだいなあ。昔の人は本当にえらいやねえ……」型枠を外していきなり変身したスカリにビックリした。自分が編んだものとは思えない、きれいな立体がそこにあった。

貴さんが口縄をなってくれた。この口縄を縦糸の口輪に結びつけて、もう一段長い口輪を作る。何だか文章で書いても理解出来ないが、これは実際にやってみないと何をやっているのか分からない。貴さんの作業を見ていても何をやっているのかサッパリ分からず、自分でやってみて初めて理解することが出来たほどだ。

そして、この日は肩

束のスズ竹を取る。これが袋の口になる。

裏表をひっくり返すとこんな感じになった。

縄の作り方を教わって時間となった。またしても大きな宿題で、肩縄を二本編み上げて、胴体と連結すればスカリの完成となる。この日の作業が終わって、やっと先が見えてきたような気分になった。肩縄作りの見本に、出来上がったスカリを一つ借りて貴さんの家を後にした。

翌日からまた自宅でスゲ縄をなう作業が始まった。肩縄には一尋（ひとひろ：両手を広げた長さ）の縄が六本必要になる。ひたすら六尋のスゲ縄をなう。

出来た縄を六本に切り、三本ずつに分ける。三本の縄を口輪に通し、開口部の長さで結ぶ。六本になった縄を二本ずつで三つ編みにして十センチ。そこから六本を横に並べて、黒いヒモを横糸に編み進む。肩に当たる部分を厚くする為と、幅を広くして肩当たりを柔らかくするためだ。もちろんデザイン的な見映えも考えている。

十二センチほど編み込んだところで、今度はヒモを赤に変える。赤いヒモも同じように十二センチほど編み込む。ヒモを編み込み終わったら、そこからまた三つ編みにして肩に背負う長さまで編み進む。肩縄の長さを編んだら固結びにして止める。胴体の角に緒通《おどお》しで穴を開け、そこに六本の縄を通し、袋の内側でまた固結びする。この結びが肩縄のストッパーになる。これで片方の肩縄が出来た。反対側も同じように編み進み袋の内側で固結びする。余った縄の先端同士を袋の中で結ぶと抜けることはない。こうしてやっと私のオリジナルのスカリが出来上がった。

山に生えているスゲで細い縄をない、その一本の縄でこのスカリを作る。昔の人の知恵と技が凝縮しているスカリ。俗に「スカリは一生もん」と言われている。スゲ縄の強さと精緻で工夫された編み込み模様。使うほどに愛着が湧いてくるものなのだろう。

それにしても、スカリ作りの大変さは、実際にやってみて初めて分かるものだった。

七ヶ月かけて、やっと出来上がった私のスカリ。
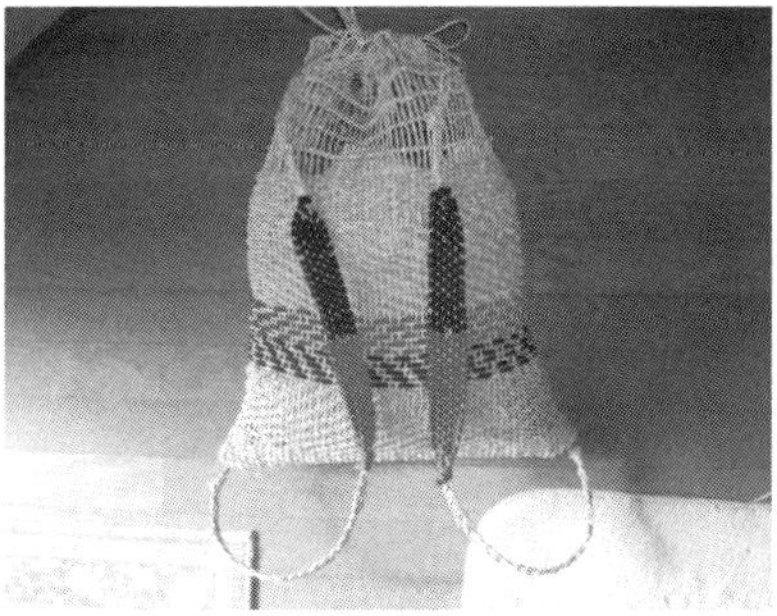

本書の位置

山里の記憶を企画したときにまず考えたこと、それは、自分の故郷である秩父を舞台にしようということでした。友人も多いし、何より秩父には昔ながらの風俗が色濃く残っているからです。

山ひだが折り重なるように幾重にも続き、その山ひだの奥には必ず何軒かの集落が点在しています。知らないで入り込むと、その奥の深さにたじろぐほどです。

そして、そこに暮らす人々の淡々とした物腰と、あたたかい心遣い。そこには、ひとりひとりの真摯な物語が息づいています。

秩父で取材を続け、ひとりひとりの物語を積みかさね、描けるだけ描いて、これから十何年間を重ねることが出来れば、もしかしたら何か意味あるものになるかもしれません。秩父という空間と一定の時間を切り取る事が出来るかもしれません。

今はただ、この歳になって秩父の勉強をしているだけです。毎回の取材で、自分がいかに何も知らなかったかを思い知らされています。

以下、取材エリアの位置図です。今後もこのエリアで作品が重なって行きます。

味

❶繭玉飾り　小鹿野町藤倉
❷たらし焼き　小鹿野町藤倉
❸味噌作り　秩父市上吉田
❹薬研で七味を作る　本庄市児玉町太駄
❺二人の蕎麦作り　本庄市児玉町太駄
❻栃もち作り　秩父市大滝
❼川のり採り　秩父市大滝
❽ずりあげうどん　秩父市大滝
❾つつっこ作り　小鹿野町三山
❿はちみつ採り　秩父市大滝
⓫わさび漬け　小菅村山沢
⓬中津川芋みそ炒め　秩父市大滝
⓭小梅漬け　秩父市大滝
⓮ぼた餅作り　本庄市児玉町太駄
⓯ハヤトウリ辛味噌漬　神川町矢納
⓰つきこんにゃく　秩父市浦山
⓱日本ミツバチの話　神川町矢納
⓲吊るし柿作り　小鹿野町新井

技

⑲ 羊の毛刈り　小鹿野町飯田
⑳ わらぞうり作り　小鹿野町小鹿野
㉑ 百年ヒノキの間伐　飯能市吾野
㉒ 炭焼きの話　秩父市大滝
㉓ 椎茸つくり　小鹿野町長留
㉔ 石垣積み　小鹿野町三山
㉕ 昔の渓流釣り　秩父市大滝
㉖ 養蚕（おかいこ）　秩父市寺尾
㉗ 大滝いんげん　秩父市大滝
㉘ ログハウス建築　横瀬町正丸
㉙ 武甲山に暮らす　横瀬町生川
㉚ 竹カゴを編む　秩父市久那
㉛ 魚篭《びく》を作る　秩父市久那
㉜ 木鉢を作る　秩父市大滝
㉝ 竹炭工芸品作り　小鹿野町飯田
㉞ 道具を作る　秩父市荒川
㉟ スカリ作り　秩父市大滝

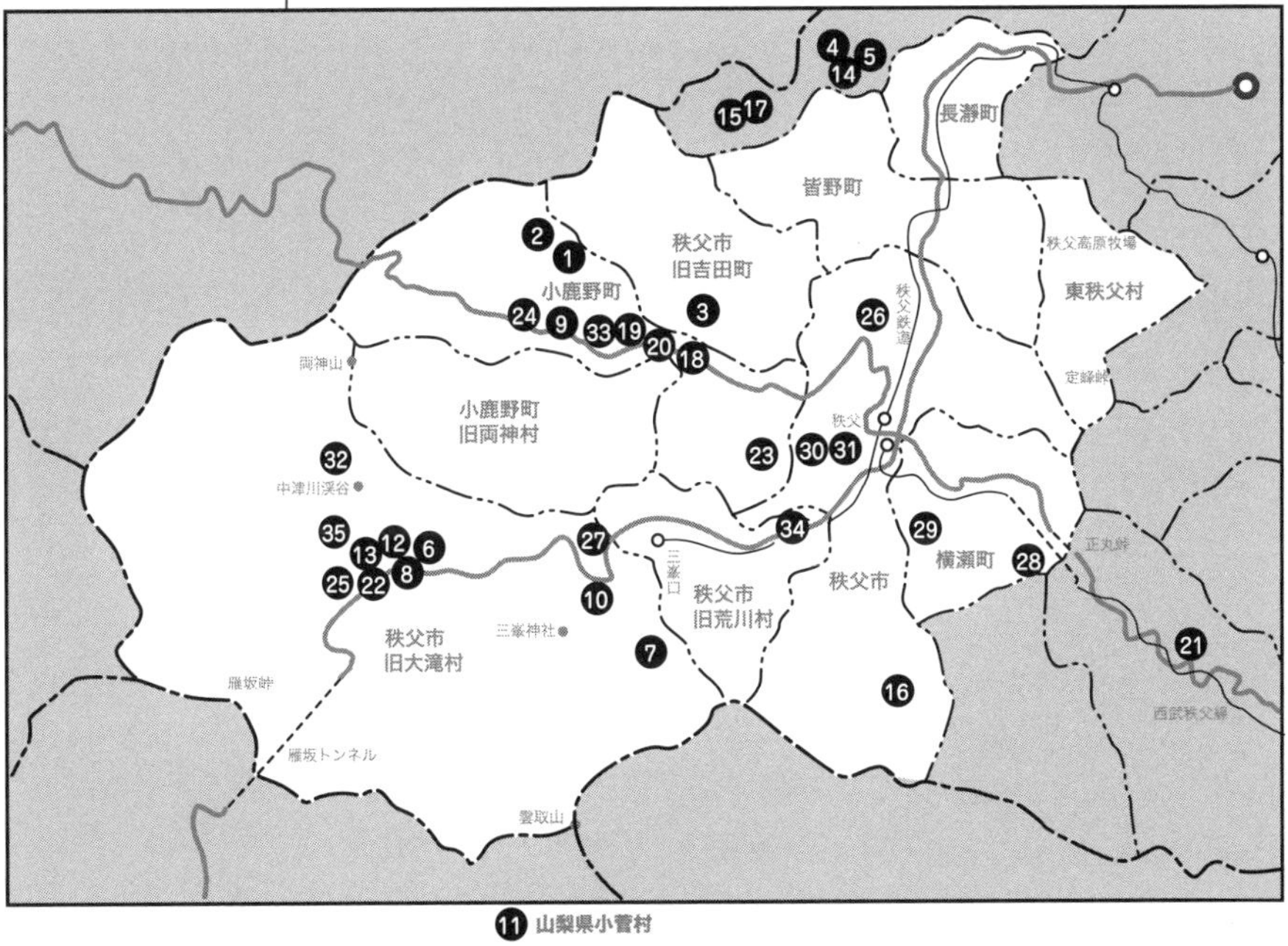

あとがき　感謝の言葉

本書の絵と文は二〇〇七年三月から二〇〇八年十一月の間に取材したもので、森林ボランティア団体「瀬音の森」ホームページ上に掲載されたものです。本書の出版にあたり、取材した皆さんに出版の許諾をいただき、作者が加筆修正をいたしました。

そもそもこの企画は、主宰していた森林ボランティア団体の会員に向けて、山里の暮らしや生活の知恵を紹介しようとしたものでした。取材を重ね、作品が増えるに従って、原画展の開催とか、ＮＨＫでの放映とか、徐々に別の力を持ち始めたようです。

画家でもなく、イラストレーターでもなく、作家でもない普通のサラリーマンがやっていることなので、本職の方から見れば欠点だらけの作品集だと思います。これから多くのご指導ご鞭撻を頂きながら、質の向上をはかり、少しでも長く、すこしでも多くの作品を描いていきたいと願っています。

ここに掲載した三十五の物語に登場している全ての方に感謝申し上げます。皆さんのご協力なくては、本書の誕生はあり得ませんでした。

取材に関しても、初対面でありながら突然の訪問であったり、急なお願いだったりと、今思い出しても冷や汗が出るような場面ばかりでした。変な質問をして困らせたり、とんちんかんな事を言い出したりとか反省することばかりです。

絵を描き上げて、届けに行くときの何とも言えない緊張感。気に入ってもらえるだろうか……、「似てない」なんて言われたらどうしよう……、ドキドキしながら玄関を入る時の何とも言えない気持ち。炬燵に入って、おそるおそる絵を出す時の気持ち。絵を見てにっこり笑ってくれた時のうれしさ。本当に皆さんに喜んでいただけるだけで満足でした。

手紙を頂いたりすると嬉しくて何度も読み返していました。秩父に行くたびに立ち寄って話をしたいと思うのですが、忙しくてままならず、申し訳なく思っています。

原画展で皆さんにお会いして、絵を見ていただき、話をさせていただくことが、私にとって何より楽しく、幸せな時間でした。いつまでも元気で、今の暮らしを続けていただきたいと願っています。

東京に住みながら、秩父に通って取材するという難しい作業が可能だったのは、多くの友人の協力があったからでした。「こういう人を探しているんだけど、誰か知らない？」という無理なお願いを聞いてくれ、対象になる人に声をかけてくれ、取材の意図を説明してくれた多くの友人があってこそ、初めて取材も可能になりました。

私個人がピンポイントで対象になる方を探し当てることはほとんど無理でした。実際に電話で話して断られたことが何度もありましたし、直接家に伺って断られたこともありました。考えてみれば当たり前の話で、「絵を描かせてください」なんていきなり言われたら、誰だって信用しません。それは単に、怪しい人物だと思われるだけです。

櫻井利夫さん、田隝銀蔵さん、吉瀬洋子さん、千島昇三さん、黒沢正義さん他大勢の方にお世話になりました。本当にありがとうございました。

秩父で言う「堅い人」の紹介であればこそ、その後の取材がスムーズに運んだのだと信じています。素晴らしい友人に恵まれて、私は本当に幸せものだと思います。

皆さんのおかげで、取材が可能になり、こうして作品を残すことが出来ました。あらためて、この場をお借りしてお礼申し上げます。

作品が増えるに従い、山里の現実を大勢の方に見ていただきたいと思う気持ちが強くなりました。二〇〇八年十二月十一日から十六日までの六日間、銀座の竹川画廊で第一回の「山里の記憶」原画展を開催いたしました。その後、二〇〇九年四月に秩父市・矢尾百貨店、二〇一〇年三月に銀座・竹川画廊、二〇一〇年十月に秩父市・矢尾百貨店と原画展を開催することができました。

特に、二〇一〇年十月の秩父市・矢尾百貨店催事場での原画展は、四日間という短い会期や、季節外れの台風襲来という悪条件にもかかわらず、千二百名という大勢のご来場をいただき、開催した当人も驚く盛況ぶりでした。「山里の記憶」が広く認知されてきたことを実感した原画展でもありました。

銀座・竹川画廊の岩永央子さん、矢尾百貨店の販売促進部の皆さん、原画展の開催に際し、様々なお願いを聞いていただきありがとうございました。この場をお借りしてお礼申し上げます。

この企画を進めるに当たって多くの方にお世話になりました。中でも秩父の小林茂先生には、取材の進め方、内容のまとめ方、表現の視点など多岐にわたりご指導いただきました。本書内のコラムに書かせていただきましたが、急逝されるまでの間、全ての作品に目を通していただき、あたたかく見守っていただいたことを忘れられません。この場をお借りしてお礼を申し上げるとともに、先生が言って下さった「民俗学ではなく、その人の物語を描き残す」という初志を貫きたいと思っています。

また、三田川中学三年間の担任だった坂本好司先生と、小鹿野高校二年間の担任だった飯野頼治先生には、長いご厚誼とご指導に頭が上がりません。十三歳から十八歳という多感な時代を両先生と過ごせたことは、私にとって本当に幸運なことでした。

「山里の記憶」の制作を進めるにあたり、飯野先生には秩父の様々な方を教えていただき、坂本先生には対象になる方を紹介いただきました。原画展にもご来場いただき、多くの方をご紹介いただきました。少しでも両先生に近づけるよう、これからも努力したいと思っています。

出版に当たり、(株)同時代社の高井隆氏と川上徹氏にお手を煩わせました。画家でもなく、作家でもないサラリーマンの画文集が出版出来たのは、両氏に見いだされた事に尽きます。ご期待に応えられますよう、今後も努力いたします。

最後に、いつも横で支え、励ましてくれている妻、洋子に感謝の言葉を送りたい。ありがとう。そして、これからもよろしく。

二〇一〇年十二月　黒沢和義

〈著者略歴〉
黒沢和義（くろさわ・かずよし）
東京都東久留米市在住、57歳。昭和28年9月、埼玉県秩父郡小鹿野町に生まれる。小鹿野高等学校卒業。日本国有鉄道に就職後デザインを学び、27歳独立。34歳の時デザイン会社（株）フリーハンドを創業し、現在は役員。森林インストラクター .no 983。野遊び団体「瀬音」会員・事務局。荒川水系渓流保存会・広報担当。浦和レッズサポーター。
http://members2.jcom.home.ne.jp/kuroo3/

山里の記憶①
——山里の笑顔と味と技を記録した三十五の物語。

2011年3月7日　初版第1刷発行
2019年2月1日　初版第3刷発行

著　者　黒沢和義
発行者　高井隆
発行所　株式会社同時代社
〒101-0065　東京都千代田区西神田2-7-6
電話　03(3261)3149　FAX　03(3261)3237
装　幀　黒沢和義
組　版　有限会社閏月社
印　刷　中央精版印刷株式会社

ISBN978-4-88683-691-5

「山里の記憶・第二巻」のご案内

本書と同時に「山里の記憶・第二巻」が出版されていますので、そのご案内です。
第二巻は二〇〇八年十一月から二〇一〇年九月の間に取材したもので、本書同様三十五の物語で構成されています。以下、その内容です。

味の話

◆手打ちうどん　浅見すみ子さん（八五）
うどん作り名人と言われている人の技。

◆えびし作り　和田けさえさん（七六）
えびしは香り高い郷土料理。名人の味の秘密。

◆もろこしまんじゅう　笠原ヒデ子さん（七二）
もろこしまんじゅうは美味しいと認識新た。

◆タラの芽栽培
今井角市さん（七四）、キクノさん（七四）
山菜の王様タラの芽を栽培する夫婦の話。

◆ワラビを食べる　新舟とくさん（八二）
杉の葉を使ってワラビのアクを抜く方法。

◆手もみ茶　後藤あき江さん（八三）
七時間かけてお茶を作る手もみの技。

◆炭酸まんじゅう　黒澤ツルさん（七七）
ツルさんのまんじゅうは本当においしい。

◆滝の沢おなめ（味噌）　木村アサ子さん（七六）
ダムに沈んだ地域で作られていたおなめ。

◆岩茸の話　山中龍太郎さん（七四）
危険と隣り合わせの岩茸採り、その味は珍味。

◆焼き天　小澤ヒサ子さん（八一）
かりかりの歯ごたえ、青じその香りが口に広がる。

◆小豆ぼうとう　守屋文子さん（八二）
お盆の送り日に作られる甘いうどんの話。

◆川のりを食べる　山中マツヨさん（七〇）
川のりを採って、干して、料理して、食べた。

◆おっきりこみ　千島光子さん（七四）
あつあつのおっきりこみは囲炉裏がよく似合う。

◆つみっこ　坂本宏女さん（七一）
つみっこ、すいとん、とっちゃなげ。旨いねえ。

◆しゃくし菜漬　富田知子さん（七三）
秩父名産しゃくし菜を栽培して漬け込む話。

◆もちつき　強矢正男さん（八六）
自分でつく餅はうまいやねえ、八十六歳の話。

山里には様々な味があります。珍しい味、その時期にしか味わえない味、手に入れるのが難しい味、その人にしか作れない味……取材して痛感するのが、味を伝えることの難しさです。
見たことがないものの味を本当に伝えられるのか。実際に食べてみなければ分からないのではないか……取材と表現の難しさを毎回思い知ります。

技の話

◆小正月のハナつくり　田本安治郎さん（八四）
小正月に豊作祈願で作られるハナの話。

◆鉄砲撃ちの話　新井英一さん（八四）
山々を駆けまわり、獲物を追う猟師の話。

◆鹿猟の話　山中隆平さん（六六）
鹿猟に同行した長い一日。そこで見たもの。

◆手漉き卒業証書
播磨君代さん（七三）、新井ますゑさん（七三）
自分の卒業証書を自分で漉いて作る中学生。

◆木を育てる　新井　武さん（八〇）
木が好きで、木を育てることが生き甲斐だ。

◆架線集材その一架線を張る　森越又吉さん（七六）
山を走り回る俊敏な七十六歳のすごい技。

◆架線集材その二集材する　森越勝治さん（七八）
たった二人で斜面一帯のヒノキを集材する。

◆紙漉きの話　神原いつ子さん（八四）
昔はどこの家でも紙漉きをやったもんだ。

◆棚田を守る　平沼稲茂さん（八五）
田んぼ大好き。稲を作り続けた棚田の守人。

◆黄繭《こうけん》を作る　林　㐂久さん（七四）
珍しい黄繭を作る夫婦の話。貴重な記録。

◆石垣を積む　山中寅次さん（八三）
大滝の石垣は寅ちゃんが積んだものが多い。

◆焼畑の話　千島兼一さん（七九）
兼一さんが訥々と焼畑の話を聞かせてくれた。

◆かなめトンネル　南　定雄さん（八四）
セットウでかなめトンネルを手で掘った人の話。

◆昔の大物撃ち　廣瀬利之さん（八六）
五十年前の猟の記録。素晴らしい猟師人生。

◆昔の魚捕り　柴崎精助さん（八八）
昔の川は良かった。川のそばで幸せだった。

◆木を製材する　久保円重さん（七三）
良材を育てることは人を育てることに通じる。

◆家を建てる　出浦市郎さん（七一）
息子に見せるオヤジの背中。何と大きいことか。

◆ワラの飾りもの
坂本覚さん（八二）、ミツヨさん（八一）
夫唱婦随で飾り物を作る、幸せな老夫婦の話。

◆お正月飾り　松井若雄さん（七〇）
おじいさんが伝えてくれた家例を守る人の話。

今回も様々な名人に巡り会うことが出来ました。この取材を進めていると、本当に自分が何も知らなかったことを思い知らされます。

年齢を感じさせないその元気さ、たくましさ、繊細さ。都会の生活とは、まったく違う暮らしがそこにあります。

自らの手でものを作り上げる技。工夫に工夫を重ね生活の糧にする技。こういう人々が誇りを持って生きられる地域であり、国でありたいものです。